Erklärvideos im Sachunterricht

Stefan Meller

Erklärvideos im Sachunterricht

Eine explorative Studie zum Umgang von Lehrkräften mit dem audiovisuellen Medium

Springer VS

Stefan Meller
Private Pädagogische Hochschule
Burgenland
Eisenstadt, Österreich

ISBN 978-3-658-43855-5   ISBN 978-3-658-43856-2 (eBook)
https://doi.org/10.1007/978-3-658-43856-2

Die Deutsche Nationalbibliothek verzeichnet diese Publikation in der Deutschen Nationalbiblio-grafie; detaillierte bibliografische Daten sind im Internet über http://dnb.d-nb.de abrufbar.

© Der/die Herausgeber bzw. der/die Autor(en) 2024. Dieses Buch ist eine Open-Access-Publikation.

Open Access Dieses Buch wird unter der Creative Commons Namensnennung 4.0 International Lizenz (http://creativecommons.org/licenses/by/4.0/deed.de) veröffentlicht, welche die Nutzung, Vervielfältigung, Bearbeitung, Verbreitung und Wiedergabe in jeglichem Medium und Format erlaubt, sofern Sie den/die ursprünglichen Autor(en) und die Quelle ordnungsgemäß nennen, einen Link zur Creative Commons Lizenz beifügen und angeben, ob Änderungen vorgenommen wurden. Die in diesem Buch enthaltenen Bilder und sonstiges Drittmaterial unterliegen ebenfalls der genannten Creative Commons Lizenz, sofern sich aus der Abbildungslegende nichts anderes ergibt. Sofern das betreffende Material nicht unter der genannten Creative Commons Lizenz steht und die betreffende Handlung nicht nach gesetzlichen Vorschriften erlaubt ist, ist für die oben aufgeführten Weiterverwendungen des Materials die Einwilligung des jeweiligen Rechteinhabers einzuholen. Die Wiedergabe von allgemein beschreibenden Bezeichnungen, Marken, Unternehmensnamen etc. in diesem Werk bedeutet nicht, dass diese frei durch jedermann benutzt werden dürfen. Die Berechtigung zur Benutzung unterliegt, auch ohne gesonderten Hinweis hierzu, den Regeln des Markenrechts. Die Rechte des jeweiligen Zeicheninhabers sind zu beachten. Der Verlag, die Autoren und die Herausgeber gehen davon aus, dass die Angaben und Informationen in diesem Werk zum Zeitpunkt der Veröffentlichung vollständig und korrekt sind. Weder der Verlag noch die Autoren oder die Herausgeber übernehmen, ausdrücklich oder implizit, Gewähr für den Inhalt des Werkes, etwaige Fehler oder Äußerungen. Der Verlag bleibt im Hinblick auf geografische Zuordnungen und Gebietsbezeichnungen in veröffentlichten Karten und Institutionsadressen neutral.

Planung/Lektorat: Marija Kojic
Springer VS ist ein Imprint der eingetragenen Gesellschaft Springer Fachmedien Wiesbaden GmbH und ist ein Teil von Springer Nature.
Die Anschrift der Gesellschaft ist: Abraham-Lincoln-Str. 46, 65189 Wiesbaden, Germany

Das Papier dieses Produkts ist recyclebar.

Zusammenfassung

Der Sachunterricht stellt aufgrund seines umfassenden Bildungsauftrags ein herausforderndes fachdidaktisches Betätigungsfeld für Lehrkräfte dar. Auswahl und Einsatz geeigneter Unterrichtsmedien nehmen bei der Gestaltung des Sachunterrichts eine zentrale Rolle ein. Erklärvideos – ein audiovisuelles Medienformat, in dem bestimmte Sachverhalte zielgruppengerecht didaktisch aufbereitet und veranschaulicht werden – kommen dabei zunehmend zur Anwendung. Konkrete Forschungsbefunde zum Umgang der Lehrkräfte mit Erklärvideos im Sachunterricht liegen bislang nicht vor.

Ausgehend vom aktuellen Forschungsdiskurs zu Erklärvideos untersucht die vorliegende Arbeit den didaktischen Einsatz von Erklärvideos im Sachunterricht. In einer explorativen qualitativ-empirischen Studie wurden fokussierte Interviews mit österreichischen Volksschul- und deutschen Grundschullehrkräften zu unterschiedlichen Facetten des Erklärvideoeinsatzes im Sachunterricht geführt und mittels Grounded-Theory-Methodologie ausgewertet. Im Zuge des iterativen Forschungsprozesses wurde aus den Sichtweisen der Lehrkräfte ein Rahmenmodell zum Erklärvideoeinsatz im Sachunterricht entwickelt.

Die Ergebnisse zeigen, dass sowohl die Schulschließungen im Zuge der Coronapandemie als auch der individuelle Umgang mit dem Bildungsauftrag des Sachunterrichts Motive für den Einsatz von Erklärvideos darstellen. Es konnten Vorgehensweisen bei der Auswahl bzw. Gestaltung von Erklärvideos sowie unterschiedliche didaktische Zielsetzungen (z. B. Einführung in ein neues Thema, Individualisierung und Differenzierung) und situationsspezifische Umgangsformen mit dem Medium (z. B. Schaffung eines passenden Rahmens, Flexibilität in der Handhabung) identifiziert werden. Einflussfaktoren für die Nutzung von Erklärvideos waren die Verfügbarkeit passender Angebote, die technische Ausstattung im Klassenzimmer sowie personenbezogene Faktoren wie Interesse an der Technologie und die persönliche Medienkompetenz. Als Folgen des

Erklärvideoeinsatzes beschreiben befragte Lehrer*innen die Aktivierung der Lernenden sowie eine Erweiterung des eigenen didaktischen Handlungsspielraums.

In der Bewertung des audiovisuellen Unterrichtsmediums können qualitätsvolle Erklärvideos im Sachunterricht bei einem zweckmäßigen Einsatz als geeignete Bildungsressourcen für die Lernenden und als didaktisches Werkzeug für die Lehrenden betrachtet werden, deren Nutzung im Sinne sachunterrichtlicher Aufgaben und Zielsetzungen jedoch maßvoll und überlegt erfolgen muss.

Due to its comprehensive educational mission, the primary school subject General Studies re-presents a challenging field of activity for teachers. Above all, the selection and the use of suitable teaching media play an essential role in lesson playing and design. In this context, explainer videos, that is short-form videos which didactically illustrate certain facts with a specific target group in mind, are increasingly used. However, so far, there have been no concrete research findings on how teachers actually implement explainer videos in General Studies.

Based on the current research discourse on explainer videos, the present study examines the use of this didactic tool in General Studies. Accordingly, in an explorative qualitative-empirical study, interviews about various aspects of the use of explainer videos were conducted with Austrian and German primary school teachers and analyzed using grounded theory methodology. The iterative research process yielded a framework model for the use of explainer videos in General Studies.

The results show that both the school closures during the Corona pandemic and the teachers' individual approaches towards the educational purpose of the subject itself represent motives for the use of explainer videos. Approaches to the selection and design of explainer videos, different didactic objectives (e.g. introduction to a new topic, individualization and differentiation) and situation-specific ways of dealing with the medium (e.g. creation of a suitable setting, flexibility in handling the media) could be identified. The availability of suitable offers, the technical equipment in the classroom as well as personal factors such as interest in the technology and personal media competence emerged as the factors influencing the use of explainer videos. The teachers perceived an increased activation of the learners and an expansion of their own didactic scope as the consequences of the use of explainer videos in General Studies lessons.

In the evaluation of the audiovisual teaching medium, high-quality explainer videos can be regarded as a suitable educational resource for the learners and as a didactic tool for the teachers if they are used in a well-considered way. Nonetheless, explainer videos should be used in a moderate and reflected way to meet the objectives of teaching General Studies.

Danksagung

Mein Dank gilt allen, die mich beim Verfassen dieser Arbeit unterstützt haben, insbesondere …

… Prof. Dr. Steffen Wittkowske, der mir zu neuen Perspektiven und Ideen verhalf und dessen fachliche Anregungen wesentlich zum Gelingen der vorliegenden Studie beigetragen haben.

… Prof. Dr. Markus Peschel und seinem Team an der Universität des Saarlandes für kritische Nachfragen und wertvolle Impulse zu meiner Forschung.

… allen Volks- und Grundschullehrkräften, die ich im Verlauf meiner empirischen Untersuchung interviewen durfte und die ihre persönlichen Sichtweisen auf den Erklärvideoeinsatz im Sachunterricht offen mit mir geteilt haben.

… meiner Familie, meinen Freundinnen und Freunden bzw. Kolleginnen und Kollegen, die immer wieder ein offenes Ohr für mich hatten.

… meiner Frau Hannah, ohne deren Motivation und Unterstützung diese Arbeit wohl nicht fertig geworden wäre, die in jeder Phase an meiner Seite war und mir Zuversicht und Durchhaltevermögen gegeben hat. Danke für alles!

Inhaltsverzeichnis

Abbildungsverzeichnis

Tabellenverzeichnis

Einführung in das Themenfeld

1

1.1 Zur Ausgangssituation der schulischen Erklärvideonutzung

„Onlinevideos sind alltäglich und breitgefächert genutzte Lernobjekte geworden, die Jugendliche im Internet suchen und für ihr eigenes alltägliches und schulisches Lernen verwenden." (Rummler & Wolf, 2012, S. 265)

Bereits zu Beginn der 2010er-Jahre konnte eine verstärkte Nutzung von Onlinevideos für persönliche Lernzwecke beobachtet werden (Rummler & Wolf, 2012). Nicht zuletzt die Coronapandemie und die damit verbundenen Schulschließungen – mit der Notwendigkeit, Fernunterrichtsangebote zu schaffen – haben seit 2020 dazu geführt, dass sich der Einsatz audiovisueller Medien auch für Lehr- und Lernprozesse im Schulsystem endgültig durchgesetzt hat (F. Anders, 2020). Doch schon vor der Coronapandemie etablierte sich das audiovisuelle Format des Erklärvideos zu einem beliebten Medium „in Bereichen des informellen und formellen Lernens [...], um Inhalte zu veranschaulichen und den Erwerb von Fertigkeiten und Wissen zu unterstützen" und „neues Wissen und Informationen zielgruppenspezifisch zu präsentieren und [...] einer Vielzahl von Menschen zugänglich zu machen" (Zander et al., 2020, S. 247).

Die steigende Relevanz von Erklärvideos führt auch im aktuellen Bildungsdiskurs zu einer vermehrten Auseinandersetzung mit dem Unterrichtsmedium. „Wenngleich Videos in Lehr-Lernkontexten keine neue Erfindung sind, geraten sie im Zuge des Digital Turns[1] [...] verstärkt in den Fokus der Bildungsmedienforschung." (Sailer & Figas, 2015, S. 78) Wissenschaftliche Erkenntnisse über die

---

[1] Der Begriff „Digital Turn" beschreibt auf gesellschaftlicher und institutioneller Ebene den Wandel aufgrund der zunehmenden Digitalisierung (Kossek & Peschl, 2012).

S. Meller, *Erklärvideos im Sachunterricht*,
https://doi.org/10.1007/978-3-658-43856-2_1

1

Wirkung (multi-)medialen Lernens (siehe dazu Abschnitt 2.2.4) führen zu einer zusätzlichen Verbreitung audiovisueller Lehr- und Lernmedien, neben technischen Fortschritten in den Bereichen audiovisueller Aufnahme- und Abspieltechnologien – so ist aktuell „jedes Smartphone […] auch eine Videokamera und ein digitaler Schnittplatz" (Wolf & Kratzer, 2015, S. 29). Der Einsatz von Erklärvideos lässt sich dabei in allen Altersgruppen und Schulformen nachweisen, von der Primarstufe bis hin zu tertiären Bildungseinrichtungen (P. Anders et al., 2019).

Eine zentrale Rolle bei der zunehmenden Nutzung von Erklärvideos wird der großen Beliebtheit von Online-Videoangeboten im Allgemeinen zugeschrieben: Bereits im Jahr 2017 wurden auf YouTube, der größten Videoplattform im Internet, weltweit täglich mehr als eine Milliarde Stunden Videomaterial angesehen (YouTube, 2017). Auch der Anteil der Kinder im Grundschulalter, die regelmäßig Videos im Internet konsumieren, stieg über die Jahre kontinuierlich an, wie die vom Medienpädagogischen Forschungsverbund Südwest (mpfs) im Zweijahresrhythmus durchgeführte KIM[2]-Studie zeigt: Hier führt YouTube die Liste der Lieblingswebsites von 6- bis 13-jährigen Deutschen seit 2014 an, und das mit steigender Beliebtheit. 2014 nannten 24 % der Befragten YouTube als Lieblingswebsite, 2016 waren es 33 %, 2018 bereits 41 %. In der aktuellen KIM-Studie von 2020 war die Popularität der Videoplattform – bei wachsender Konkurrenz etwa durch das Videoportal TikTok – fast gleichbleibend hoch bei 38 % (mpfs, 2015, 2017, 2019, 2021).

Die Ergebnisse der KIM-Studie belegen, dass die Nutzung von YouTube und vergleichbaren Videoportalen für Kinder und Jugendliche nicht bloß einen Zeitvertreib darstellt, sondern dass die dort verfügbaren audiovisuellen Angebote zunehmend auch für Bildungszwecke genutzt werden. Unter jenen Grundschulkindern, die zumindest einmal pro Woche im Internet zu schulischen Inhalten recherchieren, nutzen bereits 38 % YouTube-Videos als Informationsquelle (mpfs, 2019). Dem Erziehungswissenschaftler Karsten D. Wolf zufolge (2015c, S. 121) haben sich YouTube und andere Online-Videoportale bereits „als eine Art visuelle Enzyklopädie sowohl des alltäglichen als auch des hochspezialisierten Wissens etabliert". Erklärvideos sind in diesem Zusammenhang für Kinder, Jugendliche und Erwachsene eine beliebte Quelle für Informationen unterschiedlicher Art geworden (Wolf, 2015a). Diese Entwicklungen verdeutlicht auch der Umstand, dass YouTube hinter Google[3] mittlerweile als die am zweithäufigsten genutzte Suchmaschine der Welt gilt (Dorgerloh & Wolf, 2019). „Portale wie YouTube

---

[2] KIM steht als Akronym für „Kindheit, Internet, Medien" (mpfs, 2021).
[3] Sowohl YouTube als auch Google gehören zur Dachgesellschaft Alphabet Inc. (Alphabet Inc., o. J.).

bieten ein vielfältiges Erklärvideoangebot. Zu nahezu jedem Thema finden sich nicht nur ein Video oder einige wenige Videos, sondern oft eine ganze Palette von unterschiedlich gestalteten Produktionen." (Dorgerloh & Wolf, 2019, S. 8)

Es ist deutlich erkennbar, dass die Tendenzen hin zu einem verstärkten Einsatz von Erklärvideos auch vor der Institution Schule nicht haltmachen. Zander et al. (2020, S. 248) prognostizieren, dass die Möglichkeiten, die der Einsatz von Erklärvideos eröffnet, „[i]m Zuge der schulischen Digitalisierung […] noch verstärkt genutzt werden" könnten. Die Hinwendung zu audiovisuellen Lehr- und Lernmedien habe auch bereits reale Auswirkungen auf das Mediennutzungsverhalten beim Lernen: Durch die zunehmende Bevorzugung audiovisueller Medien geraten analoge sowie textbasierte Bildungsangebote zunehmend ins Hintertreffen (Wolf, 2015c). Es wird angenommen, dass Erklärvideos hier einen Paradigmenwechsel einläuten, weg von den vorwiegend schriftlichen Lernmaterialien hin zu audiovisuellen Angeboten. Wolf (2015c, S. 126) hält in diesem Zusammenhang fest: „Man kann davon ausgehen, dass für viele Themenbereiche (Online-)Erklärvideos heute bereits häufiger genutzt werden als schriftliche Lernressourcen."

Welche Folgen diese Hinwendung zu audiovisuellen Lernressourcen und die damit verbundene Abkehr von textbasierten Bildungsangeboten für den Unterricht bzw. für schulische Lernprozesse mit sich bringt, ist aktuell noch nicht abzuschätzen. Dorgerloh und Wolf (2019, S. 9) formulieren hierzu jedoch eine provokante Frage: „Vielleicht vernichten Erklärvideos sogar die Bereitschaft und damit die Fähigkeit einer ganzen Generation, lange und komplexe Texte zu lesen?" So pointiert diese Aussage klingen mag, zeigt sie doch die Notwendigkeit einer kritisch-konstruktiven Auseinandersetzung mit dem audiovisuellen Unterrichtsmedium Erklärvideo. Neben einer eingehenden theoretischen Betrachtung des Mediums und der Denk- und Verarbeitungsprozesse, die sich beim Lernen mit multimedialen Inhalten vollziehen, soll der Fokus in dieser Arbeit vor allem auf dem didaktischen Einsatz von Erklärvideos aus Sicht der Lehrkräfte bzw. den von ihnen beschriebenen Umgangsweisen mit dem audiovisuellen Medium in der unterrichtlichen Praxis liegen. Zum erstgenannten Bereich, der Wirkung multimedialer Lernmaterialien, liegen bereits umfassende evidenzbasierte Forschungsergebnisse vor (siehe Abschnitt 2.2.4). Was im gegenwärtigen Bildungsdiskurs zu Erklärvideos jedoch mitunter fehlt, sind Untersuchungen zum Umgang der Lehrkräfte mit dem audiovisuellen Unterrichtsmedium in der Grundschule. Dieses Forschungsdesiderat bildet den Ausgangspunkt für die explorative Studie in der vorliegenden Arbeit, in welcher der Umgang mit Erklärvideos im Grundschulfach Sachunterricht aus Sicht der Lehrkräfte untersucht wird.

1.2 Wissenschaftliche Motivation und Zielsetzung

In dieser Arbeit erfolgt die wissenschaftliche Auseinandersetzung mit dem audio-visuellen Unterrichtsmedium Erklärvideo im Kontext des Sachunterrichts in der Grundschule. Der Sachunterricht ist aufgrund seines allgemeinbildenden Auf-trags und der damit verbundenen thematischen Vielfalt – beeinflusst durch die Notwendigkeit der Einbindung und Vernetzung vielfältiger Bezugsdiszipli-nen – für die Betrachtung mediendidaktischer Handlungsweisen von besonderem Interesse, da dem Umgang mit unterschiedlichen Medien bei der Vermittlung der breit gefächerten Unterrichtsinhalte eine zentrale Rolle zukommt (Einsied-ler & Hardy, 2022; Gervé & Peschel, 2013). Als Kernfach der Grundschule ist der Sachunterricht zusätzlich Dreh- und Angelpunkt für andere Schulfächer und erfordert von Lehrkräften auch unter diesem Blickwinkel hinsichtlich der (medien-)didaktischen Konzeptionierung eine kritisch-konstruktive Auseinander-setzung mit potenziellen Lehr- und Lernmedien (Einsiedler, 2000; GDSU, 2002; Köhnlein, 2014). Erschwerend für die Lehrer*innen kommt hinzu, dass sach-unterrichtliche Themenfelder mitunter sehr komplex und abstrakt sein können. Manche zu vermittelnden Phänomene sind „in der Alltagswirklichkeit unsichtbar und damit grundsätzlich unanschaulich" und bedürfen deshalb „der Übersetzung in die Vorstellungswelt der jeweiligen Lernenden" (Penzel, 2019, S. 159). Vor diesem Hintergrund ist von Interesse, welchen Beitrag das Medium Erklärvideo im Unterrichtsgeschehen zu leisten vermag, um den Kindern vielfältige, kom-plexe bzw. schwer greifbare Sachverhalte in verständlicher Weise näherzubringen oder – wie Köhnlein (1996, S. 61) es im Sinne der genetischen Orientierung formuliert – „ohne Bruch vom Sehen zum Verstehen, vom Nachdenken über auf-fällige Phänomene in die wissenschaftliche Erforschung von Sachverhalten" zu gelangen.

Seit über 50 Jahren lasse sich beobachten, so Schneider (2018, S. 199), dass mit neuen Bildungstechnologien im E-Learning-Bereich oft auch übersteigerte Erwartungshaltungen bzw. die „Hoffnung auf eine Revolution des Bildungs-systems" einhergehen. Diese Ansprüche konnten bisher nicht erfüllt werden, mitunter deshalb, weil „sich die Entwicklung vor allem am technisch Mögli-chen, jedoch nicht am didaktisch Sinnvollen" orientiert habe (Schneider, 2018, S. 199). Die vorliegende Forschungsarbeit verfolgt das Ziel, das Unterrichtsme-dium Erklärvideo sowie dessen Einsatz im Sachunterricht aus der Perspektive von Volks- bzw. Grundschullehrenden[4] zu betrachten und damit der Frage nach

---

[4] In Österreich wird i. d. R. von „Volksschule" gesprochen, in Deutschland von „Grundschu-le". Da die vorliegende Arbeit beide Schulsysteme beforscht, werden – trotz der Sperrigkeit

einer didaktisch sinnvollen bzw. zweckmäßigen Nutzung des audiovisuellen Medienformats im Unterrichtsgeschehen auf den Grund zu gehen.

Die Entwicklungen hin zu einem verstärkten Einsatz von Erklärvideos im Unterrichtskontext bilden die Grundlage für das Forschungsinteresse dieser Arbeit. Im Zuge der theoretischen und empirischen Auseinandersetzung mit dem Unterrichtsmedium Erklärvideo soll die aktuell stattfindende Hinwendung zu audiovisuellen Lehr- und Lernmedien im Zusammenhang mit der sachunterrichts-didaktischen Arbeit von Lehrkräften beleuchtet werden. Der bildungstheoretische Anspruch des Sachunterrichts, einen grundlegenden Beitrag zur Allgemeinbildung der Schüler*innen zu leisten (siehe dazu Abschnitt 2.1.1), stellt Lehrer*innen vor besondere didaktische Herausforderungen und verlangt unter anderem nach einer reflektierten Auswahl und einem kompetenten Einsatz passender Unterrichtsmedien. In diesem Zusammenhang ergibt sich für die Untersuchung des Erklärvideoeinsatzes im Sachunterricht eine zentrale Forschungsfrage:

Wie gehen Lehrkräfte mit dem audiovisuellen Unterrichtsmedium Erklärvideo im Sachunterricht um?

Um sich dieser Frage schrittweise zu nähern, sollen verschiedene Facetten des Erklärvideoeinsatzes über die Aufarbeitung des aktuellen Forschungsstands zum Untersuchungsgegenstand und eine daran anschließende qualitativ-empirische Untersuchung betrachtet werden:

– Wie bewerten Lehrer*innen den Nutzen von Erklärvideos in Hinblick auf den Bildungsanspruch des Sachunterrichts und dessen Aufgaben und Ziele?
– Welche (Qualitäts-)Kriterien müssen Erklärvideos als Unterrichtsmedium für den Sachunterricht den Lehrkräften zufolge erfüllen?
– Wie gehen Lehrer*innen bei der Beschaffung bzw. Erstellung von Erklärvideos für den Sachunterricht vor?
– Welche didaktischen Unterrichtssettings bilden den Rahmen für den Einsatz von Erklärvideos im Sachunterricht?
– Welche Möglichkeiten eröffnet der Einsatz von Erklärvideos den Lehrenden im Sachunterricht?
– Welche Limitationen oder Grenzen sehen Lehrer*innen für den Einsatz des Unterrichtsmediums Erklärvideo im Sachunterricht?

---

der Darstellung – beide Bezeichnungen genutzt, um Gemeinsamkeiten und Unterschiede konkret verdeutlichen zu können.

Ziel der Arbeit ist es, die didaktische Zweckmäßigkeit der Erklärvideonutzung über die verschränkte Betrachtung von Theorie und Empirie zu beforschen. Im Zuge der explorativen Untersuchung soll anhand der Sichtweisen von Lehrkräften ein gegenstandsbezogenes Modell zum Einsatz von Erklärvideos im Sachunterricht entwickelt werden, das Überblick über die Rahmenbedingungen des Erklärvideoeinsatzes gibt und verdeutlicht, welche Faktoren den Einsatz des Mediums beeinflussen. Es soll aufgezeigt werden, welche Möglichkeiten dem Unterrichtsmedium für den Sachunterricht zugeschrieben werden bzw. wo und warum Lehrer*innen Grenzen eines didaktisch sinnvollen Einsatzes von Erklärvideos in Hinblick auf die sachunterrichtlichen Bildungsbemühungen sehen. Die Ergebnisse der Arbeit sollen einen evidenzbasierten Beitrag zum anhaltenden Trend der Nutzung von Erklärvideos im unterrichtlichen Kontext leisten und die Motive von Lehrkräften beim Einsatz des audiovisuellen Mediums im Sachunterricht verdeutlichen. Damit soll an einer kritisch-reflektierten Mediendidaktik im Sachunterricht mitgewirkt werden.

1.3   Aufbau und Gliederung der vorliegenden Arbeit

Im ersten Teil dieser Arbeit erfolgt auf Basis der theoretischen Auseinandersetzung mit relevanter Fachliteratur die Aufarbeitung des aktuellen Forschungsstands nach dem deduktiven Prinzip „vom Allgemeinen zum Speziellen". Um den unterrichtlichen Kontext für den Einsatz der Erklärvideos im beforschten Feld darzustellen, wird zu Beginn auf grundlegende Aspekte des Unterrichtsfachs Sachunterricht und seiner Didaktik eingegangen. Im Fokus stehen dabei die konstituierenden Merkmale des Fachs: der Bildungsanspruch, die Aufgaben, Ziele und potenzielle Inhaltsbereiche. Zusätzlich werden didaktische Ansprüche an den Sachunterricht thematisiert, die Einfluss auf den Einsatz des Unterrichtsmediums Erklärvideo haben können, konkret die leitenden Prinzipien – allen voran die Vielperspektivität – sowie Verfahren, die den Lehrkräften als Unterstützung bei der Unterrichtsplanung dienen können. Die Auseinandersetzung mit grundlegenden Aspekten und zentralen Prinzipien des Sachunterrichts bildet die Basis für jene didaktischen Überlegungen, die einem zweckmäßigen Erklärvideoeinsatz zugrunde liegen sollten.

Nach diesem Exkurs zum Sachunterricht erfolgt eine schrittweise Annäherung an das Unterrichten mit (audiovisuellen) Medien. Hierfür wird zuerst das Lehren und Lernen mit Medien allgemein beleuchtet. Dazu werden zentrale Begriffe des Lernens und der damit verbundenen wesentlichen Lerntheorien geklärt, woraufhin der Blick auf das Lernen mit multimedialen Angeboten gerichtet wird. Die Theorie des multimedialen Lernens liefert eine evidenzbasierte Grundlage für die Beschreibung jener kognitiven Prozesse, die beim Ansehen von bzw. der Arbeit mit Erklärvideos auftreten. In Hinblick auf das Lehren mit Medien werden unterschiedliche Medienintegrationsmodelle diskutiert.

Den Ausgangspunkt für die theoretische Betrachtung des Unterrichtsmediums Erklärvideo bildet eine Darstellung der Entwicklung audiovisueller Medien im schulischen Kontext, von ersten Nutzungsszenarien hin zu ihrer Etablierung als eigenständige Bildungsressource. Die Aufarbeitung theoretischer Erkenntnisse zum pädagogischen Handlungsfeld des Erklärens soll ein grundlegendes Verständnis für den zentralen Auftrag des beforschten Unterrichtsmediums vermitteln und erfolgt deshalb nach der allgemeinen Auseinandersetzung mit audiovisuellen Medien. Dem schließt sich eine theoretische Einordnung des Begriffs Erklärvideo und verwandter erklärender Filmformate an, bevor in weiterer Folge auf den prototypischen Aufbau und zentrale Gestaltungsmerkmale von Erklärvideos näher eingegangen wird. Um zu skizzieren, welche Einsatzmöglichkeiten des audiovisuellen Mediums im Unterricht bereits beschrieben wurden, werden unterschiedliche didaktische Szenarien dargestellt, die in der aktuellen Fachliteratur zu finden sind. Die Aufbereitung des gegenwärtigen Bildungsdiskurses hinsichtlich kritischer Aspekte des Einsatzes von Erklärvideos für Lehr- und Lernzwecke schließt die theoretischen Betrachtungen ab. Zusammenfassende Überlegungen bereiten die gewonnenen Erkenntnisse für eine Diskussion mit den Ergebnissen der explorativen Untersuchung auf.

Im darauffolgenden Teil der Arbeit wird die explorative qualitativ-empirische Studie zu den Sichtweisen von Lehrkräften auf den Umgang mit dem audiovisuellen Medium im Sachunterricht beschrieben. Nach einer Darstellung der Forschungslogik und Methodologie wird auf das Vorgehen bei der Datenerhebung und -auswertung eingegangen. Gemäß der Grounded-Theory-Methodologie werden in einem zyklischen Vorgehen, das sich aus der Erhebung von Sichtweisen der Lehrenden in fokussierten Interviews und der anschließenden Auswertung (in Form eines dreistufigen Kodierverfahrens) zusammensetzt, Kategorien zum Themenbereich gebildet und miteinander in Beziehung gesetzt. Die Ergebnisse der empirischen Untersuchung werden in Form eines Rahmenmodells zum Einsatz von Erklärvideos im Sachunterricht beschrieben, welches Aufschluss über ursächliche Bedingungen, didaktische Überlegungen und Strategien zum Erklärvideoeinsatz sowie intervenierende Faktoren und Konsequenzen geben soll.

Im abschließenden Kapitel werden die Erkenntnisse aus der theoretischen Aufbereitung des Forschungsstands mit den Ergebnissen der empirischen Untersuchung zusammengeführt. Über die gemeinsame Betrachtung von Theorie und Empirie wird die didaktische Zweckmäßigkeit des Einsatzes von Erklärvideos für den Sachunterricht diskutiert und ein Ausblick auf sich daraus ergebende Anknüpfungspunkte für weiterführende Forschungsvorhaben gegeben.

Theoretische Grundlagen

2

2.1 Das Unterrichtsfach Sachunterricht und seine Didaktik

Die Ursprünge des Sachunterrichts reichen zurück bis zum Realien- und Anschauungsunterricht des 17. Jahrhunderts (Giest, 2020; Götz, 2022; Steiner, 2019). Johann Amos Comenius (1698) verfasste in dieser Zeit sein bedeutendes Werk „Orbis sensualium pictus" („Die Welt im Bild"), ein Schul- bzw. Sachbuch, dessen Besonderheit darin bestand, jeden Lerninhalt auch mithilfe einer Zeichnung zu illustrieren und damit – im wahrsten Sinne des Wortes – zu veranschaulichen. In Comenius' Werken „wird der Begriff ,Sachunterricht' z. B. in Abgrenzung zum Sprachunterricht explizit erwähnt, wobei sich der Sachunterricht mit den Realien befasst" (Giest, 2020, S. 84).

Als direktes Vorläuferfach für den Sachunterricht wird im Allgemeinen die Heimatkunde betrachtet, die ab dem 19. Jahrhundert unterrichtet wurde (Götz, 2022). In der Heimatkunde ging es – dem Namen entsprechend – thematisch vorrangig um den näheren Erfahrungsraum des Kindes, weshalb das Fach auch als „ein auf den Nahraum konzentrierter Realienunterricht" (Götz, 2022, S. 233 f.) beschrieben wird. In einer solchen Ausgestaltung hatte die Heimatkunde ein zentrales Problem: „Während die Heimatkunde also im Nahraum ,feststeckte', wurde die ,Heimat' zwar überschaubar und vertraut, wenngleich mit einigen Fehlvorstellungen bestückt, alles andere jedoch, was nicht zur ,Heimat' gezählt wurde, blieb weitgehend unbekannt oder zumindest unverstanden." (Grygier, 2008, S. 16)

Ergänzende Information Die elektronische Version dieses Kapitels enthält Zusatzmaterial, auf das über folgenden Link zugegriffen werden kann https://doi.org/10.1007/978-3-658-43856-2_2.

Giest und Wittkowske (2022, S. 240) schreiben in diesem Zusammenhang auch von der „lokalen Beschränktheit des traditionellen Heimatbegriffes".

Ausgehend vom Sputnik-Schock Ende der 1950er-Jahre entstanden in den USA und später auch in westeuropäischen Ländern bildungspolitische Debatten über eine stärkere Wissenschaftsorientierung an Schulen (Steiner, 2019; Thomas, 2022b). In der BRD (Bundesrepublik Deutschland) geriet die Heimatkunde Mitte der 1960er-Jahre zunehmend in die Kritik, Unterrichtsinhalte könnten durch eine zu starke Vereinfachung – unter anderem aufgrund falscher Bewertungen kindlicher Lernpotenziale – verfälscht dargestellt werden (Thomas, 2022b). Da die Unterrichtsthemen in den meisten Fällen vom geografischen Nahraum der Kinder ausgingen, wurden wesentliche Themen oft nicht angesprochen, obwohl die Kinder ihnen aufgrund der gestiegenen Mobilität oder über die zunehmenden Möglichkeiten medialer Vermittlung vermehrt begegneten (Grygier, 2008). 1969 wurde auf dem Frankfurter Grundschulkongress für das Unterrichtsfach eine zunehmende Wissenschaftsorientierung bzw. „neue Sachlichkeit" eingefordert (Köhnlein, 2022b; Thomas, 2022b). Damit einher gingen in den 1970er-Jahren vielerorts auch eine Neuausrichtung des Unterrichtsgegenstandes und die Bezeichnung „Sachunterricht" (Köhnlein, 2022b). In Österreich wurde der Name „Sachunterricht" für das Unterrichtsfach mit dem Schulorganisationsgesetz von 1962 eingeführt, eine verstärkte Wissenschaftsorientierung wurde jedoch ebenfalls erst Anfang der 1970er-Jahre mit einer Überarbeitung des Lehrplans in den österreichischen Volksschulen vorangetrieben (Steiner, 2019). In der DDR (Deutsche Demokratische Republik) behielt die Heimatkunde hingegen bis zur Wiedervereinigung – trotz unterschiedlicher Reformbemühungen – „eine gewisse Kontinuität zur Konzeption der Heimatkunde zur Weimarer Zeit", bei der „[d]er Heimatbegriff […] nicht kritisch diskutiert" wurde (Giest & Wittkowske, 2022, S. 244).

In seiner aktuellen Konzeption gilt der Sachunterricht als vergleichsweise junges Schulfach (Kaiser, 2008). Dennoch besitzt der Unterrichtsgegenstand – wie anhand des Realienunterrichts und der Heimatkunde skizziert wurde – eine lange Tradition und zählt nicht zuletzt deshalb neben dem Mathematik- und Deutschunterricht zum Kernbereich der Grundschule (GDSU, 2002; Köhnlein, 2014). Den zentralen Stellenwert des Schulfachs verdeutlichend beschreibt Einsiedler (2000, S. 69) den Sachunterricht auch als die „normative Sinnmitte der Grundschule".

Mit der Etablierung und Weiterentwicklung des Fachs entstand auch die wissenschaftliche Fachdisziplin der Didaktik des Sachunterrichts (Götz et al., 2022). Diese „vergleichsweise junge Wissenschaftsdisziplin" (Götz et al., 2022, S. 15) beschäftigt sich mit verschiedenen Fragestellungen, die das Unterrichtsfach Sachunterricht betreffen, etwa mit Fragen

„[…] nach der Legitimation der einem Unterrichtsfach zugeschriebenen Zielsetzungen, nach den Kriterien der Auswahl, der Sequenzierung und Hierarchisierung seiner Inhalte, nach den Realisierungsbedingungen, der Qualität und Wirksamkeit seines unterrichtsmethodischen Arrangements, nach den fachlichen und psychischen Ausgangslagen sowie den erzielten Wirkungseffekten auf Seiten der Lernenden und nach den vorhandenen wie wünschenswerten professionellen Kompetenzen auf Seiten der Lehrenden" (Götz et al., 2022, S. 15).

Das Forschungsinteresse dieser Arbeit gilt der Betrachtung fachdidaktischer Realisierungsbedingungen von sachunterrichtlichen Lehr- und Lernarrangements unter Einbeziehung des Unterrichtsmediums Erklärvideo, damit verbundenen mediendidaktischen Überlegungen sowie den von den Lehrkräften beobachteten Auswirkungen des Erklärvideoeinsatzes auf die Lernenden. Um sich dem Forschungsgegenstand schrittweise zu nähern, wird im Folgenden zuerst auf die zentralen Grundbezüge des sachunterrichtsdidaktischen Bildungsdiskurses eingegangen. Konkret werden dabei der allgemeine Bildungsanspruch sowie Aufgaben, Ziele und Inhaltsdimensionen des Sachunterrichts herausgearbeitet. Die Darstellung dieser konstitutiven Eckpfeiler des Fachs soll die Vielfalt des Schulfachs und die damit verbundenen Herausforderungen für die unterrichtliche Gestaltung verdeutlichen, zentrale Prinzipien und unterstützende Verfahren aufzeigen und damit klären, vor welchem Hintergrund der Umgang mit dem audiovisuellen Unterrichtsmedium Erklärvideo erfolgt. Über eine verschränkte Betrachtung der nun folgenden sachunterrichtsdidaktischen Grundgedanken und der in Abschnitt 3.3 dargestellten Erkenntnisse der empirischen Untersuchung zum Umgang der Lehrkräfte mit Erklärvideos sollen am Ende dieser Arbeit begründete Aussagen über didaktische Potenziale und Grenzen des audiovisuellen Unterrichtsmediums für den Sachunterricht formuliert werden.

2.1.1 Zum Bildungsanspruch des Sachunterrichts

„Bedingt durch seine Zugehörigkeit zur Grundschule, markiert der Sachunterricht in der Bildungsbiographie des Kindes eine Differenz zwischen zufällig gemachten Sacherfahrungen und dem unter institutionellen Bedingungen der Schule geregelten Erwerb von Sachwissen." (Götz et al., 2022, S. 19)

In einem ersten Schritt soll der Sachunterricht den Kindern eine „Orientierung in der Welt der Phänomene" (Köhnlein, 2012, S. 19) ermöglichen. Damit dies gelingen kann, sollen Unterrichtsinhalte ihren Ursprung im „Spannungsfeld" zwischen der Lebenswelt der Lernenden auf der einen Seite und den Inhalten der unterschiedlichen Fachdisziplinen der Natur-, Geistes- und Humanwissenschaften auf der anderen Seite haben (GDSU, 2013). Als „propädeutisches, welterschließendes Realienfach" (Köhnlein, 2012, S. 529) hat der Sachunterricht die anspruchsvolle Aufgabe, Kindern Zugänge zur Auseinandersetzung mit ihrer Lebenswelt zu eröffnen und ihnen den Aufbau einer tragfähigen Grundlage für künftige Lernprozesse zu ermöglichen. Die Vernetzung vielfältiger Bezugsdisziplinen, die „jeweils eigenes fachlich fundiertes Wissen und eigene methodisch bewährte Verfahren zur Verfügung" (GDSU, 2013, S. 11) stellen, gibt dem Sachunterricht eine große inhaltliche Bandbreite, aus der die Lehrkräfte für ihren Unterricht schöpfen können bzw. sollen. Einhergehend mit diesem breiten Spektrum an potenziellen Unterrichtsthemen sah und sieht sich das Unterrichtsfach jedoch auch wiederholt mit Vorwürfen einer gewissen Kontur- bzw. Konzeptlosigkeit konfrontiert. „Die meisten Klagen über die Konturlosigkeit des Sachunterrichts beziehen sich auf die Vielzahl der ‚Orientierungen' (Alltagswelt der Kinder, spontane Interessen, Handlungsorientierung …) und auf das Fehlen eines übergeordneten Leitgedankens, der als eine Art ‚einigendes Band' die verschiedenen Orientierungen zusammenhalten könnte." (Einsiedler, 2000, S. 68) Um dem Fach einen solchen grundlegenden Leitgedanken zu verleihen, wurden bzw. werden im sachunterrichtsdidaktischen Diskurs Versuche unternommen, den Bildungsauftrag des Sachunterrichts zu konkretisieren.

Astrid Kaiser (2008, S. 3) verdeutlicht den Bildungsanspruch in ihrer Beschreibung des Sachunterrichts als „allgemeinbildenden Unterricht in Grundschulen und Sonderschulen", dessen vorrangige Aufgabe darin bestehe, „eine fundierte Orientierung für das gegenwärtige und zukünftige Leben der Kinder in ihrer Welt zu leisten". Eine solche Sichtweise wird auch von anderen Sachunterrichtsdidaktikerinnen und -didaktikern vertreten. So herrscht weitgehend Einigkeit darüber, dass der zentrale Auftrag des Sachunterrichts darin liegt, einen Beitrag zum Aufbau grundlegender Bildung bzw. zur Grundlegung der Allgemeinbildung zu leisten (Einsiedler, 2000; GDSU, 2013; Götz et al., 2022; Kahlert, 2022; Klafki, 1992; Köhnlein, 2012).

Durch einen solchen Bildungsanspruch des Sachunterrichts bekommt der Bildungsbegriff als universale „Orientierungskategorie für pädagogisches Denken und pädagogische Praxis" (Klafki, 1992, S. 12) eine besondere Bedeutung. Die Gesellschaft für Didaktik des Sachunterrichts (GDSU, 2013, S. 9) bemerkt hierzu, dass Bildung „ein die Identität eines Menschen in zentraler Weise konstituierendes Merkmal" darstelle und sich „durch solidarisches und verantwortungsvolles Handeln in der natürlichen, kulturellen, sozialen und technischen Umwelt" auszeichne, was wiederum „einen bewussten, reflektierten und verständigen Umgang

mit erworbenen Kompetenzen" voraussetze. Der Fokus auf eine solche Ausle-
gung des Allgemeinbildungsbegriffs im Sachunterricht verweist auch auf „die
doppelseitige Verpflichtung der Schule und des Unterrichts, nämlich gegenüber
dem Individuum und der Gesellschaft" (Köhnlein, 2022a, S. 100 f.). Köhnlein
(2022a, S. 101) bemerkt weiter, dass sachunterrichtliche Bildung „in der Auseinandersetzung mit den in einer Kultur dominierenden oder sogar einen Kulturkreis
überschreitenden Objektivationen des menschlichen Geistes" geschehen müsse.

Die Bedeutung des Bildungsbegriffs als wesentlicher Orientierungspunkt
für den Sachunterricht wird auch in der großen Schnittmenge der Sachunterrichtsdidaktik und der von Klafki begründeten bildungstheoretischen Didaktik
deutlich. Auch Klafki (1992, S. 14) spricht davon, dass die Grundlegung der
Allgemeinbildung bei den Kindern über „Möglichkeiten des Welt- und des
Selbstverstehens und der darauf gestützten Handlungsfähigkeit" erfolgen müsse,
um Heranwachsende in ihrer Persönlichkeitsentwicklung zu unterstützen und zu
verantwortungsvollem Handeln zu befähigen. Darüber hinaus sollen sachunterrichtliche Bildungsprozesse eine belastbare Wissensgrundlage für weiterführende
Lernprozesse in den Bezugsfächern nachfolgender Bildungseinrichtungen bilden – ein direkter Bezug zur doppelten Anschlussaufgabe des Sachunterrichts,
auf die in Abschnitt 2.1.2 eingegangen wird (GDSU, 2013; Giest, 2020).

Im Sinne einer kritisch-konstruktiven Weiterentwicklung des aufklärerischen
Bildungsideals legt Klafki (1992) den Begriff der Bildung als Allgemeinbildung in zwei Dimensionen aus: Die erste Dimension seines Verständnisses
von Allgemeinbildung umfasst die Fähigkeit zur Selbstbestimmung, die Mit-
bestimmungsfähigkeit sowie die Solidaritätsfähigkeit. Die Solidaritätsfähigkeit
sei deshalb zentral, weil „der Anspruch auf Selbst- und Mitbestimmung nur
gerechtfertigt werden kann, wenn er […] mit dem Einsatz für diejenigen […]
verbunden ist, denen eben solche Selbst- und Mitbestimmungsmöglichkeiten
aufgrund gesellschaftlicher Verhältnisse, Unterprivilegierung, politischer Einschränkungen oder Unterdrückungen vorenthalten oder begrenzt werden" (Klafki,
1992, S. 14). Für die zweite Dimension seiner Auffassung von Allgemeinbildung
beschreibt Klafki (1992, S. 14) drei zentrale Prinzipien:

– Allgemeinbildung müsse eine „Bildung für alle" sein.
– Allgemeinbildung müsse sich als „Bildung im Medium des Allgemeinen"
  verbindlich mit zentralen Frage- und Problemstellungen der Menschheit
  auseinandersetzen.
– Allgemeinbildung müsse eine „Bildung in allen Grunddimensionen menschlicher Interessen und Fähigkeiten" sein.

Dem Sachunterricht kommt in Hinblick auf einen solchen Allgemeinbildungsbegriff besondere Bedeutung zu: Die Volks- bzw. Grundschule bietet durch ihre Konzeption als Schulform für alle den einzigen institutionalisierten Rahmen, eine grundlegende Bildung aller Schüler*innen zu ermöglichen. Die vielfältigen fachspezifischen Arbeitsweisen des Sachunterrichts bieten das Potenzial, verschiedenste Grunddimensionen menschlicher Fähigkeiten und Fertigkeiten anzubahnen, und auch thematisch stellt der Sachunterricht Ansätze bereit, die dem Anspruch einer Bildung im Medium des Allgemeinen gerecht werden. Auch Kößler (1989, S. 53) teilt die Auffassung von Allgemeinbildung als einen gemeinsamen Grundstock bzw. „Sockel fachübergreifender Kenntnisse, Fähigkeiten und Fertigkeiten", den alle Heranwachsenden erwerben sollten. Die Grundschule – und hier speziell der Sachunterricht – müsse demnach einen Beitrag dazu leisten, einen solchen „Allgemeinbildungssockel" grundzulegen. Aebli (1989, S. 261) ergänzt, dass ein solcher Bildungsauftrag jedoch nicht zur Vermittlung zusammenhangslosen Wissens führen soll, sondern zur Vernetzung von Inhaltsbereichen: „Wir wollen dem Schüler[1] nicht beziehungslose Brocken vermitteln. Die ideale Leitvorstellung ist diejenige eines in sich zusammenhängenden Weltbildes, [...] eine kognitive Landkarte". In diesem Zusammenhang zeigt sich auch die enge Verknüpfung des Sachunterrichts mit der Sprachbildung der Schüler*innen: „Sach- und Sprachbildung in dieser Ausrichtung berücksichtigt dabei Wege vom Exemplarischen zum Allgemeinen, vom Singulären zum Regulären, vom Konkreten zum Abstrakten." (GDSU, 2013, S. 11)

Einsiedler (2000, S. 69) hebt in seinen Ausführungen – wie bereits Klafki (1992) – die Wichtigkeit des Sachunterrichts für die Persönlichkeitsbildung der Kinder hervor, also für das „Selbstverständnis der Person gegenüber der Sachwelt, der Kultur und der sozialen Umwelt". Im Sachunterricht gehe es demnach nicht nur um das Lernen von Faktenwissen, sondern auch um das Anbahnen von Einstellungen[2] und Haltungen[3]. Hier könne der Sachunterricht den Kindern ein erstes Orientierungswissen vermitteln und ihnen dadurch „die Möglichkeit [bieten], die Anfänge ihres Weltbildes zu gestalten" (Einsiedler, 2000, S. 69). Das

---

[1] In direkten Zitaten werden nicht-genderneutrale Formulierungen dem Original entsprechend übernommen.

[2] Einsiedler (2000, S. 74) beschreibt Einstellungen als „psychische Dispositionen mit kognitiven, emotionalen und Handlungskompetenzen, die man im Verhältnis zu Sachen, Personen, kulturellen und gesellschaftlichen Phänomenen usw. aufbaut und die der Lebensorientierung dienen".

[3] Haltungen sind laut Einsiedler (2000, S. 74) „auf Werte bezogen und bestimmen bei starker Wertinternalisierung das Handeln eines Menschen noch intensiver und ausdauernder als Einstellungen".

Weltbild kann hier auf zwei Arten verstanden werden: Das Bild von Welt, wie
es sich faktisch darstellt (geografisch etc.), und von der Welt, wie sie sich in
Werten repräsentiert. Der Sachunterricht müsse hier „einen positiven Bezug zu
einem Gegenstandsbereich anbahnen, das Engagement für sachbezogenes Fragen und Untersuchen anregen, die Bedeutung von Sachverhalten für vergangenes
und gegenwärtiges Leben herausarbeiten" (Einsiedler, 2000, S. 74). Im sozialen
oder politischen Lernen kann dies z. B. über die Vergleiche „früher und heute"
oder „bei uns und anderswo" erfolgen. Ausgangspunkt für derartige Lernprozesse
sollen – wie eingangs erwähnt – die „Erfahrungen und die Lebenswelt der Kinder" (GDSU, 2013, S. 10) darstellen. Erfahrungen sammeln die Kinder in ihrer
Lebenswelt bereits lange vor dem Eintritt in die Schule. Kahlert (2022, S. 30)
beschreibt den Sachunterricht deshalb auch nicht als Startpunkt für die kindliche
Auseinandersetzung mit der eigenen Lebenswelt, sondern als „didaktisch angemessen begründbare, bildende Unterstützung bei der immer schon stattfindenden
Erschließung von Umwelt".

Es kann also festgehalten werden, dass „das sachunterrichtliche Lernen […]
einen zentralen Beitrag zu grundlegender Bildung" (GDSU, 2013, S. 9) „durch
klärende Auseinandersetzung mit Sachen der physischen und sozialen Welt"
(Köhnlein, 2012, S. 11) leisten soll. Im folgenden Kapitel sollen nun die sich
aus diesem Bildungsauftrag für den Sachunterricht ergebenden Aufgaben und
Ziele näher beleuchtet werden.

2.1.2 Allgemeine sachunterrichtliche Aufgaben und Zielsetzungen

Die Aufgaben[4] und Ziele[5] des Sachunterrichts werden – dem breit gefächerten
Bildungsauftrag folgend – durch den Beitrag des Fachs zur grundlegenden Bildung bestimmt (Köhnlein, 2014). Analog zu dem umfassenden Bildungsanspruch
sind auch die Aufgaben und Ziele des Sachunterrichts vielfältig und müssten
gemäß Köhnlein (2022a, S. 100) „in einem begründbaren Wechselverhältnis zu
allgemeinen, von der Verantwortung der Gesellschaft für die nachwachsende

---

[4] Aufgaben sind nach Köhnlein (2022a, S. 100) „zunächst solche, die in Richtlinien und
Lehrplänen – zumeist als anzustrebende Kompetenzen – genannt sind. Sie müssen nach den
gegebenen Möglichkeiten erfüllbar sein sowie gerechtfertigten Zielen zugeordnet werden
können".

[5] Köhnlein (2022a, S. 100) zufolge werden Ziele „im didaktischen Diskurs nach Maßgabe
bestimmter Prämissen (wie sie z. B. mit dem Bildungsbegriff gegeben sind) und Erkenntnisse
als Möglichkeiten erkannt, ausgearbeitet und formuliert".

Generation getragenen Entscheidungen über Bildung und Erziehung stehen". Bereits im Jahr 1980 konkretisierte die Ständige Konferenz der Kultusminister der Länder (KMK) die wesentliche Aufgabe des Fachs folgendermaßen: „Eine zentrale Aufgabe des Sachunterrichts besteht in der Hilfe, die er dem Schüler bei der Erschließung seiner Lebenswirklichkeit gibt." (KMK, 1980, S. 2) Giest (2020, S. 533) spricht in diesem Zusammenhang auch von der Herstellung „der Einheit von kindlicher Erfahrung und wissenschaftlichen Perspektiven".

Einsiedler (2000) beschreibt als zentrale sachunterrichtliche Aufgabe des Fachs die Herstellung eines positiven Bezugs zu Sachinhalten. Neben dem Anknüpfen an die Interessen der Kinder müsse vor allem auch das Wecken von neuen Interessen im Fokus der Unterrichtshandlungen stehen, also das Anbahnen einer – wie Einsiedler (2000, S. 74) es formuliert – „Liebe zur Sache". Giest (2020, S. 126) wiederum beschreibt als übergeordnete Aufgabe des Fachs, „den Kindern zu helfen, mit den Anforderungen ihres Lebens [zurechtzukommen] (Erschließung der Lebenswirklichkeit) sowie die Anschlussfähigkeit an den Fachunterricht der Sekundarstufe 1 zu sichern". Eine „Erschließung des Alltags im Sinne des Gesamtunterrichts" habe der Sachunterricht Giest zufolge (2020, S. 126) nicht zu leisten, da er kein klassischer Fachunterricht sei. Vielmehr sollen jene Themen Gegenstand des Sachunterrichts sein, „die für das ,In der Welt sein' des Kindes Bedeutung haben" (Giest, 2020, S. 130).

Die GDSU (2013, S. 9) beschreibt die Aufgaben des Sachunterrichts dahingehend, „Schülerinnen und Schüler darin zu unterstützen, ihre natürliche, kulturelle, soziale und technische Umwelt sachbezogen zu verstehen, sie sich auf dieser Grundlage bildungswirksam zu erschließen und sich darin zu orientieren, mitzuwirken und zu handeln". Die Fachgesellschaft konkretisiert die Tätigkeitsfelder des Sachunterrichts in dem Sinne, „Schülerinnen und Schüler dabei zu unterstützen,

- Phänomene und Zusammenhänge der Lebenswelt wahrzunehmen und zu verstehen,
- selbstständig, methodisch und reflektiert neue Erkenntnisse aufzubauen,
- Interesse an der Umwelt neu zu entwickeln und zu bewahren,
- anknüpfend an vorschulische Lernvoraussetzungen und Erfahrungen eine belastbare Grundlage für weiterführendes Lernen aufzubauen,
- in der Auseinandersetzung mit den Sachen ihre Persönlichkeit [weiterzuentwickeln] sowie
- angemessen und verantwortungsvoll in der Umwelt zu handeln und sie mitzugestalten" (GDSU, 2013, S. 9).

Einen Versuch, die vielfältigen Aufgaben und Ziele des Sachunterrichts zu sortieren, unternimmt Kahlert (2022, S. 25 f.), indem er die wesentliche Anforderung an das Fach – Lernende bei der Erschließung ihrer Lebenswelt zu unterstützen – in vier Ansprüche aufgliedert (siehe Abbildung 2.1):

- „Über Bestehendes aufklären – Verstehen unterstützen": Kahlert zufolge liegt ein wichtiges Ziel des Sachunterrichts darin, Kindern Verstehensprozesse zu ermöglichen, damit sie die Fähigkeit entwickeln, neue Eindrücke auf Bekanntes zurückzuführen.
- „Für Neues öffnen – Interessen entwickeln": Analog zu Einsiedler (2000) sieht auch Kahlert im Heranführen der Kinder an neue Themen eine zentrale Aufgabe des Fachs.
- „Sinnvolle Zugangsweisen zu Wissen und Können aufbauen – Sachlichkeit fördern": Eine Zielsetzung des Sachunterrichts ist laut Kahlert, Kinder im Aufbau der notwendigen Kompetenzen zu unterstützen, damit sie sich auch später selbstständig Wissen und Handlungs- bzw. Arbeitsweisen aneignen können.
- „Zum Handeln und Lernen ermutigen – Kompetenzerfahrung ermöglichen": Kinder sollen im Sachunterricht auch an Möglichkeiten und die dazu benötigten Fähigkeiten und Fertigkeiten zur Mitgestaltung ihrer Umwelt herangeführt werden. Kahlert zufolge müsse der Sachunterricht hier Raum für ermutigende Erfahrungen bieten.

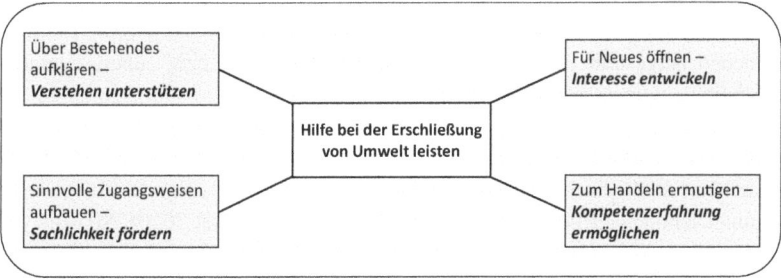

Abbildung 2.1 Darstellung der Ansprüche an den Sachunterricht nach Kahlert (2022, S. 27). (Eigene Darstellung)

Die vier Ansprüche stellen gemäß Kahlert (2022, S. 27) gleichzeitig auch „Qualitätskriterien dar, an denen sich der Anspruch des Sachunterrichts, Unterstützung beim Erschließen von Umwelt zu leisten, messen lassen muss". In einer zeitgemäßen konzeptionellen Ausgestaltung müsse das Fach alle Ansprüche gleichermaßen berücksichtigen. Köhnlein (2022a, S. 108) sieht vor dem Kontext aktueller gesellschaftlicher Entwicklungen und damit einhergehender Veränderungsprozesse vor allem das Verstehenlernen als wesentliche Aufgabe eines modernen Sachunterrichts, „die umso dringlicher wird, je mehr die Lernenden darauf angewiesen sein werden, sich schnell wandelnde, oft nur medial vermittelte Kenntnisse in ein verstandenes Wissen zu integrieren".

Weitere Aufgaben ergeben sich für den Sachunterricht aus der Forderung nach einer doppelten Anschlussfähigkeit des Fachs. Hier lässt sich zwischen zwei Ausprägungsformen – sinnbildlich kann auch von den „vertikalen" und den „horizontalen" Anschlussaufgaben gesprochen werden – unterscheiden:

- Im Sinne einer „vertikalen" Anschlussfähigkeit sollen die Vorerfahrungen der Kinder den Ausgangspunkt für Lernprozesse im Sachunterricht darstellen. Das Fach müsse – um Bildung zu ermöglichen – nahtlos an die kindlichen Lernvoraussetzungen und Erfahrungen anknüpfen (GDSU, 2013). Zusätzlich kommt dem Sachunterricht die Aufgabe zu, eine belastbare Wissensgrundlage für die Bezugsfächer der Sekundarstufe aufzubauen, also eine zunehmende „Fächerung" der Inhalte für die weiterführenden Schulen vorzubereiten (Köhnlein, 1996).
- Ebenso soll eine „horizontale" Anschlussfähigkeit des Sachunterrichts sichergestellt werden, d. h., der Unterricht soll an die gegenwärtige Lebenswirklichkeit der Lernenden anknüpfen bzw. Aspekte der kindlichen Lebenswelt als Themen in den Sachunterricht aufnehmen (M. Hempel & Wittkowske, 2010). Außerdem sollen Querbezüge zu anderen Grundschulfächern bzw. Lernbereichen hergestellt werden und ein fächerverbindendes bzw. -übergreifendes Arbeiten angeregt werden (Albers, 2017).

Der bereits mehrfach erwähnte Begriff der kindlichen Lebenswelt bzw. Lebenswirklichkeit stellt einen wesentlichen Bezugspunkt – eine zentrale Kategorie – sachunterrichtlicher Bildung dar (M. Hempel & Wittkowske, 2010). Soostmeyer (1992, S. 211 f.) beschreibt den Begriff der Lebenswirklichkeit als „die Gesamtheit aller Personen und anderer Lebewesen, aller Sachen und Sachverhalte, zu denen das Kind Beziehungen aufgebaut hat und aufbaut". Auch Giest (2020, S. 17) betont, dass nicht die Sachen per se, sondern jene „Sachen, die in einer Beziehung zum Kind und zu seinem Leben stehen", Gegenstand des Sachunterrichts sein sollen. Die Lebenswirklichkeit sei dabei immer etwas Subjektives, über das mit den Lernenden im Unterricht „verhandelt werden und ein reger Gedankenaustausch stattfinden" müsse (Giest, 2020, S. 34). Lassen sich nun – bei aller

Vielfalt kindlicher Lebenswirklichkeiten – konkrete Themenfelder identifizieren, die für den Sachunterricht allgemein von Relevanz sind? Oder, wie die GDSU (2013, S. 12) im Perspektivrahmen fragt: „Was sollen Kinder am Ende der Primarstufe über ihre natürliche, kulturelle, soziale und technisch gestaltete Umwelt gelernt haben können – und warum?" Im folgenden Kapitel werden Antworten auf diese Frage dargestellt.

2.1.3 Zentrale Inhalte und Kompetenzbereiche des Sachunterrichts

Wie bei anderen Schulfächern auch werden für den Sachunterricht „Inhalte und Gestaltungsformen des Unterrichts [...] im Rahmen einer pädagogisch-didaktischen Grundkonzeption durch das *Curriculum* bestimmt" (Köhnlein, 2022a, S. 103). Österreich, die deutschsprachige Schweiz und die verschiedenen Bundesländer Deutschlands haben teils sehr unterschiedlich ausgestaltete Sachunterrichtslehrpläne, in denen festgeschrieben ist, wie mit dem Bildungsauftrag des Fachs konkret umzugehen ist bzw. welche inhaltlichen Schwerpunktsetzungen vorrangig Beachtung finden sollen. Da das Forschungsinteresse dieser Arbeit dem didaktischen Umgang der Lehrkräfte mit dem Unterrichtsmedium Erklärvideo im Sachunterricht gilt und nicht den länderspezifischen Unterschieden in der inhaltlichen Ausgestaltung, wird auf das Beschreiben konkreter bildungspolitischer Vorgaben (Lehrpläne, Kompetenzkataloge) verzichtet. Dennoch ist die Frage nach einer übergeordneten thematischen Gliederung der Sachunterrichtsinhalte nicht zuletzt deshalb für das vorliegende Forschungsvorhaben von Relevanz, um mögliche Präferenzen bei der Nutzung von Erklärvideos für unterschiedliche Themenfelder identifizieren zu können.

Eine allgemeine Betrachtung zentraler sachunterrichtlicher Inhaltsbereiche kann anhand des Perspektivrahmens Sachunterricht erfolgen, dessen erste Version – nach einer Darstellung der grundlegenden Ideen im Jahr 2001 in der Zeitschrift *Grundschule* (GDSU, 2001) – von der Gesellschaft für Didaktik des Sachunterrichts 2002 veröffentlicht wurde und der zum Zeitpunkt dieser Untersuchung in einer vollständig überarbeiteten zweiten Fassung vorliegt (GDSU, 2002, 2013). Die hohe Akzeptanz des Perspektivrahmens Sachunterricht zeigt sich u. a. darin, dass mittlerweile „alle Lehrpläne auf dem Perspektivrahmen" basieren (Giest, 2020, S. 270).

Einsiedler (2000, S. 68) beanstandete vor der Jahrtausendwende noch die „Konturlosigkeit des Sachunterrichts" aufgrund der Vielzahl an Orientierungen bzw. das Fehlen eines übergeordneten Leitgedankens. Die GDSU (2002) legte mit der ersten Auflage des Perspektivrahmens eine solche ordnende Grundidee für das Fach vor. In seiner aktuell gültigen Fassung gliedert der Perspektivrahmen Sachunterricht die wesentlichen Kompetenzbereiche[6] in fünf Perspektiven (GDSU, 2013, S. 14):

– „Sozialwissenschaftliche Perspektive (Politik – Wirtschaft – Soziales)
– Naturwissenschaftliche Perspektive (belebte und unbelebte Natur)
– Geographische Perspektive (Räume – Naturgrundlagen – Lebenssituationen)
– Historische Perspektive (Zeit – Wandel)
– Technische Perspektive (Technik – Arbeit)"

Jede Perspektive beinhaltet spezifische perspektivenbezogene Kompetenzen, die auf den in den jeweiligen „Fachkulturen entwickelten, bereitgestellten und gepflegten Inhalten und Methoden" (GDSU, 2013, S. 14) beruhen. In der unterrichtlichen Umsetzung sollte sich dabei ein möglichst ausgeglichenes Verhältnis der perspektivischen Zugänge widerspiegeln, denn, wie Götz et al. (2022, S. 20) betonen, „gerade die Gleichwertigkeit der Perspektiven und ihre Verflechtungen" seien charakteristisch für den Sachunterricht. Auch „ästhetische und ethische Bezüge des Wissens und Könnens" (Köhnlein, 2022a, S. 104) sollen in allen Perspektiven Berücksichtigung finden. Dies ist von besonderer Bedeutung, da ästhetische und ethische Fragestellungen nicht in eigenen Perspektiven abgebildet wurden. Dabei können gerade „sich auf Ästhetisches beziehende Lernwege wichtige Zugangsweisen zur Welt" (Scheuerer & Wittkowske, 2020, S. 5) eröffnen – ein Aspekt, der auch für die Betrachtung des audiovisuellen Unterrichtsmediums Erklärvideo von Bedeutung ist. Das Einbeziehen ethischer Aspekte könnte – z. B. anhand des „Modells der drei Schlüssel" (Biewald et al., 2001) – Kinder in ihren Bemühungen unterstützen, „das Gute zu finden und zu tun", und den Sachunterricht damit auch für „Aspekte der Sinn- und Wertorientierung" öffnen (H.-J. Müller, 2022, S. 184 f.). Ohnehin seien die fünf Perspektiven „nicht unumstritten", wie Giest (2020, S. 270) festhält, so würden etwa auch „Perspektiven wie die ökonomische Bildung" fehlen. Dennoch gelang „[d]urch diese Festlegung […] aber, eine Art Kerncurriculum zu entwickeln, aus dem klar ersichtlich ist, was Sachunterricht ist, welche Inhalte behandelt werden und welche Kompetenzen die Schüler/innen erwerben sollten" (Giest, 2020, S. 270).

---

[6] Im Perspektivrahmen Sachunterricht wird der Kompetenzbegriff in eine deklarative Komponente (z. B. fachliche Konzepte) und eine prozedurale Komponente (sogenannte „Denk-, Arbeits- und Handlungsweisen") unterteilt (GDSU, 2013, S. 12).

Ein wesentliches Element des Perspektivrahmens stellen die sogenannten „perspektivenvernetzenden Themenbereiche" (PVT) dar. Die PVT richten den Fokus auf all jene Inhalte, die nicht bloß eine perspektivenbezogene, sondern eine darüber hinausgehende Bearbeitung erforderlich machen. Eine solche perspektivenvernetzende Betrachtung von Unterrichtsthemen ist eine wesentliche Besonderheit der Sachunterrichtsdidaktik, auf die in Abschnitt 2.1.4 mit dem Konzept der Vielperspektivität vertiefend eingegangen wird. Beispielhaft für die PVT werden im Perspektivrahmen die Themen Mobilität, nachhaltige Entwicklung, Gesundheit und Gesundheitsprophylaxe sowie Medien genannt (GDSU, 2013). Das Thema Medien bzw. konkret die Förderung einer kritisch-reflektierten Medienkompetenz der Lernenden rückt im Sachunterricht zunehmend in den Fokus – nicht zuletzt aufgrund der Allgegenwärtigkeit diverser Medien in der kindlichen Lebenswelt und deren Bedeutung für das gegenwärtige und künftige Leben der Lernenden. Peschel zufolge (2022, S. 192) müsse die „Medienbildung als Teil der Allgemeinbildung" gesehen werden, die sowohl Fragen „nach einer (kritisch) reflektierten Mediennutzung" (Peschel, 2022, S. 189) als auch der (kreativen) Gestaltung von Medien umfasst. Diese Fragen machen die Medienbildung auch zu einem wichtigen Bezugspunkt für die Beforschung von Erklärvideos im Sachunterricht.

Der Perspektivrahmen beschreibt auch perspektivenübergreifende Kompetenzen, die auf „grundlegende Aspekte des (sachunterrichtlichen) Lernens und Lehrens verweisen" (GDSU, 2013, S. 20), konkret: erkennen/verstehen, eigenständig erarbeiten, evaluieren/reflektieren, kommunizieren/zusammenarbeiten, den Sachen interessiert begegnen und umsetzen/handeln. Abbildung 2.2 zeigt ein Modell des Perspektivrahmens Sachunterricht, das von der GDSU-Arbeitsgruppe *Medien & Digitalisierung* (bis 2019 hieß die AG *Neue Medien (ICT) im Sachunterricht*) entwickelt wurde (Peschel, 2016).

Das Perspektivrahmen-Modell der AG *Medien & Digitalisierung* stellt die PVT ins Zentrum, die perspektivenübergreifenden Denk-, Arbeits- und Handlungsweisen bilden eine die perspektivenbezogenen Themenbereiche und die PVT umrahmende Klammer. Das Modell veranschaulicht den Ansatz, bei der Unterrichtskonzeption „nicht von Perspektiven auszugehen, sondern übergeordnete Themen oder Fragestellungen […] als Ausgangspunkt schulischen Sachunterrichts zu nutzen" (Peschel, 2016, S. 14). Die Umsetzung eines solchen Sachunterrichts orientiert sich am Konzept der Vielperspektivität, auf das im folgenden Kapitel genauer eingegangen wird.

Nachdem in den bisherigen Ausführungen der Bildungsanspruch, die Aufgaben und Ziele sowie grundlegende Überlegungen zu Inhalts- und Kompetenzbereichen des Sachunterrichts beschrieben wurden, sollen im nächsten Schritt

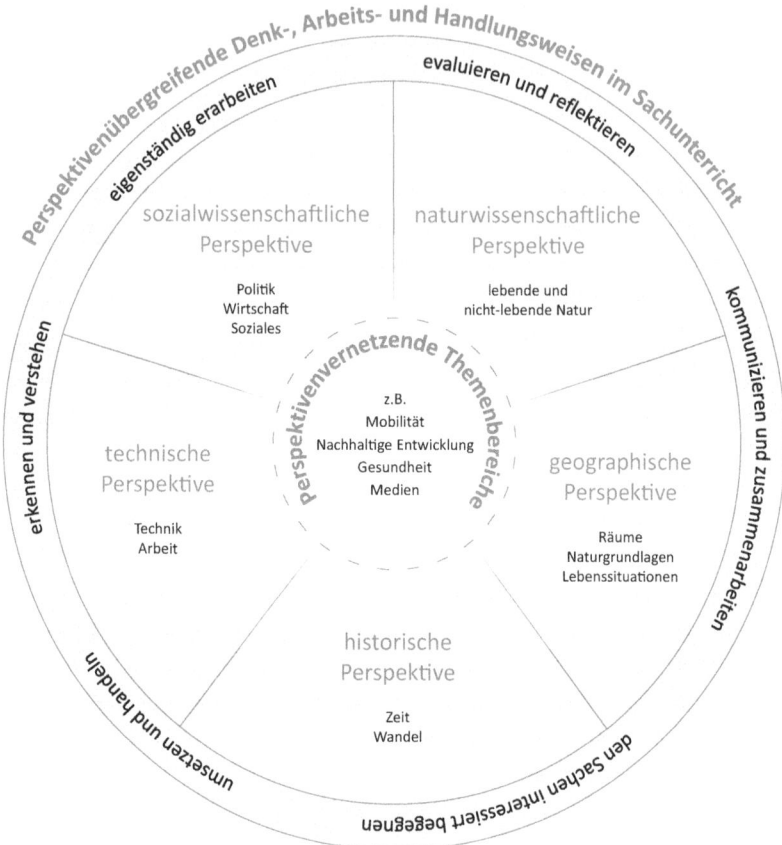

Abbildung 2.2 Darstellung des Perspektivrahmens Sachunterricht auf Basis des Modells der AG Medien & Digitalisierung (Peschel, 2016, S. 14). (Vereinfachte eigene Darstellung)

zentrale Leitideen für die schulpraktische Umsetzung sachunterrichtlicher Bildungsprozesse in den Fokus gerückt werden. Dazu werden leitende Prinzipien für die Umsetzung des Sachunterrichts sowie weitere theoriegeleitete unterstützende Verfahren für die Lehrer*innen thematisiert. Die didaktischen Prinzipien und Konzepte sind für eine theoriebasierte Bewertung des Umgangs mit Erklärvideos von Relevanz, da sie verdeutlichen, inwiefern der Einsatz des audiovisuellen Mediums sachunterrichtsdidaktischen Ansprüchen gerecht werden kann.

2.1.4   Didaktische Prinzipien für die Umsetzung sachunterrichtlichen Handelns

In der schulpädagogischen Forschung findet sich eine Fülle an allgemeindidaktischen Theorien und Modellen zur Ausgestaltung schulischer Lehr- und Lernprozese (Lüders, 2018). Für die Didaktik des Sachunterrichts stellen Klafkis bildungstheoretische Didaktik und später auch deren Weiterentwicklung zur kritisch-konstruktiven Didaktik (Klafki, 2007) bedeutende Konzepte dar (Kahlert, 2022). Der starke Einfluss von Klafkis Didaktiktheorie auf die Didaktik des Sachunterrichts kann u. a. auch damit in Zusammenhang stehen, dass die bildungstheoretische Didaktik neben der lern-lehr-theoretischen Didaktik seit vielen Jahrzehnten – und gerade auch nach der Jahrtausendwende – „zu den besonders prominenten Ansätzen" (Lüders, 2018, S. 1093) zählt.

Beim Sachunterricht handle es sich Klafki zufolge (1992, S. 11) „um den Unterrichtsbereich, der […] den höchsten Grad an Komplexität aufweist", womit auch die Didaktik des Sachunterrichts zu einem der „schwierigsten Aufgabenfelder unter allen Fach- und Bereichsdidaktiken" werde. Ein Grund hierfür ist, dass der Sachunterricht – im Gegensatz zu anderen Schulfächern – nicht nur eine, sondern mehrere Bezugswissenschaften hat, wodurch er auch „viel stärker als diese von aktuellen, auch modischen Strömungen und Richtungen […] beeinflusst" ist (Köhnlein, 1996, S. 47). Hier ortet Köhnlein (1996, S. 47) die Gefahr, dass der Sachunterricht „zwischen unterschiedlichen Interessen und methodischen Vorlieben seine Identität und schultheoretische Bestimmung verliert", allerdings ergeben sich auch „Chancen aus der Flexibilität und Dynamik des Sachunterrichts, der immer wieder neu auf die Lernbedürfnisse der Kinder und die anstehenden Probleme der Gesellschaft bezogen werden kann". Damit trägt die Didaktik des Sachunterrichts laut Köhnlein (1996, S. 47) auch eine besondere Verantwortung: „Sie muss deutlich machen, dass die in der Grundschule angeleitete Auseinandersetzung der Kinder mit Sachen eine hohe Bedeutung für diese Kinder und für die Gesellschaft hat, und sie muss zeigen, wie diese lernende Auseinandersetzung geschehen sollte […]." Damit Lehrer*innen den vielschichtigen Ansprüchen des Sachunterrichts begegnen können, wurden von Sachunterrichtsdidaktikerinnen und -didaktikern unterschiedliche Prinzipien formuliert, die Lehrkräften als Leitlinien bei der Gestaltung des Sachunterrichts dienen sollen. „Prinzipien drücken didaktische Ansprüche an den Unterricht aus, […] sie sind Grundsätze, die den Unterricht durchgängig konzeptionell bestimmen." (Köhnlein, 1996, S. 54) Im Folgenden werden zentrale Prinzipien und Konzepte des Sachunterrichts vorgestellt.

Zuallererst soll an dieser Stelle auf das Konzept der Vielperspektivität eingegangen werden. Bereits Klafki (1992, S. 28) hält fest, dass „die meisten Probleme unserer Lebenswirklichkeit von mehreren Perspektiven aus betrachtet werden können und betrachtet werden müssen". Die Vielperspektivität stellt hier einen wesentlichen Leitgedanken dar, wie die Bearbeitung der vielfältigen Fachbezüge im Sachunterricht erfolgen sollte. Komplexe Themen- und Problemstellungen sollen der Idee der Vielperspektivität folgend nicht monoperspektivisch, sondern aus unterschiedlichen Blickwinkeln betrachtet werden, was auch einer möglichen „Eindimensionalität des Sachunterrichts" (Thomas, 2022a, S. 273) entgegenwirkt. Die Vielperspektivität betont dabei „die Polyvalenz der Zugriffsweisen auf die Wirklichkeit und damit die erforderliche inhaltliche und methodische Vielfalt in der Einheit des Sachunterrichts" (Köhnlein, 1999, S. 9). Nur so könne der Sachunterricht auch der kindlichen Erfahrungswelt entsprechen, denn „Kinder begegnen ihrer Umwelt in komplexen Sach- und Sinnzusammenhängen, deren Erschließung keine Trennung in einen sozialwissenschaftlichen und einen naturwissenschaftlichen Bereich des Sachunterrichts [...] rechtfertigt" (GDSU, 2019, S. 16). Der vielperspektivische Sachunterricht soll vielfältige inhaltliche Bezüge eröffnen: „Im Unterricht eine Perspektive zu eröffnen heißt für die Kinder, eine bestimmte Betrachtungsweise zu lernen." (Köhnlein, 1999, S. 17) Hierzu definiert Köhnlein unterschiedliche „Dimensionen des Sachunterrichts", die er mit den kindlichen Interessen, Möglichkeiten und Lernvoraussetzungen in Beziehung setzt. Die Dimensionen „gliedern das Universum der Sachen und bezeichnen Bereiche des Vertrautwerdens der Kinder mit

- der heimatlichen Lebenswelt und kulturellen Vielfalt (lebensweltliche Dimension),
- der Geschichte des Gewordenen (historische Dimension),
- der Landschaft, ihrer Gestaltung, Erschließung und Nutzung (geografische Dimension),
- wirtschaftlichem Handeln (ökonomische Dimension),
- vielfältigen sozialen Bezügen und politischen Regelungen (gesellschaftliche Dimension),
- Phänomenen und Strukturen der physischen Welt (physikalische und chemische Dimension),
- technischen Einrichtungen und Nutzungsmöglichkeiten (technische Dimension),
- der lebendigen Natur, der wir angehören (biologische Dimension),
- ökologischen Einsichten und Handlungsimperativen (ökologische Dimension)." (Köhnlein, 2012, S. 64)

Kahlert (2022, S. 204 ff.) entwickelt Köhnleins Idee der dimensionalen Erschlie-ßung von sachunterrichtlichen Themenfeldern weiter und systematisiert seine Überlegungen im vielperspektivischen Planungskonzept der „inklusionsdidakti-schen Netze". Im Vordergrund steht hier einerseits die Anschlussfähigkeit an die kindliche Lebens- und Erfahrungswelt – die lebensweltlichen Dimensionen –, andererseits die entsprechende Einbettung von unterschiedlichen Fachperspekti-ven. Dabei geht es Kahlert (2022, S. 227) nicht um eine vollständige Abbildung aller Schulfächer weiterführender Schulen im Sachunterricht, sondern um „das Potenzial, das die jeweilige Fachkultur zur Erschließung kindlicher Lebens-welt durch Grundlegung einer anschlussfähigen Bildung beisteuern kann". Die lebensweltlichen Dimensionen und die Fachperspektiven bilden in seinem Modell „polare Paare […], mit denen das didaktische Potenzial von Themenfeldern des Sachunterrichts erschlossen werden kann" (Kahlert, 2022, S. 227 f.). Auch Tho-mas (2022a, S. 272) betont, dass über eine vielperspektivische Betrachtung „das didaktische Potential möglicher Unterrichtsinhalte" verdeutlicht werden könne.

Köhnlein (1996, S. 47 f.) sieht eine wesentliche Aufgabe der Grundschul-didaktik „in der Erschließung und Darstellung des Bildungswertes möglicher Unterrichtsgegenstände und Verfahren". Für den Sachunterricht formuliert er vier leitende Prinzipien, die er als grundlegend für die Umsetzung des allgemein-bildenden Auftrags sieht. Die Prinzipien sollen „didaktische Ansprüche an den Unterricht" ausdrücken und „ihm Leitlinien" geben (Köhnlein, 1996, S. 54). Die vier leitenden Prinzipien, die Köhnlein (1996) in diesem Zusammenhang benennt, sind:

– die Kindgemäßheit
– die Sachgemäßheit
– die Exemplarität
– die genetische Orientierung

Die GDSU (2013, S. 10) schreibt zu den Prinzipien der Kind- und Sachge-mäßheit, dass das „gleichgewichtige und wechselseitige Berücksichtigen des ‚Spannungsfeldes' aus den Erfahrungen der Kinder und den (inhaltlichen und methodischen) Angeboten der Fachwissenschaften […] konstitutiv für den Sach-unterricht" sei, also eine grundlegende Voraussetzung für sachunterrichtliche Bildungsprozesse darstelle. Hinsichtlich des Prinzips der Exemplarität plädiert Köhnlein (1996, S. 59) dafür, dass Lehrkräfte in Bezug auf die Unterrichtsthe-men „eine begründete Auswahl treffen unter dem Vielerlei der Möglichkeiten". Damit meint er, Themen so auszuwählen, dass die Kinder die Möglichkeit haben, von ihnen allgemeingültige Aussagen, Regeln etc. ableiten zu können. „Mit dem

Besonderen des einzelnen Unterrichtsthemas nehmen wir zugleich Allgemein-
gültiges wahr und wir gewinnen Ausblicke auf neue Fragen, Probleme und
interessante Themen." (Köhnlein, 1996, S. 60) Klafki (2007, S. 275) hält zur
exemplarischen Bedeutung eines Lerngegenstandes fest, dass sich am konkreten
Unterrichtsthema „allgemeinere Zusammenhänge, Beziehungen, Gesetzmäßigkeiten, Strukturen, Widersprüche, Handlungsmöglichkeiten erarbeiten lassen"
sollten. Das Prinzip der genetischen Orientierung knüpft an das Prinzip der Exemplarität an und verlangt von Lehrkräften eine Unterrichtsgestaltung, die „die
Erfahrungen, Vorkenntnisse und Überlegungen der Lernenden konstruktiv auf-
nimmt" und in der die Lehrkraft „zusammen mit ihnen Wege des Entdeckens
sucht, um gemeinsam zu gesichertem und verstandenem Wissen zu kommen"
(Köhnlein, 1996, S. 61).

Einsiedler und Hardy (2022, S. 401) sehen die Allgemeingültigkeit von
Unterrichtsprinzipien hingegen kritisch und beschreiben sie als eher unscharfe
Leitlinien, die „zu oberflächlichen Schlagwörtern oder modischen Einseitigkei-
ten werden". Sie vertreten die Meinung, dass sich „der Generalitätsanspruch der
Unterrichtsprinzipien […] heute nicht mehr halten" lasse (Einsiedler & Hardy,
2022, S. 407). Einsiedler und Hardy zufolge (2022) müsse der Beliebigkeit und
Trivialität von Unterrichtsprinzipien durch einen unmittelbaren Bezug zur Unterrichtsmethodik und durch forschungsgesicherte Erkenntnisse entgegengewirkt
werden. Als Beispiele für Prinzipien, zu denen gesicherte Forschungsbefunde
vorliegen, nennen Einsiedler und Hardy (2022, S. 408 ff.) „Forschendes Lernen",
„Externe Repräsentationen", „Autonomes Lernen" sowie die „Kognitive Strukturierung". Hinsichtlich der Beforschung des Unterrichtsmediums Erklärvideo ist
vor allem die Betrachtung der externen Repräsentationen sowie des autonomen
Lernens und der kognitiven Strukturierung von Interesse:

–   Externe Repräsentationen: Hier werden unter anderem die unterschiedlichen
    visualisierenden („veranschaulichenden") Repräsentationsformen verortet, mit-
    hilfe derer den Kindern sachunterrichtliche Inhalte nähergebracht werden
    können. In Bezug auf Visualisierungen existieren Einsiedler und Hardy zufolge
    (2022, S. 409) „vielfältige Ergebnisse empirischer Forschung zum Zusammen-
    hang von äußerlich visuell Dargestelltem und kognitiver Verarbeitung" (siehe
    dazu Abschnitt 2.2). In diesem Zusammenhang wird auch vor der fälschli-
    chen Annahme gewarnt, „wonach sinnlich Wahrgenommenes sich äquivalent
    in der kognitiven Struktur abbilde" (Einsiedler & Hardy, 2022, S. 409), hier
    habe die Kognitionsforschung gezeigt, dass vorhandene kognitive Struktu-
    ren und Konzepte die Wahrnehmungsprozesse von oben herab beeinflussen

würden. Für einen zielführenden Einsatz externer Repräsentationen sei es auf-seiten der Lehrkräfte deshalb wesentlich, „die spezifischen Merkmale von externen Repräsentationsformen zu kennen und die passenden Formate für die jeweiligen Unterrichtsinhalte auszuwählen" (Einsiedler & Hardy, 2022, S. 409).

– Autonomes Lernen und Schüler*innenorientierung: Die Unterstützung des Autonomieempfindens der Lernenden, „beispielsweise bezogen auf Themen-wahl, Zeiteinteilung, Wahl des Lernweges", könne Untersuchungen zufolge einen Beitrag zur „Förderung von Interesse und Lernerfolg" leisten (Einsied-ler & Hardy, 2022, S. 410). Um den Aufbau kognitiver Strukturen zu fördern, müssten Lernumgebungen sowohl handlungsorientiert als auch geistig anre-gend gestaltet werden: „‚Hands-on'-Aktivitäten reichen […] nicht aus, der Unterricht sollte zu ‚Minds-on'-Aktivitäten vorstoßen." (Einsiedler & Hardy, 2022, S. 409)

– Kognitive Strukturierung: In der Strukturierung von Lerninhalten sehen Ein-siedler und Hardy (2022) eines der empirisch am besten abgesicherten Unterrichtsprinzipien. Zum Strukturieren im Unterricht gehöre u. a. Folgendes: „sachlogisch und methodisch sequenzieren, Hinweise zu Wichtigem geben, Zusammenhänge zwischen Teilinhalten herausarbeiten, Begriffe und Funktio-nen zu systemischem, modellartigem Wissen zusammenfügen" (Einsiedler & Hardy, 2022, S. 410).

Vor dem Hintergrund der vielfältigen didaktischen Herausforderungen bei der Ausgestaltung des Sachunterrichts sollen im nächsten Teil einige ausgewählte Verfahren betrachtet werden, die Lehrer*innen bei der Planung ihres Sachunter-richts unterstützen sollen.

2.1.5 Ausgewählte unterstützende Verfahren für Lehrkräfte

Neben den im vorangegangenen Kapitel thematisierten Konzepten und Prinzi-pien verfügt die Sachunterrichtsdidaktik auch über unterschiedliche Verfahren, die Lehrkräften bei der praktischen Umsetzung des Sachunterrichts behilflich sein können. Ziel derartiger Verfahren ist z. B. das Treffen einer begründeten Auswahl relevanter und bildungswirksamer Unterrichtsinhalte aus der Masse an potenziellen Themenfeldern oder das Identifizieren lernförderlicher Zugänge und methodischer Vorgehensweisen.

In Rückbezug auf seinen Allgemeinbildungsbegriff und der damit einherge-henden Forderung nach einer Bildung im Medium des Allgemeinen plädiert

Klafki (1992, S. 19) im Sachunterricht für eine „Konzentration auf epochal-typische Schlüsselprobleme unserer Gegenwart und der vermutlichen Zukunft". Klafki (1992, S. 19 f.) beschreibt hierzu folgende Schlüsselprobleme, die auch über 30 Jahre später nicht an Relevanz verloren haben, sondern dringlicher denn je erscheinen:

– die Frage von Krieg und Frieden
– die Umweltfrage oder ökologische Frage
– das rapide Wachstum der Weltbevölkerung
– die gesellschaftlich produzierte Ungleichheit (zwischen Klassen und Schich-ten, Männern und Frauen, behinderten und nicht-behinderten Menschen, Men-schen mit und ohne Arbeitsplatz, Menschen aus unterschiedlichen ethnischen Gruppen …)
– die Gefahren und die Möglichkeiten der neuen technischen Steuerungs-, Informations- und Kommunikationsmedien
– die Subjektivität des Einzelnen und das Phänomen der Ich-Du-Beziehungen (Erfahrungen der Liebe, der menschlichen Sexualität, des Verhältnisses zwi-schen den Geschlechtern …)

Klafkis epochaltypische Schlüsselprobleme werden auch im Suchraster für bedeutsame Sachunterrichtsinhalte von Faust-Siehl et al. (1996, S. 67 f.) in einer der vier Fragerichtungen genannt:

– Welches sind entwicklungstypische Schlüsselfragen von Lernenden in der Grundschule?
– Welches sind die epochaltypischen Schlüsselfragen der Menschheit?
– Was sind epochemachende Errungenschaften der Menschheit, mit denen Kinder schon im Grundschulalter vertraut gemacht werden sollen?
– Welche Methoden der Rekonstruktion und Darstellung der Welt sollen Kinder bereits in der Grundschule kennen- und anwenden lernen?

Als Grundlage für die Sachbegegnungen im Unterrichtsgeschehen, die sich aus den vier Fragestellungen ergeben, beschreiben Faust-Siehl et al. (1996, S. 71) „sinnliches Erfahren und elementare Empfindungen" (siehe Abbildung 2.3).
Das Suchraster soll Faust-Siehl et al. zufolge (1996, S. 72) kein Themenkata-log sein, sondern Lehrkräften einen allgemeinen Orientierungsrahmen bieten, um „den Kindern behutsam Bezüge zu jenen Themen, Fragestellungen und Lösungs-vorschlägen aufzuzeigen, die die Menschheit für die Fragen der Kinder schon

Epochaltypische Schlüsselfragen der Menschheit

- die Frage von Krieg und Frieden
- die Frage nach unserem Verhältnis zur Natur (die Umweltfrage oder ökologische Frage)
- die gesellschaftlich produzierte Ungleichheit und ihre Folgen
- das rapide Wachstum der Weltbevölkerung und seine Folgen, zum Beispiel Migration
- die Möglichkeiten und die Gefahren der neuen technischen Steuerungs-, Informations- und Kommunikationsmedien
- die Verhältnisse zwischen den Geschlechtern und zwischen den Generationen
- und andere mehr

Entwicklungstypische Schlüsselfragen von Grundschulkindern

- die eigene Geschichtlichkeit: *«Wo komme ich her?»*
- der Zusammenhalt der Primärgruppe: *«Wo gehöre ich hin?»*
- die eigene Endlichkeit: *«Was ist nach dem Tod?»*
- Freundschaft und Ablehnung: *«Wer hält zu mir?»*
- der Wunsch nach Stärke und die Erfahrung von Schwäche: *«Wie setze ich mich durch?»*
- Gleichsein und Anderssein, Wert und Unwertgefühle: *«Wer bin ich? Wie bin ich?»*
- Leistungsanforderungen, Leistungsstolz und Versagensangst: *«Wie soll ich das schaffen?»*
- und andere mehr

Aktivitäten der Kinder

Epochemachende Errungenschaften der Menschheit

Ideen und Ziele:
- die Idee der Freiheit
- die Idee der Gleichheit
- die Idee der Brüderlichkeit und des Weltfriedens
- die Idee der Demokratie
- die Idee der Gerechtigkeit
- und andere mehr

Systeme und Praktiken:
- Handwerk, Kunst und Kultur
- Religion, Ethik und Philosophie
- Politik und Geschichte
- Wissenschaft und Technik
- Welthandel und Verkehr
- Information und Telekommunikation
- Naturbearbeitung und Naturpflege
- Ernährung, Gesundheit und Hygiene
- und andere mehr

Methoden der Rekonstruktion und Darstellung der Wirklichkeit

- Hypothesen bilden und Theorien verfolgen
- Exkursionen und «Expeditionen» in die außerschulische Realität
- Befragung, Beobachtung und Experiment
- Messen, Schätzen, Klassifizieren
- Modellvorstellungen und Analogiebildung
- Beschreibung, Vertonung oder szenische Darstellung
- Zeichnung, Malerei, bildnerisches Gestalten
- Verdichtung, Verfremdung, Collage
- und andere mehr

Sinnliches Erfahren und elementare Empfindungen als Basis der Weltaneignung:

Wahrnehmen, Schmecken, Fühlen, Tasten, Riechen, Zuhören, Beobachten, Kontemplation, Staunen, Freude, Hingabe, Stolz, Liebe und Hass, Trauer und Schmerz, Lust und Sinnlichkeit, Hoffnung und Zuversicht; die Erfahrungen, Teil eines größeren Ganzen zu sein, Einfluss zu gewinnen und etwas bewirken zu können, Erfolge zu erzielen und Niederlagen zu überstehen, und viele andere mehr

Abbildung 2.3 Suchraster für bedeutsame Unterrichtsinhalte (Faust-Siehl et al., 1996, S. 73). (Eigene Darstellung)

entwickelt hat und auf die die Kinder ohne die Hilfe oder Anregung ihrer Lehrer vermutlich nicht kommen würden".

Als weiterer Orientierungsrahmen für eine begründete Auswahl und Bewertung potenzieller Unterrichtsinhalte kann die Didaktische Analyse (Klafki, 2007) herangezogen werden, die einen zentralen Arbeitsschritt in Klafkis bildungstheoretischer Didaktik darstellt. Hierbei sollen Lehrkräfte anhand unterschiedlicher Fragen den Bildungsgehalt und die Struktur eines Lerngegenstandes analysieren, um so zu einer reflektierten Themenauswahl und zu einem überlegten didaktischen Vorgehen zu gelangen. Die Didaktische Analyse wurde von Klafki im Laufe seiner wissenschaftlichen Karriere kontinuierlich weiterentwickelt und ausdifferenziert. Zuletzt sah die Didaktische Analyse nach Klafki (2007, S. 271 ff.) folgende sieben Grundfragen vor, anhand derer Lehrer*innen einen konkreten Unterrichtsgegenstand analysieren sollten:

– Die Frage nach der Gegenwartsbedeutung des Unterrichtsthemas für die Schüler*innen,
– die Frage nach der Zukunftsbedeutung eines potenziellen Lerninhalts für die Lernenden,
– die Frage nach der exemplarischen Bedeutung des Lerngegenstandes,
– die Frage nach der konkreten thematischen Strukturierung des entsprechenden Unterrichtsinhalts,
– die Frage nach der Erweisbarkeit bzw. Überprüfbarkeit erfolgreich vollzogener Lernprozesse,
– die Frage nach der Zugänglichkeit und Darstellbarkeit der Thematik (z. B. mittels unterschiedlicher Medien) und
– die Frage nach der methodischen Strukturierung bzw. der Strukturierung des Lehr-Lern-Prozesses.

Die Didaktische Analyse ist weit mehr als ein bloßes Hilfsmittel für die Auswahl von Lerninhalten, ihre Anwendungsmöglichkeiten sind wesentlich umfangreicher: Sie stellt Fragen zum gesamten Unterrichtsplanungsprozess und damit auch zur Auswahl geeigneter Darstellungsformen bzw. Lernmedien (Klafki, 2007). Aus diesem Grund sind Teile der Didaktischen Analyse auch für die Betrachtung des Unterrichtsmediums Erklärvideo von Relevanz. In Abschnitt 2.4 werden die Fragen nach der medialen Darstellbarkeit und der Strukturierung von Unterrichtsinhalten vertiefend aufgegriffen.

Die vielfältigen Ansprüche, die damit verbunden sind, Kinder im Sachunterricht bei der Erschließung ihrer Lebenswelt zu unterstützen, verdeutlichen die Komplexität und thematische Breite des Unterrichtsfachs. Die hier vorgestellten

Prinzipien sollen Lehrkräften dabei helfen, dieser Komplexität pädagogisch angemessen begegnen zu können und zu einer begründeten und reflektierten Auswahl
der Unterrichtsinhalte, -medien und -methoden zu gelangen, die dem Bildungsanspruch und den Aufgaben und Zielsetzungen des Sachunterrichts gerecht
werden. Einen zentralen Bestandteil solcher Unterrichtsangebote, der darin stattfindenden Lehrprozesse und der Initiierung kindlicher Lernprozesse stellt ein
reflektierter und kompetenter Umgang mit diversen Unterrichtsmedien dar. Der in
Abschnitt 2.3 folgenden Betrachtung des Unterrichtsmediums Erklärvideo wird
im nächsten Teil ein allgemeiner Blick auf das Lehren und Lernen mit Medien
vorangestellt. Die Aufarbeitung wesentlicher Erkenntnisse zur Mediennutzung in
Lehr- und Lernprozessen soll wichtige Anhaltspunkte für die wissenschaftliche
Auseinandersetzung mit dem audiovisuellen Medium Erklärvideo liefern.

2.2   Zum Lehren und Lernen mit Medien

> „Wenngleich unmittelbare, primäre Formen der Erfahrungen einen zentralen Stel-
> lenwert in der Auseinandersetzung mit der Umwelt einnehmen, werden zunehmend
> medienbezogene Erfahrungsformen für die Erschließung der Welt und der eigenen
> Identität bedeutender." (Pohlmann-Rother & Boelmann, 2019, S. 95)

Die Wahl geeigneter Unterrichtsmedien hat für die Didaktik des Sachunterrichts
große Bedeutung. Der Einsatz entsprechender Medien im Unterrichtsgeschehen
soll sicherstellen, „dass sie die Kinder beim Wahrnehmen, Informieren, Erarbeiten, Dokumentieren, Gestalten, Präsentieren, Kommunizieren und Üben […]
unterstützen" (Gervé & Peschel, 2013, S. 72). Medien können dabei „im klassischen Sinne der Anschauung dienen, motivieren […] oder gewährleisten, dass
unterschiedlichen Präferenzen der kognitiven Aktivierung entsprochen wird", und
sie sollen „sachangemessen zum Staunen, Tun, Fragen und Denken anregen und
nicht einfach nur zum Rezipieren oder Reproduzieren" (Gervé & Peschel, 2013,
S. 74 f.).

Warum Medien als wichtige Werkzeuge für Lehr- und Lernprozesse gesehen
werden, beschreibt Tulodziecki (2014, S. 419) folgendermaßen: „Der Stellenwert von Medien für das Lernen beruht auf der Annahme, dass Mediennutzung
eine Form der Erfahrung darstellt, durch die gelernt werden kann". Unter dem
Medienbegriff werden Informationsträger verstanden, „durch die in kommu-
nikativen Zusammenhängen potenzielle Zeichen mit technischer Unterstützung
übertragen, gespeichert, wiedergegeben oder verarbeitet und in abbildhafter oder
symbolischer Form präsentiert werden" (Tulodziecki, 2014, S. 420). Für den

Sachunterricht beschreiben Gervé und Peschel (2013, S. 61) Medien auch als „Werkzeuge zur Welterschließung", Giest (2020, S. 495) spricht von „Mittel der Kommunikation und Abbilder[n] der Realität", was die Unterrichtsmedien zu integralen Bestandteilen sachunterrichtlicher Bildungsprozesse macht. Vor allem digitale Medien würden Gervé zufolge (2022, S. 523 f.) „durch ihre besonderen Potenziale […] auch besondere Möglichkeiten" eröffnen, etwa „neue Möglichkeiten für Wissenserwerb, Gestalten, Handeln und Kommunizieren und damit für ein aktiv welterschließendes Lernen". Dennoch hätte deren Einsatz auch „Grenzen für das Lernen im Sachunterricht, denn sie tragen zu einer zunehmenden Beschleunigung und Fragmentierung der Weltbegegnungen bei und betonen dabei in einer zuweilen fesselnden Weise das Digitalisierbare", was „mit dem Risiko eines simplifizierenden Verlustes der sinnstiftenden Verbindung zum Phänomen […]" einhergehen könnte (Gervé, 2022, S. 524). Hier zeigt sich die Wichtigkeit einer kritisch-reflektierten Auseinandersetzung mit dem Einsatz von Unterrichtsmedien in der Schule bzw. den Möglichkeiten für die Gestaltung von Lehr- und Lernprozessen.

Die theoretischen Betrachtungen zum Lehren und Lernen mit Medien in diesem Kapitel folgen einer deduktiven Logik, wonach zunächst ein Exkurs zum Lernen allgemein erfolgt, um zu klären, welche Auffassungen über das Lernen im gegenwärtigen Bildungsdiskurs vorherrschen und welche kognitiven Voraussetzungen für das (multi-)mediale Lernen – und damit in weiterer Folge auch für das Lernen mit Erklärvideos – von Bedeutung sind. Daran anschließend werden zwei Medienintegrationsmodelle thematisiert sowie ein Blick auf zentrale medienpädagogische Kompetenzen geworfen, über die Lehrkräfte für einen zweckdienlichen Medieneinsatz im Unterricht verfügen sollten.

2.2.1 Auffassungen über das Lernen

> „Zunächst begegnet uns die Welt in Form sinnlich wahrnehmbarer Eindrücke bzw. Informationen. Auf dem Hintergrund bereits gemachter Erfahrungen werden diese gedeutet, d. h. mit einer Bedeutung versehen und sinnlich erkannt." (Giest, 2020, S. 28)

Ein zentrales Merkmal des Menschen stellt seine Lernfähigkeit dar. Zwar besitzen auch Tiere das angeborene Potenzial zu lernen, das Ausmaß der Nutzung dieses Potenzials macht das menschliche Lernen jedoch einzigartig (Hasselhorn & Gold, 2017). Da die Pädagogik keine hinreichenden Erklärungsmodelle zum Lernen liefert und obgleich sie sich als eigenständige wissenschaftliche Disziplin von anderen abzugrenzen versucht, erfordert die Betrachtung des Lernbegriffs und der kognitiven Voraussetzungen für Lernprozesse eine multidisziplinäre Sichtweise (Göhlich et al., 2014). Eine Annäherung an den Lernbegriff ist etwa ohne evidenzbasierte Theorien aus der Psychologie kaum möglich. Entwicklungspsychologische Erkenntnisse können Lehrkräften Aufschluss darüber geben, welche Veränderungs- und Reifungsprozesse kindlicher Vorstellungs- und Handlungsmuster im Grundschulalter durchlaufen werden, um zu bewerten, in welcher Form und auf welchem Niveau entsprechende Inhalte sinnvollerweise mit den Kindern bearbeitet werden können.

Bei der Frage, wie Lernen erfolgt bzw. wie Lernprozesse konkret verlaufen, handelt es sich um bedeutsame Fragestellungen der Pädagogik und Psychologie. Aus der Fülle an Ansätzen und Definitionen werden an dieser Stelle vier Beschreibungen ausgewählt, die aus pädagogischer Sicht bedeutsam erscheinen. Bei der Betrachtung dieser Begriffsbestimmungen lassen sich bereits erste Anhaltspunkte festmachen, was Lernen konkret bedeutet:

> „Lernen ist ein Prozess, bei dem es zu überdauernden Änderungen im Verhaltenspotenzial als Folge von Erfahrungen kommt." (Hasselhorn & Gold, 2017, S. 35)

> „Lernen ist ein Prozess, der in einer relativ konsistenten Änderung des Verhaltens oder des Verhaltenspotentials resultiert, und basiert auf Erfahrung." (Gerrig & Zimbardo, 2008, S. 192)

> „Von Lernen wird gesprochen, wenn es auf der Grundlage von Erfahrung (selbst Erlebtem oder Wahrgenommenem) beabsichtigt oder unbeabsichtigt zu einer relativ dauerhaften Veränderung im Wissen oder Verhalten des Individuums kommt." (Hannover et al., 2014, S. 155)

> „Unter Lernen verstehen wir alle nicht direkt zu beobachtenden Vorgänge in einem Organismus, vor allem in seinem zentralen Nervensystem (Gehirn), die durch Erfahrung (aber nicht durch Reifung o.ä.) bedingt sind und eine relativ dauerhafte Veränderung bzw. Erweiterung des Verhaltensrepertoires zur Folge haben." (Treml & Becker, 2004, S. 107)

Ausgangspunkte für Lernprozesse stellen demnach Erfahrungen unterschiedlicher Art dar. Lernen könne entweder beabsichtigt (intentional) oder unbeabsichtigt/beiläufig (inzidentell) geschehen (Hasselhorn & Gold, 2017). In den genannten Begriffsdefinitionen wird zudem der Prozesscharakter des Lernens hervorgehoben und das Resultat von Lernprozessen als eine relativ dauerhafte Änderung oder Erweiterung des Verhaltens bzw. der nicht unmittelbar beobachtbaren Verhaltenspotenziale beschrieben.

Im Kontext der Betrachtung von Lernprozessen wird häufig auch auf den Ansatz des „conceptual change" verwiesen (Götzmann, 2015; Grimm et al.,

2020; Gropengießer & Marohn, 2018; Seel, 2003). Der „conceptual change"-
Ansatz beschreibt im Kern ein Modell zum Aufgreifen und Weiterentwickeln
bzw. Verändern von Vorerfahrungen der Lernenden. Lernen findet diesem Ansatz
zufolge durch konzeptuelle Veränderungen bestehender Vorstellungen statt. Diese
konzeptuellen Veränderungen beschreiben „jede Modifikation eines Begriffs und
seiner Struktur. Es wird unterschieden zwischen Erweiterung, Verfeinerung bzw.
Ausdifferenzierung und mehr oder weniger vollständiger Rekonstruktion von
Begriffen" (Seel, 2003, S. 383). Ausgangspunkt für derartige konzeptuelle Veränderungen sind konzeptuelle Konflikte der Lernenden, d. h., „[e]in Ereignis/
Sachverhalt kann mit dem bisherigen [kognitiven, S. M.] Modell gar nicht oder
nicht zufriedenstellend erklärt werden und erzeugt so Unzufriedenheit" (Götzmann, 2015, S. 27). Damit ein neues Modell übernommen wird, müssen folgende
Eigenschaften erfüllt sein:

> „Das neue Modell, das zur Disposition steht, muss **verständlich** sein. Verständlich-
> keit ist die Basis, damit ein neues Modell überhaupt in Erwägung gezogen wird, ein
> anderes zu ersetzen. Die Verständlichkeit alleine reicht jedoch nicht aus. Das Modell
> muss zusätzlich auch **glaubhaft** sein. Die Plausibilität dient als Indikator, ob das neue
> Modell mit den eigenen existierenden Vorstellungen kompatibel ist. Ist dies nicht der
> Fall, wird es entweder verworfen oder nach dem Prinzip ‚was nicht passt, wird pas-
> send gemacht' verändert. Des Weiteren muss das neue Modell **fruchtbar** erscheinen.
> Es muss mehr Möglichkeiten eröffnen als das bereits vorhandene." (Götzmann, 2015,
> S. 27)

Der Ansatz des „conceptual change" wird im bildungswissenschaftlichen Diskurs
vorrangig für die Beschreibung naturwissenschaftlicher Lernprozesse herangezogen (Grimm et al., 2020; Gropengießer & Marohn, 2018), lässt sich aber ebenso
als Beschreibungsansatz für Lernprozesse in geistes- und humanwissenschaftli-
chen Disziplinen nutzen (Götzmann, 2015).

Auch die Neurobiologie beschäftigt sich mit den Prozessen, die beim menschlichen Lernen stattfinden. Hier wird der Lernprozess auf seine biochemischen
Vorgänge im Gehirn heruntergebrochen: „Lernen bedeutet Modifikation synap-
tischer Übertragungsstärke" (Spitzer, 2002, S. 146). Obwohl neurobiologische
Erkenntnisse vielfach Eingang in populärwissenschaftliche Publikationen finden, wird der Mehrwert neurowissenschaftlicher Sichtweisen und Befunde im
pädagogischen Bildungsdiskurs seit Jahren kontrovers diskutiert, u. a. deshalb,
weil Neurowissenschaftler*innen meist ein Verständnis von Bildung transportieren, welches „– aus erziehungswissenschaftlicher Sicht – eher mit dem Begriff
Entwicklung" gleichzusetzen sei (Becker, 2006, S. 189). Ein weiteres Problem
bestehe darin, „dass die Neurowissenschaften lediglich Wissen über *Lernen*

bereitstellen können, – denn Lehre kommt in der bisherigen neurowissenschaftlichen Forschung nicht vor" (Becker, 2006, S. 190). Um aus der Betrachtung des Lernens auch Implikationen für das Lehren ableiten zu können, lohnt ein Blick auf die klassischen Lerntheorien, die im nächsten Abschnitt in ihren Grundzügen dargestellt werden.

2.2.2 Bedeutsame Lerntheorien und ihre Relevanz für das Lernen mit Medien

> „Lernen zu verstehen heißt aus pädagogischer Sicht immer, ein Verhältnis zwischen Lernendem und Welt als Möglichkeit der Weiterentwicklung dieses Verhältnisses zu begreifen." (Göhlich et al., 2014, S. 7)

Nach wie vor existiert keine allumfassende Lerntheorie, die das menschliche Lernen in seiner gesamten Komplexität zu beschreiben vermag. Dennoch hat die psychologische Forschung unterschiedliche Lerntheorien hervorgebracht, die als Erklärungsmodelle für das Lernen herangezogen werden können und aus denen sich auch Konsequenzen für das Lehren ableiten lassen. Im Laufe des letzten Jahrhunderts wurden unterschiedliche Lerntheorien formuliert. Die folgende Zusammenstellung versteht sich als überblickshafte Darstellung der drei bedeutsamsten Lerntheorien und soll Erklärungsansätze dafür bereitstellen, auf welche Arten das Lernen mit Medien erfolgen kann.

Behaviorismus
Der Behaviorismus nahm seinen Anfang im frühen 20. Jahrhundert. Begründet wurde die Lerntheorie von John Watson (1924), der von der Annahme ausging, dass die Ursache für Lernen bzw. Verhaltensänderungen in beobachtbaren Umwelteinflüssen (Reizen bzw. Stimuli) liege. Iwan Pawlow entdeckte mit der klassischen Konditionierung eine grundlegende Lernform des Behaviorismus. Bei der Beobachtung von Versuchshunden bemerkte Pawlow zufällig, dass deren Speichelfluss bereits beim Anblick des Fütternden einsetzte. Diese Assoziation zwischen neutralem und natürlichem Stimulus konnte Pawlow auch nachweisen, als er das Geräusch einer Glocke mit dem Fütterungsvorgang verknüpfte und die Hunde schließlich allein beim Läuten der Glocke zu speicheln begannen (Pawlow, 1927). Watson und Rayner (1920) wiesen in einem Experiment mit einem Säugling nach, dass klassisches Konditionieren auch zu Verhaltensänderungen bei Menschen führen kann.

In Abgrenzung zur klassischen Konditionierung und auf Grundlage von Edward L. Thorndikes (1911, S. 244) „law of effect" entwickelte B. F. Skinner (1938) seine Theorie der operanten Konditionierung. Skinners Theorie besagt, dass Verhaltensweisen gehäufter eintreten, wenn auf das Verhalten ein verstärkender Reiz (z. B. Lob) folge. Im Gegenzug sinke durch Strafe (z. B. Tadel) die Wahrscheinlichkeit, dass ein bestimmtes Verhalten künftig erneut gezeigt werde.

Dass der Behaviorismus bis heute auch Relevanz für das Lernen in der Schule besitzt, lässt sich vielerorts beobachten, so auch in der Gestaltung (multi-)medialer Lernumgebungen. Die Schaffung von Anreizsystemen (wie etwa die Vergabe von Punkten oder Platzierungen) ist ein weitverbreitetes didaktisches Instrument von Pädagog*innen und findet sich auch in diversen Lernmedien (z. B. in Lernspielen, Übungsprogrammen etc.) wieder (Göhlich et al., 2014). Den anhaltenden Erfolg des Behaviorismus in der Pädagogik begründen Göhlich, Wulf und Zirfas (2014, S. 10) damit, dass dadurch „lange tradierte und populäre Vorstellungen vom Lernen (durch Lob und Tadel, allgemeiner durch Belohnung und Bestrafung) auch in einer wissenschaftlich geprägten Gesellschaft" beibehalten werden konnten. Außerdem vereinfache eine verhaltensorientierte Auffassung von Lernen deren Beforschung, weil „eine große Bandbreite von Verhalten als Produkt einfacher [beobachtbarer, S. M.] Lernprozesse verstanden werden kann" (Gerrig & Zimbardo, 2008, S. 222).

Durch das Ausblenden innerpsychischer Vorgänge sowie sozialer Aspekte stößt der Behaviorismus allerdings bei Erklärungsversuchen für unerwartetes oder kreatives Verhalten bzw. bei komplexen Problemlöseprozessen an seine Grenzen. Als Reaktion darauf vollzog sich in der Psychologie in den 1960er-Jahren die sogenannte „kognitive Wende" und eine Hinwendung zur genaueren Betrachtung der Lernvorgänge im menschlichen Gehirn (Hasselhorn & Gold, 2017, S. 152).

Kognitivismus

„Aus kognitivistischer Sicht ist Lernen ein Informationsverarbeitungsprozess. Der Kognitivismus versteht Lernen als Wechselwirkung des externen Angebots (z.B. eines Lehr- resp. Lernmaterials) mit der internen Struktur des Lernenden." (Göhlich et al., 2014, S. 10 f.)

Im Fokus des kognitivistischen Forschungsinteresses für Lernen stehen – wie das Eingangszitat verdeutlicht – die internen Strukturen der Lernenden. Forschungen zum Kognitivismus erfolgten bereits in den 1920er-Jahren, z. B. von den Gestaltpsychologen Max Wertheimer (1920) und Wolfgang Köhler. Köhler (1921) charakterisierte einsichtiges (intelligentes) Verhalten damit, in unerwarteten Situationen Umwege einzuschlagen, die zu einer Lösung führen könnten. Beim Lernen durch Einsicht wird Problemlösung durch eine gedankliche Umstrukturierung ermöglicht. Während Lernen nach behavioristischer Auffassung extrinsisch motiviert – also von außen bestimmt – ist, sieht der Kognitivismus die Motive für das Lernen im inneren Antrieb des Individuums.

Von den vielen Vertretenden des Kognitivismus soll an dieser Stelle Albert Bandura genannt werden. Aus einer behavioristischen Tradition stammend, entwickelte Bandura (1977) mit seiner sozial-kognitiven Lerntheorie ein wichtiges Bindeglied zwischen Behaviorismus und Kognitivismus. Er ging dabei von der Annahme aus, dass nicht nur Umweltfaktoren, sondern auch die kognitiven Merkmale einer Person deren Verhalten beeinflussen würden. Zentraler Bestandteil seiner Theorie ist das Konzept des Modell- oder Beobachtungslernens, welches Bandura et al. (1963) durch ein Experiment veranschaulichten, bei dem Kinder aggressives Verhalten in einem Film beobachteten. Wurde die Person im Film für ihr Verhalten bestärkt, so zeigten auch die Kinder später verstärkt derartiges Verhalten. Wurde die Person im Film für ihr Handeln bestraft, sank auch die Wahrscheinlichkeit, dass die Kinder ein solches Verhalten imitierten. Damit zeigten Bandura et al. (1963), dass Menschen nicht nur dann etwas lernen, wenn sie die Handlung selbst ausführen bzw. auf einen Stimulus reagieren, sondern ebenso über die Beobachtung einer Handlung und der darauffolgenden Konsequenzen für die Modellperson. Das Konzept des Beobachtungslernens (Abbildung 2.4) bietet auch ein Erklärungsmodell dafür, wie das Lernen mit audiovisuellen Medien – und damit auch mit dem Medium Erklärvideo – erfolgen kann.

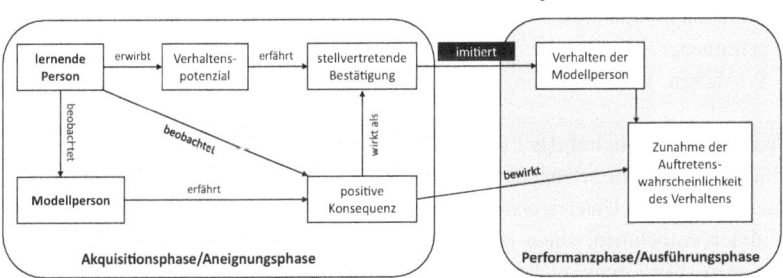

Abbildung 2.4 Grundprinzip des Beobachtungslernens (Hannover et al., 2014, S. 164). (Eigene Darstellung)

Die kognitivistische Forschung beschäftigt sich auch mit den für das Lernen notwendigen kognitiven Voraussetzungen. Diesbezügliche Erkenntnisse von Bruner und Piaget werden in Abschnitt 2.2.3 näher beschrieben. Davor soll jedoch noch die dritte der bekanntesten Lerntheorien, der Konstruktivismus, dargestellt werden.

Konstruktivismus

Im Gegensatz zum Kognitivismus, bei dem Erkenntnis als Ergebnis von Informationsverarbeitungsprozessen betrachtet wird, beschreiben konstruktivistische Theorien das Lernen als einen subjektiven Konstruktionsprozess des Individuums. Der Konstruktivismus wird als Begriff im Bildungsdiskurs sehr häufig und vielschichtig gebraucht. Im Prinzip geht es dabei zumeist um einen „Beitrag zu einem Paradigmenwechsel, zu einer Wende von einer normativen zu einer interpretativen Weltanschauung" (Siebert, 2005, S. 20). An die Stelle einer gesteuerten Wissensvermittlung tritt bei einer konstruktivistischen Sichtweise das selbstgesteuerte Lernen, statt des Aufzeigens von Antworten steht das Anregen von Fragen im Vordergrund. Auch für den Einsatz audiovisueller Medien wie des Erklärvideos hat eine konstruktivistische Sichtweise vielfältige Implikationen (Siebert, 2005, S. 74):

– „Was wir beobachten, sind unsere Beobachtungen und Interpretationen der Realität.
– Jeder Beteiligte […] macht auf Grund seiner Vorerfahrungen andere Beobachtungen.
– Wir sehen nicht, was wir nicht sehen, wir erkennen nicht, was wir nicht erkennen.
– Wir hören, was wir hören, nicht, was gesagt wurde."

Einer solchen Sicht auf das Lernen folgend, müssten Lehrer*innen also, um Aufschluss darüber zu erlangen, was Kinder z. B. in der Auseinandersetzung mit unterschiedlichen Unterrichtsmaterialien wahrnehmen bzw. welche Informationen sie ihnen entnehmen, einen gemeinsamen Reflexionsprozess mit den Lernenden einplanen. Wird eine solche individuelle Rezeption von Medien z. B. hinsichtlich des Einsatzes von Erklärvideos betrachtet, stellt sich die Frage, wie mit dem audiovisuellen Medium in konstruktivistisch orientierten Unterrichtssettings umgegangen wird und was Erklärvideos für das selbstgesteuerte Lernen zu leisten vermögen. Gervé zufolge (2022, S. 524) sind Medien im Sinne einer konstruktivistischen Didaktik „als leicht form- und kombinierbare Bausteine und vielseitige

Werkzeuge für die individuelle und soziale Konstruktion von (Welt-)Wissen anzu-
sehen", deren „Einsatz als Lernmittel oder Werkzeug […] [im Sachunterricht,
S. M.] am Nutzen für die sach- und personenbezogene Kompetenzentwicklung
bzw. an der Bedeutung für grundlegende Bildung zu messen" sei. In Abschnitt 2.4
wird darauf vertiefend eingegangen.

Nachdem die drei bedeutendsten Lerntheorien und ihre Bezüge zum Lernen
mit Medien kurz umrissen wurden, folgt im nächsten Teil ein Blick auf die kognitiven Voraussetzungen, die Kinder im Grundschulalter für gelingende Lern- und
Verstehensprozesse benötigen. Eine Betrachtung der Thematik ist von Relevanz,
weil theoretisch begründete Aussagen darüber getroffen werden sollen, inwiefern
das Lernen mit Erklärvideos dem Entwicklungsstand und den Lernbedürfnis-
sen der Schüler*innen entspricht bzw. gerecht wird, aber auch, um zu sehen,
wie Unterrichtsmedien gestaltet werden müssten, um kindliche Lernprozesse
bestmöglich zu unterstützen.

2.2.3 Kognitive Voraussetzungen für das Lernen mit Medien

Ursprünglich waren Forschende der Auffassung, im Sachunterricht sei es nur
bedingt möglich, konzeptuelles Wissen bzw. Zusammenhangswissen zu vermitteln (Einsiedler, 2000). Kognitionspsychologische Forschungsergebnisse wider-
legten diese Auffassung jedoch eindeutig: „Kinder lernen Begriffe nicht als
isolierte Definitionen mit Oberbegriff und Definitionsmerkmalen, sondern als
Konzepte in vielfältig verflochtenen Bedeutungsrelationen" (Einsiedler, 2000,
S. 73). Auch die GDSU (2013, S. 11) hält hierzu fest: „Kinder im Grundschulalter werden in Bezug auf ihre Lernfähigkeit häufig unterschätzt. Sachunterricht
darf die Schülerinnen und Schüler nicht unterfordern. Er muss inhaltlich und
methodisch anspruchsvoll gestaltet sein, um die Lernfähigkeit und Lernbereit-
schaft der Kinder bereits im frühen Alter zu nutzen." Um diesem Anspruch
gerecht zu werden, muss der Blick speziell auf die kognitiven Voraussetzungen
der Lernenden gerichtet werden. „Viele Lernvorgänge setzen einen bestimmten
Entwicklungsstand voraus. Für alle Erziehungsmaßnahmen, für Unterrichtsinhalte
und -methoden muss zunächst geklärt werden, ob die notwendigen individuellen
Voraussetzungen bereits gegeben sind." (Imhof, 2016, S. 23)

Die Forschungen zur kognitiven Entwicklung von Kindern und Jugendlichen
wurden stark durch die Arbeiten von Jean Piaget geprägt. Zentrale Begriffe seiner Theorie sind die Assimilation (Integration neuer Eindrücke in vorhandene
Schemata) und die Akkommodation (Entwicklung neuer bzw. Modifikation alter
Schemata), über die das Kind auf neue Erfahrungen reagiert (Piaget, 1970).

Piagets (1970) Stufenmodell der kognitiven Entwicklung zufolge befinden sich Grundschulkinder im Alter von etwa 7 bis 12 Jahren im Stadium des konkret-operationalen Denkens, in dem sie bereits zum prozesshaften Denken und zur Durchführung logischer Operationen fähig sein sollen, sofern sie mit konkreten Anschauungsmöglichkeiten (z. B. entsprechenden Unterrichtsmedien) unterstützt werden. Die Kritik an Piagets Modell richtet sich jedoch u. a. gerade gegen diese starre Stufenkonzeption, da „die geistige Entwicklung [...] nicht unabhängig von Wissensdomänen [...][,] sondern innerhalb dieser Domänen" erfolge (Giest, 2020, S. 127). Es konnte bereits nachgewiesen werden, „dass Kinder durch gezielte Förderung bereichsspezifischen Wissens zu formalen Denkoperationen befähigt werden, die sie nach Piagets Vorstellung erst in einer späteren Entwicklungsstufe anwenden können" (Hannover et al., 2014, S. 151). Das hier zugrunde liegende entwicklungspsychologische Konzept wird den „naiven Theorien" zugerechnet, demzufolge „kognitive Entwicklung als Veränderung bereichsspezifischen Wissens" zu verstehen ist (Mähler, 1999, S. 53). Demnach wären Kinder zunächst in vielen Domänen Laiinnen und Laien, würden sich aber durch den Erwerb bereichsspezifischen Wissens zunehmend zu Fachkundigen auf dem entsprechenden Gebiet entwickeln. Der zentrale Unterschied der naiven Theorien zum Stufenmodell von Piaget besteht also primär darin, „dass es keine globalen Veränderungen in der Entwicklung postuliert, sondern von Änderungen in einzelnen Domänen ausgeht – also bereichsspezifisch ist" (Götzmann, 2015, S. 14).

Bereits Jérôme Bruner (1960, S. 12) stellte eine ähnliche Behauptung auf: „The foundations of any subject may be taught to anybody at any age in some form". Mit geeigneten Medien und Methoden könne demnach jedes Thema kind- und sachgemäß aufbereitet werden. In seiner Veröffentlichung „Towards a Theory of Instruction" (1966) beschreibt Bruner in diesem Zusammenhang drei Repräsentationsmodi, mittels derer den Kindern ihrer Altersstufe entsprechend neue Inhalte dargeboten werden können:

- enaktiv (handelnd)
- ikonisch (bildlich)
- symbolisch (zeichenhaft bzw. verbal/sprachlich)

Sämtliche Lehr- und Lernmaterialien bedienen sich Bruner zufolge dieser drei Möglichkeiten, um Informationen in adressiertengerechter Form darzustellen. Nach Bruners Ansicht könnten demzufolge auch einer jungen Zielgruppe bereits komplexe Inhalte vermittelt werden, sofern die Aufbereitung der Lerninhalte durchdacht und zielgruppengerecht erfolge. Ob bzw. wie dies für den Sachunterricht mithilfe des Einsatzes von Erklärvideos funktionieren könnte, wird in Abschnitt 2.4 behandelt.

Als weitere Möglichkeit, Kinder beim Erwerb komplexer Lerninhalte zu unterstützen, beschreibt Bruner (1978, S. 254) das Prinzip des „Scaffolding": Hierzu zählen jene Schritte, die gesetzt werden können, um die Handlungsmöglichkeiten innerhalb einer Aufgabenstellung einzuschränken. Das Scaffolding, also das „Gerüstbauen", soll für Lernende eine Unterstützung beim Aneignen neuer Inhalte darstellen, indem die Komplexität eines Lerngegenstandes – und damit auch die kognitiv zu verarbeitende Menge – reduziert wird. Kinder sollen sich dadurch eher auf zentrale Aspekte eines Themas fokussieren und Schemen entwickeln, mit denen sie sich im Lerngegenstand – später auch ohne Zuhilfenahme von Scaffolding-Maßnahmen – zurechtfinden. Ein solches Unterstützungssystem soll Kindern die Möglichkeit bieten, auch komplexe Inhalte oder Zusammenhänge verstehen und erlernen zu können. Damit dies funktioniere, sei eine vielfältige und durchdachte Aufbereitung des Lerngegenstandes zentral: „They must be based as much as possible upon the arousal of interest in what there is to be learned, and they must be kept broad and diverse in expression" (Bruner, 1960, S. 80). Das Entwickeln kindlicher Interessen stellt – wie in Abschnitt 2.1.2 beschrieben – eine zentrale Aufgabe sachunterrichtlichen Handelns dar, womit auch Anforderungen hinsichtlich der Gestaltung und des Einsatzes von Unterrichtsmedien verbunden sind.

Gesichertes Wissen über kognitive Strukturen und Vorgänge im Gehirn der Lernenden und dementsprechende Adaptierung der Lernmaterialien könnten Paas und Sweller zufolge (2014, S. 27) die Effektivität von Lernmedien und damit auch den Lernerfolg positiv beeinflussen: „Good instructional design is driven by our knowledge of human cognitive structures and the manner in which those structures are organized into a cognitive architecture." Ein zentraler Grundsatz ist in diesem Zusammenhang die Unterscheidung zwischen biologisch primärem und biologisch sekundärem Wissen. Biologisch primäres Wissen beschreibt das von Menschen über Generationen automatisch und unbewusst angeeignete Wissen (etwa das Erkennen von Gesichtern, das Erlernen einer Erstsprache oder allgemeiner Problemlösefähigkeiten). Der Aufbau eines solchen Wissens bedarf keiner ausdrücklichen Anleitung. Biologisch sekundäres Wissen umfasst hingegen all jenes Wissen, das zwar von einer Kultur als wichtig erachtet wird (etwa das Lesen, Schreiben und Rechnen), das Menschen aber nicht im Laufe ihrer Entwicklung automatisch erwerben, sondern unter Anleitung – meist in einem institutionalisierten Rahmen wie der Schule – in einem Akt der bewussten

Anstrengung erlernen müssen. Während primäres Wissen modular und unzusammenhängend sein kann und selbstständig auf unterschiedliche Weise erworben wird, weist biologisch sekundäres Wissen immer Zusammenhänge auf. Um den Erwerb von sekundärem Wissen zu ermöglichen, hat das Gehirn eine kognitive Architektur entwickelt, anhand derer Inhalte erlernt werden können (Paas & Sweller, 2014).

Nach vorherrschendem wissenschaftlichen Erkenntnisstand verfügt das menschliche Gehirn über drei Gedächtnisspeichersysteme, die beim Lernen unterschiedliche Funktionen erfüllen. Mayer (2014a, S. 53) beschreibt sie wie folgt (Tabelle 2.1):

Tabelle 2.1 Gedächtnisspeichersysteme

Gedächtnisspeicher	Beschreibung	Kapazität	Speicherdauer	Format
Sensorisches Gedächtnis	Hält für kurze Zeit sensorische Kopien eingehender Wörter und Bilder	Unlimitiert	Sehr kurz	Visuelle oder akustische Sinnesbilder
Arbeitsgedächtnis	Ermöglicht die Bearbeitung ausgewählter eingehender Informationen	Limitiert	Kurz	Verbale und bildliche Darstellungen
Langzeitgedächtnis	Speichert organisiertes Wissen permanent	Unlimitiert	Permanent	Wissen

Damit Lernen erfolgreich gelingen kann, müssen neue Informationen zuerst über die Sinnesorgane aufgenommen werden. Diesbezüglich wird angenommen, dass der Mensch über zwei Verarbeitungskanäle – einen visuellen und einen auditiven – verfügt: „The dual-channel assumption is that humans possess separate information processing channels for visually/spatially represented material and auditorily/verbally represented material" (Mayer, 2014a, S. 47). Die Sinneswahrnehmungen werden im Arbeitsgedächtnis organisiert, um dann gegebenenfalls im Langzeitgedächtnis gespeichert werden zu können. Erst durch die Speicherung im Langzeitgedächtnis findet Lernen statt: „Learning is defined as an alteration in long-term memory." (Paas & Sweller, 2014, S. 30) Das Arbeitsgedächtnis ist in seiner Kapazität beschränkt, wissenschaftliche Untersuchungen legen nahe, dass etwa sieben Informationselemente gleichzeitig für eine bestimmte Zeitspanne (ca. 20 Sekunden) gehalten werden können. Bei neuen Inhalten, die erst kombiniert, kontrastiert oder verglichen werden müssen, sind es nicht mehr als zwei bis vier Informationselemente (Paas & Sweller, 2014). Der Aktivierung von Vorwissen und der Gestaltung der Lernmedien kommt deshalb besondere Bedeutung zu: „The limitations of working memory when one is dealing with novel, biologically secondary information and the elimination of those limitations when one is dealing with well-known information have profound implications for instructional design in general and multimedia instructions in particular." (Paas & Sweller, 2014, S. 37 f.)

Lernen stelle immer eine Belastung des kognitiven Systems dar, weshalb ein Verständnis der Vorgänge im Gedächtnis wichtig sei, um einer Überlastung des kognitiven Systems entgegenzuwirken. Eine solche Überlastung könne zu schlechteren Lern- und Behaltensleistungen führen (Paas & Sweller, 2014). Mit ihrer „Cognitive Load Theory" beschreiben Paas und Sweller (2014, S. 37 ff.), welche Arten kognitiver Belastung beim Lernen auftreten können:

– „intrinsic cognitive load": Die intrinsische kognitive Belastung geht vom Lernstoff selbst bzw. von dessen Komplexität aus.
– „extraneous cognitive load": Die extrinsische kognitive Belastung wird durch die Qualität der Aufbereitung des Lernmaterials beeinflusst.
– „germane cognitive load": Die lernbezogene kognitive Belastung hängt mit der intrinsischen kognitiven Belastung zusammen, sie bewertet die Sinnhaftigkeit und Zielsetzung des Lerngegenstandes und entscheidet damit über die Motivation, die für das Lernen aufgebracht wird.

Gerade die extrinsische kognitive Belastung könne durch gut strukturierte und gestaltete Lernmaterialien minimiert werden, wodurch im Arbeitsgedächtnis Ressourcen für intrinsische kognitive und lernbezogene Aufgaben geschaffen werden. Einsiedler (1992, S. 484) beschrieb bereits vor über 30 Jahren die Wichtigkeit einer kognitionspsychologisch orientierten Mediendidaktik, um den „Aufbau interner Modelle durch angemessene externe Modelle" zu fördern. Die Befunde verdeutlichen die Bedeutung einer reflektierten Auswahl bzw. durchdachten Gestaltung von Lernmaterialien sowie eines sachgemäßen Einsatzes der Unterrichtsmedien für gelingende Lernprozesse.

Einen Ansatz zur Beschreibung des Grades an kognitiver Aktivierung von Lernenden stellt das ICAP[7]-Modell von Chi und Wylie (2014) dar. Die Autorinnen unterscheiden hierbei zwischen vier Engagement-Aktivitäten der Lernenden gegenüber Lernmedien, die von Lehrkräften bei der Beobachtung der Schüler*innen eindeutig differenziert werden können: interaktiv, konstruktiv, aktiv und passiv. Jedes Aktivitätsniveau stellt dabei eine andere Qualität des Lernens dar, „the _Interactive_ mode of engagement achieves the greatest level of learning, greater than the _Constructive_ mode, which is greater than the _Active_ mode, which in turn is greater than the _Passive_ mode (I>C>A>P)" (Chi & Wylie, 2014, S. 220). Ein höheres Aktivitätsniveau impliziert Chi und Wylie zufolge (2014, S. 221 ff.) auch ein tiefergehendes Verständnis und damit einen höheren Lernzuwachs, was auch aus der Beschreibung der vier Aktivitätskategorien hervorgeht:

– Passive Auseinandersetzung mit einem Lerngegenstand: Lernende wenden sich einem Lernmaterial zu und entnehmen daraus Informationen (z. B. einen Sachtext lesen, ohne sich Notizen zu machen).
– Aktive Auseinandersetzung mit einem Lerngegenstand: Lernende untersuchen den Lerngegenstand genauer, führen motorische Handlungen aus oder bearbeiten das Lernmaterial (z. B. zentrale Aspekte eines Sachtextes unterstreichen oder wichtige Stichwörter notieren).
– Konstruktive Auseinandersetzung mit einem Lerngegenstand: Lernende nehmen das Lernmaterial als Grundlage, um darüber hinausgehende Produkte zu erzeugen (z. B. Selbsterklärungen aus Sachtexten ableiten, Notizen in eigenen Worten verfassen).
– Interaktive Auseinandersetzung mit dem Lerngegenstand: Lernende interagieren mit anderen Lernenden oder mit digitalen Systemen auf Grundlage der Inhalte des Lernmaterials (z. B. zu einem Sachtext Verständnisfragen mit anderen Lernenden diskutieren, Frage-Antwort-Runden).

In Abschnitt 2.3.7 wird das ICAP-Modell unter dem Aspekt potenzieller Lernaktivitäten mit dem audiovisuellen Medium Erklärvideo erneut aufgegriffen. Analog zu den Aktivitätskategorien beschreiben Chi und Wylie (2014, S. 225) auch vier Wissensveränderungsprozesse, die mit den vorhin beschriebenen Formen der Beschäftigung mit Arbeitsmaterialien korrelieren:

– „Speicherung: Neue Informationen werden isoliert gespeichert (_passiv_).

---

[7] ICAP ist ein Akronym aus „Interactive, Constructive, Active, and Passive" (Chi & Wylie, 2014, S. 219).

- Integration: Neue Informationen aktivieren relevantes Vorwissen und werden beim Speichern mit dem aktivierten Vorwissen verknüpft (*aktiv*).
- Ableitung: Neue Informationen werden mit aktiviertem Vorwissen integriert und neues Wissen wird aus aktiviertem und integriertem Wissen abgeleitet (*konstruktiv*).
- Gemeinsame Ableitung: Lernende leiten neues Wissen aus aktiviertem und integriertem Wissen ab und ziehen Schlussfolgerungen aus den Informationen, die sie von einem (realen oder digitalen) Gegenüber bekommen (*interaktiv*).“[8]

Das ICAP-Modell macht deutlich, warum es beim Lernen mit Medien wichtig ist, darauf zu achten, dass Lernende den Unterrichtsmedien nicht bloß passiv begegnen, sondern aktiv bzw. interaktiv tätig werden, um einen möglichst hohen Lernzuwachs zu generieren. Doch wie verläuft das Lernen mit multimedialen Inhalten – zu denen auch das audiovisuelle Medium Erklärvideo zählt – konkret? Bzw. wie sollten die Inhalte gestaltet sein, um möglichst lernförderlich zu wirken? Im nächsten Kapitel werden Antworten auf diese Frage anhand von Forschungsbefunden zum multimedialen Lernen gegeben.

2.2.4 Die Theorie des multimedialen Lernens

> „Multimedia messages that are designed in the light of how the human mind works are more likely to lead to meaningful learning than those that are not.“ (Mayer, 2014a, S. 43)

Zu Beginn von Abschnitt 2.2 wurde der Begriff Medien bereits grob mit dem Wort Informationsträger umrissen. Für Bildungskontexte eignet sich die wahrnehmungstheoretische Sichtweise auf Medien als „vermittelndes Element“ (Hoffmann et al., 2014, S. 14). Der Medienbegriff wird in der vorliegenden Arbeit etwas enger gefasst und fokussiert vor allem auf (multi-)mediale Repräsentationsformen. „Despite numerous variants of representations, there are only two basic forms: descriptions and depictions.“ (Schnotz, 2014, S. 72) Auch das hier beforschte Unterrichtsmedium Erklärvideo bedient sich ebendieser beiden Darstellungsformen, den Beschreibungen und den Abbildungen. Analog zur Darstellung von Schnotz definiert Richard E. Mayer (2014b) Multimedia als eine mediale Darbietung in verbaler Form (gesprochen oder geschrieben) und bildhafter Form (Illustrationen, Fotos, Animationen oder Videos). Vereinfacht gesagt, kann multimediales Lernen folglich als das Bilden mentaler Repräsentationen aus

---

[8] Eigene Übersetzung aus dem Englischen.

der Darbietung von Worten und Bildern verstanden werden. Ein wesentliches –
und evidenzbasiert abgesichertes – Grundprinzip des multimedialen Lernens ist
Mayer zufolge (2014b, S. 8), dass Menschen durch die Kombination von Worten
und Bildern besser bzw. nachhaltiger lernen als durch Worte allein. Multimedia
sollte deshalb seiner Auffassung nach weniger aus einer technologiezentrierten
Perspektive betrachtet werden, sondern vielmehr aus einer lernzentrierten. In
diesem Zusammenhang stellt sich für ihn auch die Frage: „How can we adapt
multimedia technology to aid human cognition?" (Mayer, 2014b, S. 13) Antworten darauf können – je nach zugrunde liegender Auffassung über das Lernen
(siehe Abschnitt 2.2.2) – sehr unterschiedlich ausfallen, ebenso wie die damit verbundenen Einsatzbereiche multimedialer Lernmittel. Als Beispiele nennt Mayer
(2014b) etwa Übungssysteme oder klassische Informationsmedien.

Mayer (2014b) sieht im multimedialen Lernen einen aktiven Prozess, bei dem
Lernende versuchen, aus den zur Verfügung stehenden Materialien kohärente
bzw. sinnstiftende mentale Repräsentationen zu erzeugen. Zwei Ziele sollen dabei
verfolgt werden:

– Erinnern, also die Fähigkeit, Lerninhalte zu reproduzieren oder wiederzuer-
  kennen (Speicherung)
– Verstehen, also die Fähigkeit, Lerninhalte auf neue Situationen anwenden zu
  können (Transfer)

Anhand der zwei Ziele lassen sich mögliche Ergebnisse von Lernprozessen
ableiten (Mayer, 2014b, S. 21), wie Tabelle 2.2 verdeutlicht.

Tabelle 2.2 Lernergebnisse

Lernerfolg	Kognitive Beschreibung	Prüfungsleistung	
		Speicherung	Transfer
Kein Lernen	Kein Wissen	Schlecht	Schlecht
Auswendiglernen	Fragmentiertes Wissen	Gut	Schlecht
Sinnstiftendes Lernen	Integriertes Wissen	Gut	Gut

Mayer (2014a, S. 44) legt den Fokus in seinen Untersuchungen auf das Verstehen bzw. die Transferleistungen, „because we are mainly interested in how
words and pictures can be used to promote understanding". In seiner „Cognitive
Theory of Multimedia Learning" vereint er Evidenzen aus unterschiedlichen Forschungen zum Einsatz multimedialer Lerninhalte und gibt Antworten darauf, wie

Medien aufbereitet sein müssten, um bestmöglich den Informationsaufnahme-
und -verarbeitungsprozessen des menschlichen Gehirns zu entsprechen. Seine
Theorie baut auf drei Grundannahmen auf, welche sich auch in den Ergebnissen
aktueller Untersuchungen der Kognitionspsychologie zum menschlichen Gehirn
widerspiegeln (Mayer, 2014a, S. 47):

- Menschen besitzen zwei separate Verarbeitungskanäle für die simultane Verarbeitung von visuellen und auditiven Reizen bzw. Informationen („dual-channel
  assumption").
- Menschen haben beschränkte Kapazitäten hinsichtlich der Informationen, die
  zu einem bestimmten Zeitpunkt in dem jeweiligen Kanal verarbeitet werden
  können („limited capacity assumption").
- Menschen lernen aktiv, indem sie relevante Informationen auswählen („selecting"), in zusammenhängende mentale Repräsentationen überführen („organizing") und mit sich selbst bzw. mit bereits vorhandenem Wissen verknüpfen
  („integrating") („active processing assumption").

Abbildung 2.5 veranschaulicht den Informationsverarbeitungsprozess gemäß der
kognitiven Theorie des multimedialen Lernens. Damit sinnstiftendes Lernen
mit audiovisuellen Medien erfolgen könne, müssen fünf kognitive Prozesse
durchlaufen werden (Mayer, 2014a, S. 52):

- Relevante Wörter auswählen, um Klänge im Arbeitsgedächtnis zu erzeugen
  („selecting words")
- Relevante Bilder auswählen, um Bilder im Arbeitsgedächtnis zu erzeugen
  („selecting images")
- Zusammenhänge zwischen den ausgewählten Wörtern herstellen, um ein
  schlüssiges verbales Modell im Arbeitsgedächtnis zu erzeugen („organizing
  words")
- Zusammenhänge zwischen den ausgewählten Bildern herstellen, um ein
  schlüssiges bildhaftes Modell im Arbeitsgedächtnis zu erzeugen („organizing
  images")
- Zusammenhänge zwischen verbalem und bildhaftem Modell und dem Vorwissen (aus dem Langzeitgedächtnis) herstellen („integrating")

Am Ende dieses Prozesses steht das Enkodieren, bei dem die im Arbeitsgedächtnis konstruierten Repräsentationen zur permanenten Speicherung ins
Langzeitgedächtnis transferiert werden (Mayer, 2014a, S. 58). Damit ein solcher Lernprozess gelingend verlaufen kann, beschreibt die „Cognitive Theory of

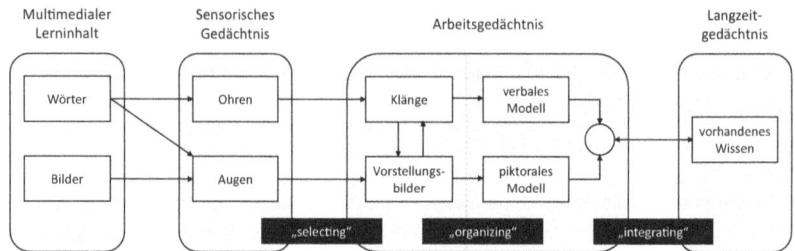

Abbildung 2.5 Die „Cognitive Theory of Multimedia Learning" nach Mayer (2014a, S. 52). (Eigene Darstellung)

Multimedia Learning" Ziele, die Lehrer*innen bei der Gestaltung multimedialer Lerninhalte beachten sollen (Mayer, 2014a, S. 61 f.):

– Verringerung der extrinsischen kognitiven Verarbeitung (z. B. durch eine durchdachte und klar strukturierte visuelle und auditive Aufbereitung der Lernmaterialien, die im Unterricht eingesetzt werden)
– Steuerung der wesentlichen kognitiven Verarbeitung (Verringerung des Cognitive Load z. B. durch gleichzeitiges Ansprechen des visuellen und auditiven Verarbeitungskanals über die Nutzung von Sprache und Visualisierungen)
– Förderung der generativen kognitiven Verarbeitung (z. B. durch eine persönliche Ansprache im Lernmedium)

Aus jedem dieser drei Ziele leiten sich Gestaltungsprinzipien für die Aufbereitung multimedialer Lerninhalte ab (Tabelle 2.3). In Hinblick auf eine qualitätsvolle Gestaltung von Erklärvideos (siehe dazu Abschnitt 2.3.4) und als Grundlage für die Bewertung ebendieser liefern die Prinzipien bereits erste konkrete Anhaltspunkte. Eine Berücksichtigung der beschriebenen Repräsentationstechniken soll Lehrer*innen und Mediengestalter*innen gleichermaßen dabei unterstützen, möglichst lernförderliche (multi-)mediale Unterrichtsinhalte zu konzipieren bzw. auszuwählen.

An dieser Stelle muss relativierend festgehalten werden, dass die Frage, ob Lernen mit multimedialen Inhalten besser oder effektiver funktionieren könne als mit anderen (z. B. traditionellen/analogen) Medienformaten, bisher nicht hinreichend geklärt werden konnte. Die Bildungsforschung liefert hier teils widersprüchliche Ergebnisse, wonach in manchen Untersuchungen keine Evidenzen

Tabelle 2.3 Drei Lehrziele und ihre Repräsentationstechniken beim multimedialen Lernen (Mayer, 2014a, S. 63)

Ziel	Repräsentations-technik	Beschreibung der Technik
Verringerung der extrinsischen kognitiven Verarbeitung	Kohärenzprinzip	Entfernen von überflüssigem Material
	Signalisierungsprinzip	Hervorheben von wesentlichem Material
	Redundanzprinzip	Kein Hinzufügen von schriftlichem Text zu gesprochenem Text
	Prinzip der räumlichen Nähe	Text in der Nähe der zugehörigen Grafik platzieren
	Prinzip der zeitlichen Nähe	Beschreibung und zugehörige Grafik gleichzeitig präsentieren
	Segmentierungsprinzip	Präsentation in Teile zerlegen
Steuerung der wesentlichen kognitiven Verarbeitung	Vorschulungsprinzip	Bezeichnungen und Merkmale wichtiger Elemente vorab beschreiben
	Modalitätsprinzip	Gesprochenen und nicht schriftlichen Text verwenden
	Multimedia-Prinzip	Worte und Bilder statt nur Worte verwenden
Förderung der generativen kognitiven Verarbeitung	Personalisierungsprinzip	Worte in Dialogstil formulieren
	Stimmenprinzip	Menschliche Stimme für gesprochene Wörter verwenden
	Verkörperungsprinzip	Bildschirmfiguren menschenähnliche Gesten geben
	Prinzip der geführten Entdeckung	Hinweise und Feedback geben, während Lernende Probleme lösen
	Selbsterklärungsprinzip	Lernende bitten, sich eine Lektion untereinander zu erklären
	Zeichnungsprinzip	Lernende bitten, Zeichnungen zur Lektion anzufertigen

zur Überlegenheit multimedialen Lernens gegenüber anderen Vermittlungsmetho-
den gefunden werden konnten (Clark & Feldon, 2014), in anderen wiederum ein
Mehrwert digitaler Medien nachgewiesen werden konnte, „mit großen Effekten
für naturwissenschaftliche Inhalte, mittleren Effekten für Sprachen und Mathematik und den kleinsten Effekten für sozialwissenschaftliche Inhalte" (Scheiter,
2021, S. 1041). Pohlmann-Rother und Boelmann (2019, S. 96) legen nahe,
dass „ein sinnvoller und lernförderlicher Einsatz digitaler Medien im Unterricht
medienbezogene Lehrkompetenzen" erfordert, „die bereits in der universitären
Ausbildung zu entwickeln und zu fördern sind". Hier wird also die Lehrkraft bzw.
deren Umgang mit diversen Unterrichtsmedien als entscheidende Variable hinsichtlich der Frage nach dem Nutzen eines Mediums für Lehr- und Lernprozesse
gesehen. Es gilt aber auch, die Potenziale eines jeden Unterrichtsmediums kritisch
zu hinterfragen, evidenzbasiert zu beleuchten und die sich daraus ergebenden
medienpädagogischen Möglichkeiten und Grenzen offen zu kommunizieren – und
bereits in der Lehramtsausbildung zu thematisieren.

Die in diesem Kapitel beschriebenen Erkenntnisse zum kindlichen Denken
und Lernen allgemein sowie zum Lernen mit Medien im Speziellen sind für
die Betrachtung lernförderlicher Potenziale unterschiedlicher Unterrichtsmedien
von zentraler Bedeutung. Ein wesentlicher Einflussfaktor ist dabei, wie soeben
beschrieben, die Art des Medieneinsatzes durch die Lehrkraft, also die Frage,
wie ein zweckdienlicher mediengestützter Unterricht konzipiert sein müsste, was
einen begründeten und reflektierten Medieneinsatz konkret auszeichnet und über
welche Kompetenzen Lehrer*innen hierfür verfügen müssten. Die folgenden zwei
Kapitel skizzieren Antworten auf diese Fragen.

2.2.5   Die Medienintegrationsmodelle RAT-Framework und SAMR-Stufenmodell

„Die zunehmende Digitalisierung durchdringt alle wesentlichen gesellschaftlichen
Bereiche und beeinflusst auch das Bildungswesen in noch nie [da gewesener] Weise.
Zum einen wird Digitalisierung selbst zum Gegenstand von Bildung. [...] Die zunehmende Digitalisierung verändert Bildung aber auch im Hinblick auf die Gestaltung ihr
[zugrunde liegender] Lehr- und Lernprozesse. Hier steht die Frage im Vordergrund,
wie digitale Medien so eingesetzt werden können, dass sie das Erreichen fachlicher und überfachlicher Bildungsziele erleichtern und verbessern." (Scheiter, 2021,
S. 1040)

Wie im vorangegangenen Teil verdeutlicht wurde, kann das Lernen mit Medien
auf unterschiedliche Art vonstattengehen und Kinder auf verschiedene Weise

beim Wissenserwerb unterstützen. Aus sachunterrichtsdidaktischer Perspektive stellt sich in diesem Zusammenhang die Frage, wie ein sinnvoller Medieneinsatz in der schulpraktischen Umsetzung aussehen könnte, um Unterstützung beim Auftrag nach einer grundlegenden Allgemeinbildung der Lernenden zu leisten. Hierzu soll im Folgenden ein Blick auf mediendidaktische Konzepte geworfen werden.

Um ein tiefgreifendes Verständnis für den möglichen Mehrwert digitaler Medien im Unterrichtsgeschehen zu erlangen, genügt es nicht, ausschließlich die eingesetzten Technologien in den Fokus zu nehmen. „Simply identifying the technological applications in use does not help the field think about the role(s) of technology in education." (Hughes et al., 2006, S. 1616) Das Erkenntnisinteresse müsse vor allem darauf gelegt werden, zu betrachten, wie sich der Unterricht durch die Einbindung unterschiedlicher Medien verändert und – damit einhergehend – wie Medien sinnvollerweise eingesetzt werden können. Auf diese Fragen versuchen unterschiedliche Medienintegrationsmodelle Antworten zu geben. Für diese Arbeit werden zwei Medienintegrationsmodelle näher betrachtet: das RAT-Framework (Hughes et al., 2006) und das SAMR-Stufenmodell (Puentedura, 2006). Im Anschluss daran wird auf die „Orchestrierung" von Unterrichtsmedien eingegangen.

Das RAT-Framework

Das RAT-Framework von Hughes, Thomas und Scharber (2006, S. 1616 ff.) beschreibt den Mehrwert des Einsatzes digitaler Medien auf den Ebenen der Lehrprozesse (Rolle der Lehrkraft, Interaktion, Leistungsbeurteilung …), der Lernprozesse (Aktivitäten, Denkprozesse, Motivation …) und der Lernziele (Erwerb von Faktenwissen, Kompetenzen …). Aus ihren gesammelten Evidenzen konnten die Forschenden drei Nutzungskategorien für Technologien identifizieren (Hughes et al., 2006):

a) „Technology as Replacement": Auf dieser Ebene verändern sich die Lehr-Lern-Prozesse bzw. Lernziele nicht, sondern eine Technologie (z. B. ein bestimmtes Medium) wird bloß durch eine andere Technologie ersetzt. Ein Beispiel wäre hier das Ersetzen analoger Unterrichtsmaterialien durch digitale Medien ohne funktionale Veränderungen.

b) „Technology as Amplification": Hier ermöglichen Technologien eine effizientere bzw. effektivere Gestaltung von Unterrichtsverläufen, indem Lehr- und Lernprozesse aufgrund der Medienmerkmale der verwendeten Tools vielseitiger gestaltet werden können, z. B. um Unterrichtsinhalte in anschaulicherer Weise darzustellen.

c) „Technology as Transformation": Transformative Technologien verändern den
Unterricht vollständig, ermöglichen neue Formen von Lehr- und Lernprozes-
sen oder auch Lernzielen, die ohne den Einsatz entsprechender Technologien
nicht möglich gewesen wären. Beispiele hierfür wären der Einsatz interaktiver
Software oder multimedialer Lernumgebungen, von Virtual bzw. Augmented
Reality etc.

Anhand des RAT-Frameworks wird deutlich, in welcher Bandbreite Technologien das Lehr- und Lerngeschehen beeinflussen können, wobei das Ausmaß
der Veränderung für Unterrichtsprozesse einerseits von den Medienmerkmalen
selbst abhängt, andererseits aber auch davon beeinflusst ist, wie entsprechende
Technologien im Unterrichtsgeschehen eingesetzt werden. Auch das zweite hier
vorgestellte Medienintegrationsmodell, das SAMR-Stufenmodell, verdeutlicht die
potenziellen Auswirkungen des Technologieeinsatzes in der Schule.

Das SAMR-Stufenmodell
Puenteduras (2006) SAMR-Modell, ein Akronym aus den Worten Substitution, Augmentation, Modification und Redefinition, beschreibt – ähnlich wie
das RAT-Framework – einen Ansatz, den pädagogischen Mehrwert (digitaler)
Mediennutzung in der Schule zu systematisieren. Das vierstufige Modell umfasst
folgende Bereiche:

– Substitution: Die digitale Technologie ersetzt ein analoges Medium ohne
  Veränderung oder Erweiterung der Funktionalitäten.
– Augmentation: Die neu eingesetzte Technologie weist grundlegende funktio-
  nale Verbesserungen bzw. Erweiterungen im Vergleich zur herkömmlichen
  Technologie auf.
– Modification: Die Technologie eröffnet Lehrenden und Lernenden neue
  Handlungsmöglichkeiten, die auch mit einer bedeutsamen Umgestaltung von
  Aufgabenstellungen verbunden sind.
– Redefinition: Die digitale Technologie ermöglicht die Gestaltung und Bear-
  beitung neuartiger Aufgabenformate, die mit analogen Technologien nicht
  möglich gewesen wären.

Die Stufen „Substitution" und „Augmentation" fasst Puentedura (2006) unter
dem Begriff des „Enhancement", also der Verbesserung oder Erweiterung unter-
richtlicher Handlungsspielräume, zusammen. Die Stufen „Modification" und
„Redefinition" versteht er als „Transformation" schulischer Lehr- und Lernprozesse. Auf das SAMR-Modell wird im Bildungsdiskurs häufig Bezug genommen,

wenn es um Beschreibungsversuche zum Mehrwert digitaler Medien geht (Scheiter, 2021). Einschränkend weist Scheiter (2021, S. 1046) darauf hin, dass es sich beim SAMR-Modell „eher um eine pragmatische Taxonomie[,] aber keinesfalls um eine empirisch abgesicherte Vorstellung handelt". Für die explorative Untersuchung zum Umgang mit Erklärvideos im Rahmen dieser Forschungsarbeit können RAT- und SAMR-Modell dennoch Beschreibungsansätze liefern, ob bzw. auf welche Art das audiovisuelle Unterrichtsmedium sachunterrichtliche Lehr- und Lernprozesse verändern könnte. Nach der Betrachtung der zwei Modelle zur Veränderung von Unterrichtsprozessen durch den Technologieeinsatz soll nun darauf eingegangen werden, was Lehrer*innen benötigen, um erfolgreich unterschiedliche Medienformate im Unterricht einsetzen zu können.

2.2.6 Medienpädagogische Kompetenzen von Lehrkräften

Weil die Verantwortung eines planvollen Einsatzes diverser Medien im Unterricht bei der Lehrkraft liegt, benötigt diese auch umfassende Kompetenzen, damit ein didaktisch sinnvolles Lehren und Lernen mit digitalen Medien gelingen kann. In diesem Zusammenhang wird im wissenschaftlichen Diskurs häufig auf das TPaCK[9]-Modell (auch TPCK-Modell genannt) verwiesen, das von Mishra und Koehler (2006) entwickelt wurde und mit dem sie den Versuch unternehmen, der Frage auf den Grund zu gehen, über welche Kompetenzen Lehrer*innen für eine lernförderliche Gestaltung mediengestützten Unterrichts verfügen sollten. „Our model considers how content, pedagogy, and technology dynamically co-constrain each other." (Mishra & Koehler, 2006, S. 1046) Ihrem Modell zufolge benötigen Lehrkräfte neben pädagogischem, fachlich-inhaltlichem und technologischem Wissen auch Kompetenzen, die durch eine Überlappung der einzelnen Wissensbereiche entstehen: pädagogisch-inhaltliches Wissen, technisch-inhaltliches Wissen sowie technisch-pädagogisches Wissen. Die Schnittmenge dieser drei kombinierten Wissensformen bildet das TPCK-Wissen. Abbildung 2.6 zeigt die einzelnen Wissensbereiche und die Schnittmengen ebendieser, in denen Lehrer*innen laut dem TPaCK-Modell kompetent sein sollten, um lernförderlichen mediengestützten Unterricht gestalten zu können.

Die Schnittmenge von technologischem, pädagogischem und inhaltlichem Wissen geht Mishra und Koehler zufolge (2006, S. 1029) über das reine Wissen

---

[9] TPaCK ist ein Akronym aus „Technological, Pedagogical and Content Knowledge" (Koehler, 2022).

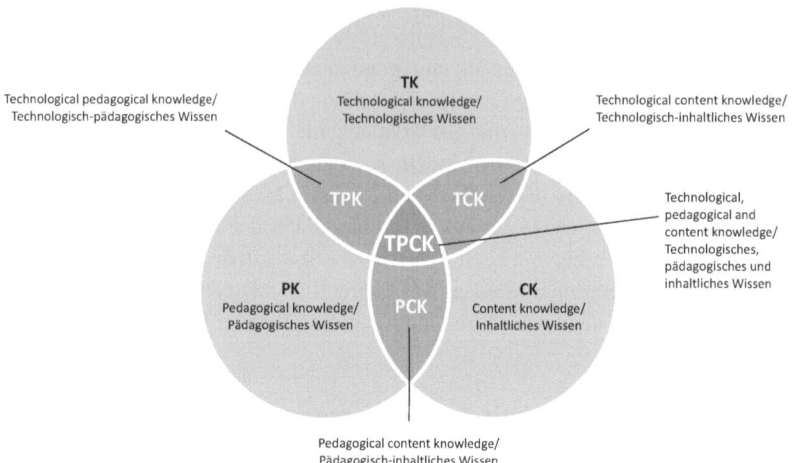

Abbildung 2.6 Das TPaCK-Modell nach Mishra und Koehler (2006). (Eigene Darstellung)

der einzelnen Wissensfelder hinaus und formt einen eigenständigen Kompetenzbereich, der Lehrer*innen zum lernförderlichen Einsatz von Technologien befähigen kann:

> „TPCK is the basis of good teaching with technology and requires an understanding of the representation of concepts using technologies; pedagogical techniques that use technologies in constructive ways to teach content; knowledge of what makes concepts difficult or easy to learn and how technology can help redress some of the problems that students face; knowledge of students' prior knowledge and theories of epistemology; and knowledge of how technologies can be used to build on existing knowledge and to develop new epistemologies or strengthen old ones."

Huwer et al. (2019, S. 358) ergänzen das TPaCK-Modell „um Wissensbestandteile zu kulturellen Digitalitätstransformationen" und ersetzen in ihrem DPaCK[10]-Modell das technologische Wissen durch ein auf Digitalität bezogenes Wissen. Damit wollen die Autoren einen Beitrag „zur Überwindung einseitiger Beschränkungen des TPaCK-Modells" leisten, andererseits der „Kultur der

---

[10] DPaCK steht für „Digitality-related Paedagogical and Content Knowledge" (Huwer et al., 2019, S. 360).

Digitalität" und ihrem zunehmenden Einfluss auf Unterrichtsprozesse Rechnung tragen (Huwer et al., 2019, S. 364). Beiden Modellen gemeinsam ist die Bedeutung eines tiefgehenden Verständnisses pädagogischer Möglichkeiten und Herausforderungen aufseiten der Lehrkraft, einerseits beim Einsatz diverser Unterrichtstechnologien (TPaCK-Modell), andererseits – wesentlich breiter gedacht – darin, wie man den gesellschaftlichen Veränderungsprozessen, die der Digitalität geschuldet sind, begegnen kann (DPaCK-Modell).

Eine weitere Kompetenz, über die Lehrer*innen für die gelingende Gestaltung mediengestützten Unterrichts verfügen sollen, betrifft die Orchestrierung von Medien im Unterricht: „Orchestration refers to how a teacher manages, in real time, multi-layered activities in a multi-constraints context." (Dillenbourg, 2013, S. 485) Der Begriff der Orchestrierung soll verdeutlichen, welche Aufgabe Lehrkräfte beim Einsatz diverser Unterrichtsmedien zu erfüllen haben: „Mit dem Konzept der Orchestrierung ist die Auffassung verbunden, dass dem Dirigenten/der Dirigentin eine entscheidende Funktion zukommt." (Scheiter, 2021, S. 1048) Um Lehr- und Lernprozesse bestmöglich zu gestalten, müssen im Rahmen der Unterrichtsarbeit unterschiedliche Aktivitäten und Medien aufeinander abgestimmt und in Einklang gebracht werden (Sharples, 2013).

> „Mit der Forderung nach einer didaktisch wirksamen Orchestrierung ist die Auffassung verbunden, dass der Erfolg mediengestützten Unterrichts nicht nur durch die Qualität der Lernmedien bedingt wird. Diese müssen vielmehr in Abhängigkeit von Lernziel, kontextuellen Gegebenheiten, angestrebter Sozialform des Unterrichts und den jeweiligen Funktionen des Lehr-Lernangebots zu einer Choreographie des Unterrichts beitragen […]." (Scheiter, 2021, S. 1047)

Abbildung 2.7 verdeutlicht die Komplexität und die Dynamiken einer Orchestrierung von technologiegestütztem Unterricht, bei dem neben Interaktionen zwischen Lehrer*in, Lernenden und Unterrichtsmedien oft auch Technologien zur Unterstützung der Orchestrierung (z. B. für den schnellen Zugriff auf Endgeräte der Schüler*innen) zum Einsatz kommen.

Nicht nur werden Kompetenzen für einen sachgemäßen Umgang mit Unterrichtstechnologien, für die Orchestrierung ebendieser im Unterrichtsalltag und für eine pädagogisch angemessene Behandlung technologischer und gesellschaftlicher Veränderungsprozesse im Zeitalter der Digitalität benötigt. Es spielen auch die individuellen Einstellungen der Lehrkräfte gegenüber potenziellen Unterrichtsmedien eine wichtige Rolle, wenn es um die Betrachtung der medienpädagogischen Arbeit im Unterricht geht. Hinsichtlich dieser Einstellungen diversen Medien gegenüber beschreibt Davis (1989, S. 320) zwei Variablen: die

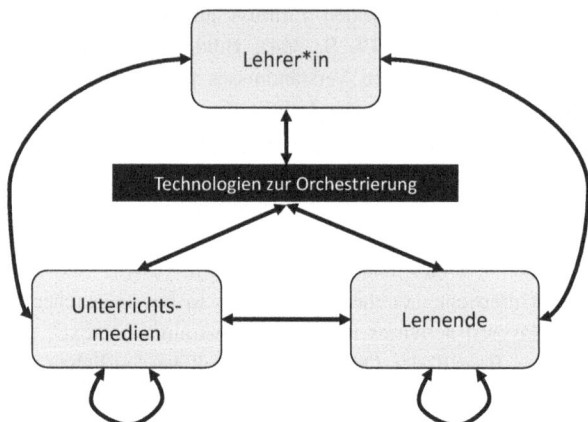

Abbildung 2.7 Die Dynamiken des technologiegestützten Unterrichts (mit Orchestrierungstechnologien) nach Sharples (2013, S. 505). (Eigene Darstellung)

empfundene Nützlichkeit (*perceived usefulness* – „the degree to which a person believes that using a particular system would enhance his or her job performance") und die wahrgenommene Anwendungsfreundlichkeit (*perceived ease of use* – „the degree to which a person believes that using a particular system would be free of effort"). Er sieht diese Variablen als zentrale Bedingungen dafür, ob Lehrer*innen den Einsatz von Technologien überhaupt in Erwägung ziehen. Das „Technology Acceptance Model" (Abbildung 2.8) beschreibt – aufbauend auf Davis' Überlegungen –, wie die Variablen zusammenhängen, die für die Integration von Technologien in das eigene Arbeitsfeld – im Kontext der vorliegenden Untersuchung ins Unterrichtsgeschehen – ausschlaggebend sind (Scherer & Teo, 2019). Die wahrgenommene Nützlichkeit und die Anwendungsfreundlichkeit bedingen dem Modell zufolge die Einstellungen einer Technologie gegenüber. Diese Einstellungen haben wiederum Einfluss auf die Intention, eine Technologie zu nutzen, die schließlich den Auslöser für den tatsächlichen Einsatz darstellt (Scherer & Teo, 2019). Externe Einflussfaktoren (z. B. die Verfügbarkeit einer Technologie im Arbeitsfeld) werden in dieser Darstellung nicht berücksichtigt.

In einer Metaanalyse fanden Scherer und Teo (2019) heraus, dass vor allem die „perceived usefulness", also die wahrgenommene Nützlichkeit einer Technologie,

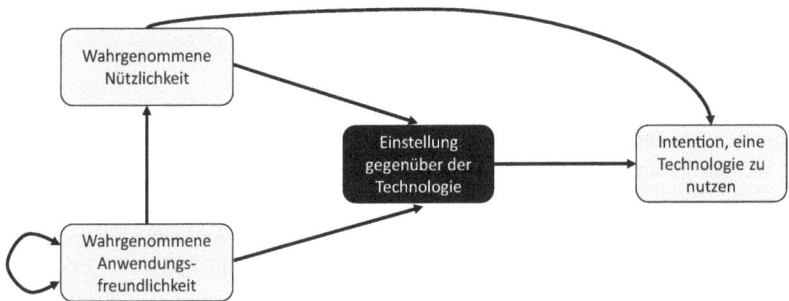

Abbildung 2.8 „Technology Acceptance Model" (Scherer & Teo, 2019) ohne externe Einflussfaktoren. (Eigene Darstellung)

starken Einfluss auf die Intention hat, die Technologie einzusetzen. Das kann so weit gehen, dass „die diesbezügliche Motivation die wesentliche Barriere für die Realisierung medienbasierten Unterrichts darstellt […], die selbst bei umfassender Verfügbarkeit digitaler Medien […] die Integration im Unterricht verhindern kann" (Scheiter, 2021, S. 1049). Hier wird erneut deutlich, welche Schlüsselfunktion den Lehrkräften mit ihren individuellen Kompetenzen und Einstellungen zukommt, wenn es um eine lernförderliche Umsetzung mediengestützten Unterrichts geht. Scheiter (2021, S. 1053) hält hinsichtlich der wissenschaftlichen Befunde zum medienbezogenen Handeln von Lehrkräften jedoch relativierend fest, dass „es sich bei der Forschung zum Lehren mit digitalen Medien um ein vergleichsweise junges Feld [handelt], welches durch eine starke Lückenhaftigkeit und Fragmentierung gekennzeichnet ist".

In diesem Abschnitt wurden Forschungsbefunde zum Lernen allgemein und zum Lehren und Lernen mit Medien dargestellt. Sie bilden neben den Ausführungen zur Didaktik des Sachunterrichts in Abschnitt 2.1 die Grundlage für die Beforschung des didaktischen Umgangs von Lehrkräften mit Erklärvideos im Sachunterricht. Im nächsten Kapitel erfolgt nun die theoriegeleitete Auseinandersetzung mit dem Erklärvideo als audiovisuellem Unterrichtsmedium. Die Abbildung des gegenwärtigen Forschungsstands zu Erklärvideos stellt einen wesentlichen Teil der theoretischen Betrachtungen in dieser Arbeit dar und soll wichtige Bezugspunkte für die Diskussion mit den Ergebnissen der empirischen Untersuchung liefern.

2.3   Das Erklärvideo als audiovisuelles Unterrichtsmedium

Um sich dem Erklärvideo als Lehr- und Lernmedium umfassend annähern zu können, wird zunächst knapp dargestellt, wie sich audiovisuelle Medien zu aktuell weitverbreitet eingesetzten Unterrichtsmitteln entwickelt haben. Im Anschluss wird der Blick auf den Prozess des pädagogischen Erklärens gerichtet, der für ein tiefergehendes Verständnis der Vorgänge in Erklärvideos von Relevanz ist und erste Anhaltspunkte hinsichtlich der Kriterien für qualitätsvolle Erklärvideos liefert. In weiterer Folge werden Gestaltungsaspekte, Qualitätskriterien, Einsatzmöglichkeiten und Bezugsquellen von Erklärvideos eingehend betrachtet und schließlich mit der Kritik am Einsatz audiovisueller Medien im schulischen Kontext kontrastiert.

2.3.1   Audiovisuelle Lernmedien als Bildungsressourcen

„Books [...] will soon be obsolete in the public schools. Scholars will be instructed through the eye. It is possible to teach every branch of human knowledge with the motion picture. Our school system will be completely changed inside of ten years." (Thomas A. Edison zititert nach Smith, 1913, S. 24)

Dieses über 100 Jahre alte Zitat von Thomas Alva Edison verdeutlicht, dass bereits in den Anfangsjahren des Bewegtbildes über dessen Potenzial für schulische Lehr- und Lernprozesse nachgedacht wurde. Edison hatte erst wenige Jahre zuvor selbst ein Gerät entwickelt, das Bewegtbilder abspielen konnte: das Kinetoskop. „Im Jahre 1887 kam mir die Idee, es sei möglich, ein Gerät zu entwickeln, das für das Auge das tun sollte, was der Phonograph für das Ohr tut, und daß durch eine Verbindung der beiden alle Bewegungen und Töne gleichzeitig aufgezeichnet und reproduziert werden könnten." (Thomas A. Edison zitiert nach Monaco, 2008, S. 72) Die tatsächliche Verbindung von Film und Ton gelang zwar erst rund 30 Jahre später, machte den Film aber zum „erste[n] Multimedium" (Monaco, 2008, S. 536).

Als früheste Form audiovisueller Unterrichtsmedien gelten die Lehr- bzw. Unterrichtsfilme, „denen schon in den ersten Jahrzehnten des 20. Jahrhunderts Bildungsaufgaben zugewiesen worden waren" (Tulodziecki, 2019, S. 12). Im Zweiten Weltkrieg wurden Filmausschnitte beispielsweise als Schulungswerkzeug für die Aus- bzw. Weiterbildung von Soldaten genutzt (Hovland et al.,

1949). Mit zunehmender Verbreitung des Fernsehens wurden ab den 1950er-Jahren und verstärkt ab den 60er- und 70er-Jahren auch Sendungsformate mit einem ausgewiesenen Bildungsanspruch für unterschiedliche Zielgruppen entwickelt, auch speziell für Kinder[11] (Tulodziecki, 2019). Das Bildungsfernsehen von damals kann als eine Vorläuferform gegenwärtiger Erklärvideoangebote gesehen werden, denn hinsichtlich der gestalterischen Aufbereitung bedienen sich Erklärvideos verschiedener Elemente, die im Bildungsfernsehen etabliert wurden (siehe dazu Abschnitt 2.3.4). Erklärvideos können in diesem Kontext auch als zeitgemäße Form eines adressiertengerechten – weil individuell zusammenstellbaren – Bildungsfernsehens verstanden werden (Wolf, 2015a).

Die KIM-Studien der vergangenen Jahre belegen, dass das Fernsehen auch aktuell noch – trotz klarer Vormachtstellung des Internets – ein wichtiges Leitmedium für Kinder darstellt (mpfs, 2015, 2017, 2019, 2021). „Fernsehen [...] prägt die inneren Bilder z. B. von fremden Ländern [...], hier begegnen sie [die Kinder, S. M.] oftmals zum ersten Mal anderen Kulturen, nehmen sich aus Kindersendungen Faktenwissen mit, konstruieren sich Zusammenhänge und bilden Orientierungslinien für ihr zukünftiges Handeln." (Holler & Götz, 2017, S. 44) Der KIM-Studie 2020 zufolge sehen fast 50 % aller 6- bis 13-Jährigen regelmäßig Wissenssendungen im Fernsehen. Auf YouTube-Videos greifen den Studienergebnissen zufolge bereits 41 % der Grundschulkinder zu (mpfs, 2021). Dabei zeigt sich „[i]m Altersverlauf [...] ein starker Anstieg (6–7 Jahre: 13 %, 12–13 Jahre: 68 %)" (mpfs, 2021, S. 87).

Die eingangs erwähnte – von Edison Anfang des 20. Jahrhunderts prophezeite – grundlegende Veränderung des Mediennutzungsverhaltens im Schulsystem hin zu einem bevorzugten Einsatz von audiovisuellen Unterrichtsmitteln blieb lange Zeit aus. Das gedruckte Buch war auch zu Beginn des 21. Jahrhunderts noch das zentrale Leitmedium im Unterrichtskontext (Döbeli Honegger, 2017; Wolf, 2015c). Doch die Verbreitung moderner Informations- und Kommunikationstechnologie führte – analog zu den Entwicklungen auf gesellschaftlicher Ebene – auch in der Schule dazu, „dass der vernetzte Computer das Buch zunehmend als Leitmedium ablöst" (Döbeli Honegger, 2017, S. 31). Eine Untersuchung von Rummler und Wolf (2012) zur Nutzung von Erklärvideos kam zu dem Ergebnis, dass Erklärvideos sowohl für das informelle als auch für das institutionalisierte Lernen zunehmend an Bedeutung gewinnen. Textbasierte

---

[11] Als Beispiel hierfür nennt Tulodziecki (2019) z. B. die erfolgreiche Kindersendung „Sesamstraße", welche die Förderung der sozialen und kognitiven Fähigkeiten von Vorschulkindern zum Ziel hat und nach wie vor produziert wird.

Lernressourcen würden aufgrund der verstärkten Nutzung audiovisueller Lernangebote in den Hintergrund rücken, wobei sich dieser Trend mit zunehmendem Angebot sogar noch weiter verstärken würde (F. Müller & Oeste-Reiß, 2019; Wolf, 2015c). Zum Zeitpunkt des Verfassens der vorliegenden Arbeit war noch nicht absehbar, ob die Auswirkungen der Coronapandemie – u. a. aufgrund der Notwendigkeit, Lehr- und Lernangebote streckenweise vollständig digital abbilden zu müssen, was eine weitere deutliche Zunahme der Nutzung videobasierter Vermittlungsangebote in allen Bildungssektoren zur Folge hatte (F. Anders, 2020) – zu nachhaltigen Veränderungen im Mediennutzungsverhalten im schulischen Kontext führen.

Eines wird jedenfalls deutlich: Im Zentrum der Hinwendung zu audiovisuellen Lernressourcen steht das Erklärvideo, das zwar – wie bereits ausgeführt – keine grundsätzlich neue Medienkategorie darstellt, das „aber nun im Zuge neuer digitaler Entwicklungen sein Potenzial besser ausspielen" könne (Dorgerloh & Wolf, 2019, S. 11), etwa durch das vielfältige und stetig wachsende Angebot und die einfache Zugänglichkeit im Internet. „Lehrkräfte müssen keine Lehrfilme mehr als Filmrollen in große Projektoren einlegen und vorher ausleihen. Stattdessen ruft man in der Schule das Internet auf und sucht auf YouTube den entsprechenden Film." (Gach, 2018, S. 7) Gerade die große Vielfalt frei verfügbarer Erklärvideos im Internet wird als Potenzial gesehen, das Lehrenden und Lernenden die Möglichkeit gibt, schnell auf verschiedene Erkläransätze zurückzugreifen und den für ihre entsprechenden Anforderungen passenden Ansatz auswählen zu können. „Komme ich mit einem Erklärstil, mit einer Person, mit den Beispielen, mit dem erforderlichen Vorwissen nicht klar, kann ich als Lernende/r alternative Erklärangebote nutzen." (Dorgerloh & Wolf, 2019, S. 8) Generell ist die Betrachtung von Erklärstilen bzw. pädagogischen Erklärprozessen für ein tiefgreifendes Verständnis des Mediums Erklärvideo von zentraler Bedeutung, weshalb im nächsten Kapitel der Prozess des Erklärens in den Fokus gerückt wird.

2.3.2   Erklärprozesse gelingend gestalten

„The art of explanation is the art of transforming facts into a more understandable package." (LeFever, 2013, S. 14)

„To explain the phenomena in the world of our experience, to answer the question ‚why?' rather than only the question ‚what?', is one of the foremost objectives of all rational inquiry". (C. G. Hempel & Oppenheim, 1948, S. 135)

Die Frage nach dem „Warum" gilt vielfach als Ausgangspunkt für (pädagogische) Erklärprozesse. Etymologisch betrachtet stammt das Wort „Erklären" aus dem Mittelhochdeutschen und bedeutet etwas „klarmachen" (Kiel, 1999, S. 15). Auch Findeisen (2017, S. 11) schreibt, dass beim Begriff des Erklärens „im unterrichtlichen Kontext das Klarmachen und Verdeutlichen von Inhalten im Vordergrund" stehe. „Der Wunsch nach einer Erklärung ist […] die Reaktion auf ein kognitives Ungleichgewicht. Ein Subjekt wird mit Phänomenen konfrontiert, die es nicht mit seinem vorhandenen Repertoire an Handlungen oder Wissen bewältigen oder verstehen kann." (Kiel, 1999, S. 30) Die Erklärensfrage komme demnach vom Subjekt selbst oder werde – z. B. durch die Lehrkraft oder entsprechende Medien – an dieses herangetragen. Das Erklären verfolgt laut Kiel (1999, S. 84) drei grundlegende Funktionen:

- Verstehen ermöglichen
- Zu einer Handlung befähigen
- Das Ausführen einer Handlung bewirken

„Eine Erklärung finden oder erhalten ist also ein Lernen." (Kiel, 1999, S. 31) Trotz seiner zentralen Rolle im Unterrichtsgeschehen wurde der detaillierten Betrachtung von Erklärprozessen bisher wenig Beachtung vonseiten der Bildungsforschung zuteil (Renkl et al., 2006; Schilcher et al., 2017). Obgleich die Erklärkompetenz von Lehrerkräften „als zentral für erfolgreichen Unterricht" (Schilcher et al., 2017, S. 444) gilt, war sie – bis auf wenige Ausnahmen (Kiel, 1999) – kaum Gegenstand pädagogischer Forschungsvorhaben.

In allgemeinen wissenschaftlichen Diskursen wird für die Betrachtung von Erklärprozessen häufig auf das deduktiv-nomologische Modell des Erklärens nach C. G. Hempel und Oppenheim (1948) verwiesen, welches konkret den Prozess des wissenschaftlichen Erklärens beschreibt. Eine Erklärung bestehe diesem Modell zufolge aus dem „Explanandum", also dem zu erklärenden Phänomen, und dem „Explanans", welches Naturgesetze und Ähnliches beinhalte, die zur Begründung bzw. zur Erklärung herangezogen werden. „Wissenschaftliches Erklären ist in diesem Modell also ein ‚Zurückführen' von Beobachtungen auf allgemeine Gesetze und ein Phänomen gilt genau dann als ‚erklärt', wenn es aus bereits Bekanntem kausallogisch gefolgert werden kann." (Schilcher et al., 2017, S. 440) „Beim wissenschaftlichen Erklären [sind] lediglich das Produkt – also die Erklärung – und die darin enthaltenen Informationen von Interesse […], während aus einer didaktischen Perspektive sowohl der Prozess als auch das Produkt einer Erklärung betrachtet werden." (Findeisen, 2017, S. 26) Für die eingehende

Auseinandersetzung mit pädagogischen bzw. schulischen Erklärprozessen erweist sich das deduktiv-nomologische Erklärmodell damit als ungeeignet. Ewald Kiels (1999, S. 402 f.) Grundmodell des Erklärens nimmt im Gegensatz zum deduktiv-nomologischen Modell den Prozess des schulischen Erklärens in den Fokus, der aus seiner Sicht idealtypisch in vier Stufen verlaufen soll:

1. „Von einer Erkenntnis durch die Sinne, welche Vorstellungen oder Anschauungen produziert oder reproduziert,
2. über eine Erkenntnis des Verstandes, durch den Begriffe gebildet werden,
3. über eine Erkenntnis der Vernunft, durch die Beziehungen zwischen Begriffen hergestellt werden (dabei ist das Erklären als Verknüpfung von Explanandum und Explanans eine dieser Beziehungen),
4. zu einer Legitimation der Vernunfterkenntnis."

Auch Schilcher et al. (2017, S. 441 f.) grenzen das „didaktisch qualitätsvolle Erklären" vom wissenschaftlichen Erklären ab. Beim schulischen Erklären gehe es ihnen zufolge vorrangig um das Verstehen, Vermitteln und Verdeutlichen im Gegensatz zum Schlussfolgern oder Herleiten, das beim wissenschaftlichen Erklären im Zentrum stehe. Um das Ziel des schulischen Erklärens, nämlich das verständliche Vermitteln von Fachinhalten zu erreichen, sollten Lehrer*innen Qualitätskriterien guten Erklärens beachten, „z. B. Verständlichkeit, Strukturiertheit, Adressatenangemessenheit, sprachliche/sprecherische Aspekte usw." (Schilcher et al., 2017, S. 442). Auch der von Helmke und Weinert (1997) beschriebene und für die Unterrichtsqualität zentrale Aspekt der „Klarheit" wird als Gütekriterium für schulisches Erklären herangezogen. Die Autoren untergliedern den Begriff der Klarheit in die akustische Verstehbarkeit (z. B. Lautstärke, Modulation, Artikulation), die sprachliche Prägnanz (z. B. verständliche Formulierungen, korrekte Grammatik) sowie die inhaltliche Kohärenz (z. B. logischer Aufbau, nachvollziehbare Strukturen und Zusammenhänge). Diese Gütekriterien für schulisches Erklären könnten ebenso für die Bewertung von Erklärvideos herangezogen werden, auf die in Abschnitt 2.3.5 vertiefend eingegangen wird.

Auch Kiel (1999, S. 134 ff.) listet als Ergebnis seiner Untersuchungen „Kriterien effektiven Erklärens" auf, also Verhaltenshinweise, deren Befolgung Erklärprozesse besonders effektiv machen soll:

– Vorbereitet sein
– Klarheit der Ziele gewährleisten
– Strukturiert vortragen
– Orientierung zu Beginn der Erklärung

– Bedeutungshinweise geben
– Erklärende Bindeglieder verwenden
– Verständnishilfen geben
– Sprachliche Komplexität beschränken
– Vagheit vermeiden
– Dynamik und Enthusiasmus zeigen
– Wiederholung von Erklärungen nach Elaborationen
– Nutzen deutlich machen
– Anwendungsmöglichkeiten öffnen bzw. Möglichkeiten eröffnen, Denkprozesse zu artikulieren
– Die Bedeutungsrekonstruktion der Lernenden durch Fragen unterstützen
– Rephrasierungen nutzen

Neben den genannten Kriterien kann auch das Aufzeigen von passenden Beispielen einen erfolgreichen Verlauf von Erklärprozessen begünstigen. Nach dem Motto „Worte sind Zwerge, Beispiele sind Riesen" (Sprichwort zitiert nach Kiel, 1999, S. 287) können Beispiele eine wichtige Begleitmaßnahme beim Entwickeln guter Erklärungen darstellen. „Beispiele steigern häufig die Behaltensleistung und erleichtern – wenn diese realitätsnah gestaltet sind – die Transferleistung der Lernenden." (Findeisen, 2017, S. 67) Kulgemeyer (2019, S. 71) hält jedoch relativierend fest: „Auch die beste Erklärung erreicht nicht automatisch Verstehen, das widerspräche grundlegenden Annahmen über Lehren und Lernen. Eine Erklärung kann bestenfalls die Wahrscheinlichkeit erhöhen, dass jemand aus der dargebotenen Information selbst Bedeutung konstruieren kann." Durch eine klare Konzeptionierung der Erklärung und deren überlegte Einbettung ins Unterrichtsgeschehen könnten seiner Meinung nach jedoch die Erfolgsaussichten erhöht werden, dass ein Erklärprozess tatsächlich auch Verstehensprozesse bei den Lernenden anregt.

Findeisen (2017, S. 50 ff.) fasst in seiner Zusammenschau unterschiedlicher theoretischer Betrachtungen und empirischer Studien zum Erklären zentrale „Qualitätskriterien von Unterrichtserklärungen" in fünf Bereichen zusammen, die sich ebenfalls für die Bewertung von Erklärvideos nutzen ließen:

a) Fachlicher Gehalt: fachlogischer Aufbau, fachliche Vollständigkeit, fachliche Korrektheit, Verdeutlichung der Relevanz der Inhalte, Einführung von Fachbegriffen, Verfügbarkeit verschiedener Erklärungsvarianten
b) Lernendenzentrierung: Berücksichtigung des Vorwissens der Lernenden, Berücksichtigung der Charakteristika der Lernenden, aktiver Einbezug der

Lernenden, adaptive Anpassung der Erklärung in der Interaktion mit den Lernenden

c) Prozessstruktur: Verdeutlichung der Zielsetzung, Aufzeigen der Struktur der Erklärung, Evaluierung des Vorwissens, Wiederholung/Zusammenfassung, Evaluierung des Verständnisses

d) Repräsentation: Verwendung von Beispielen, Visualisierung der Inhalte, Verwendung von Analogien, Verbindung verschiedener Repräsentationsformen, Aufzeigen von Gemeinsamkeiten bzw. Unterschieden zwischen Repräsentation und Zielkonzept

e) Sprache: geeignetes Sprachniveau für Adressierte, sprachliche Präzision, unterstützender Einsatz der Körpersprache

Lange Zeit galt die pädagogische Unterrichtstätigkeit des Erklärens als verpönt: „Hinter der Erklärungsabstinenz steht ein konstruktivistisches Credo. In dieser in der Lehrerbildung seit Jahrzehnten dominierenden pädagogisch-didaktischen Richtung ist [...] das Erklären mehr oder weniger explizit mit einer Art tabu belegt worden" (Aeschbacher, 2009, S. 431). Dabei können Aeschbacher zufolge (2009, S. 432) Erklärungen durchaus „Konstruktivismus-kompatibel" gestaltet werden, da sie sich „in verschiedenen Sozialformen innerhalb eines konstruktivistisch ausgerichteten Unterrichts inszenieren lassen", was eine Verknüpfung von direkten Instruktionen mit offenen Unterrichtsformen erlaube. Vor diesem Hintergrund lassen sich auch die Handlungsanweisungen von Renkl et al. (2006, S. 207 ff.) verorten, die aufzeigen, wie Lehrer*innen instruktionale Erklärungen lernförderlich gestalten können:

– *Erklärungen müssen an das Vorwissen der Kinder angepasst werden.* Ein hohes Fachwissen der Lehrkraft stelle zwar eine wichtige Voraussetzung für guten Unterricht dar, erschwere jedoch die Anpassungsfähigkeit der Erklärungen an den Wissensstand der Kinder. Eine Vorwissensadaption von Erklärungen sei Renkl et al. zufolge (2006) eine zentrale Voraussetzung für erfolgreiche Lernprozesse.

– *Erklärungen sollen minimalistisch sein.* „Der Lernende soll die Möglichkeit haben, sich Problemlösungen im Rahmen seiner Kompetenzen weitestgehend selbst zu erarbeiten, was Lernerfolg und Behaltensleistung fördert." (Renkl et al., 2006, S. 213) Schüler*innen sollten dazu nach Möglichkeit nur im minimal erforderlichen Maße unterstützt werden. Dies verlange von Lehrkräften, Erklärungen präzise und kohärent zu formulieren und unnötige Informationen aus ihren Erklärungen zu entfernen.

– *Erklärungen sollten auf allgemeine Regeln und Gesetzmäßigkeiten fokussieren.* Die Orientierung an allgemeingültigen Prinzipien soll „das Verständnis und damit Transferleistungen" (Renkl et al., 2006, S. 215) fördern und Lernenden ermöglichen, Inhalte einer Erklärung auch auf neue bzw. veränderte Problemsituationen anwenden zu können.

– *Erklärungen sollten von Lernenden unmittelbar weiterverarbeitet werden.* Die Effektivität einer Erklärung hänge davon ab, was mit den Inhalten einer Erklärung in weiterer Folge geschehe. Werden Erklärungen von Lernenden nicht weiterverarbeitet, könne dies zu einer „Verständnisillusion" führen, da die Kinder nicht bemerken, „dass sie eigentlich weitere Erklärungen benötigen" (Renkl et al., 2006, S. 215). Empirische Untersuchungen kamen zu dem Schluss, dass Schüler*innen nur dann von Erklärungen profitieren, „wenn sie sie in ihre gerade ablaufenden Problemlöseprozesse" integrieren (Renkl et al., 2006, S. 216). Besonders effektiv seien Erklärungen vor allem dann, wenn die Kinder selbst danach fragen. Das Timing der Erklärung sei demnach neben der Qualität der Erklärung ein zentraler Faktor für gelingende Lernprozesse.

Ziel von Erklärungen müsse es also sein, die „Lernenden dabei zu unterstützen, ein Problem, zu dessen Lösung unzureichende Kenntnisse vorhanden sind, in ein Beispiel umzuwandeln, das für spätere Problemlösungen als Referenz dienen kann" (Renkl et al., 2006, S. 213). Da es jedoch „beim Erwerb kognitiver Fertigkeiten zentral ist, die Eigenaktivität der Lernenden zu unterstützen" (Renkl et al., 2006, S. 217), sollten Kinder nach Möglichkeit vorrangig zu Selbsterklärungen aufgefordert werden. „Selbsterklärungen – also das selbstständige Erschließen von Fachinhalten durch die Lernenden […] – sind im Unterricht von hoher Bedeutung." (Findeisen, 2017, S. 30) Gegenüber instruktionalen Erklärungen hätten Selbsterklärungen entscheidende Vorteile (Renkl et al., 2006, S. 217):

1. „Gedächtnispsychologische Untersuchungen zeigen, dass Inhalte, die von Lernenden selbst generiert werden, besser erinnert werden als Inhalte, die ‚fertig' präsentiert werden […].
2. Selbsterklärungen werden aus dem eigenen (Vor-)Wissen heraus konstruiert" und sind damit „automatisch" vorwissensangepasst.
3. „Wenn Lernende sich einen Sachverhalt selbst erklären, sind sie mental aktiv und bauen so ihr Wissen aus", sie werden also dazu angehalten, die Informationen unmittelbar weiterzuverarbeiten.
4. „Aufforderungen zur Selbsterklärung halten die Lernenden zur aktiven Informationsverarbeitung an. Instruktionale Erklärungen können sie hingegen in eine mental passive Rezipientenhaltung bringen […]."

Aus diesen Gründen sei Renkl et al. zufolge (2006, S. 217) „der Förderung von Selbsterklärungen gegenüber dem Geben von instruktionalen Erklärungen Priorität einzuräumen. […] Instruktionale Erklärungen sollten nur dann vorgegeben werden, wenn die Aufforderung zu Selbsterklärungen wenig aussichtsreich ist". Erklärvideos könnten einem solchen Argumentationsmuster folgend auch als multimediale instruktionale Erklärungen betrachtet werden, die Lehrer*innen neben eigenen Erklärungen heranziehen können, wenn Selbsterklärungsversuche der Kinder scheitern. Eine Auswahl an qualitätsvollen Erklärvideos hätte damit auch eine entlastende Funktion für die Lehrkraft, da sie bei Fragen der Kinder schnell auf eine Vielzahl von gut aufbereiteten instruktionalen Erklärungen auf unterschiedlichen Niveaustufen zurückgreifen könnte.

Nachdem der Prozess des Erklärens sowie damit in Verbindung stehende Qualitätskriterien thematisiert wurden, soll nun das audiovisuelle Erklärmedium selbst in den Blick genommen werden. Neben einer Begriffsbestimmung soll auch verdeutlicht werden, in welchen Bereichen sich das Bildungsmedium von anderen audiovisuellen Filmformaten unterscheidet.

2.3.3   Das Erklärvideo im Kontext audiovisueller Bildungsmedien

Ein einheitlicher Fachbegriff für audiovisuelle Medien, die ein Thema für eine bestimmte Zielgruppe anschaulich darstellen, existiert im deutschen Sprachraum nicht. In manchen Publikationen wird der Begriff „Lehrvideo" bzw. „Lernvideo" gebraucht (Sailer & Figas, 2015; Schön & Ebner, 2013), in englischsprachiger Literatur wird zumeist die Bezeichnung „explainer video" (P. Anders et al., 2019) oder „instructional video" (Mayer et al., 2020) gebraucht. Für die vorliegende Arbeit wird für selbst- oder fremderstellte Videos, die einen konkreten Sachverhalt didaktisch für eine bestimmte Zielgruppe – im konkreten Fall für Kinder in der Grundschule – aufbereiten oder veranschaulichen, der Begriff „Erklärvideo" genutzt. Die Bezeichnung ist auch im aktuellen Diskurs zum audiovisuellen Unterrichtsmedium vorherrschend (P. Anders et al., 2019; Dorgerloh & Wolf, 2019; Gaubitz, 2022; Haltenberger et al., 2022; Kulgemeyer, 2019; Schmeinck, 2023; Zander et al., 2020). Der Name „Erklärvideo" verdeutlicht auch die zentrale Intention des Mediums, Sachverhalte mit dem Ziel zu erklären, Verstehensprozesse bei den Lernenden anzubahnen.

Eine viel zitierte Begriffsdefinition zu Erklärvideos stammt von Karsten D. Wolf. Er beschreibt Erklärvideos als „eigenproduzierte Filme, in denen erläutert wird, wie man etwas macht oder wie etwas funktioniert[,] bzw. in denen abstrakte

Konzepte und Zusammenhänge erklärt werden" (Wolf, 2015a, S. 30). Mit dem Verweis auf die Eigenproduktion bezieht sich Wolf auf die Tatsache, dass die große Mehrzahl der frei im Internet zugänglichen Erklärvideos nicht von professionellen Filmschaffenden gestaltet wurde, sondern von interessierten Laiinnen und Laien. Auch Zander et al. (2020, S. 249) beschreiben als typische Merkmale von Erklärvideos, „dass meist ein komplexerer Sachverhalt auf einfache Weise erklärt wird, die Videos von sehr kurzer Dauer sind und überwiegend in Eigenproduktion des Erklärenden entstehen". Diese Definition ist jener von Wolf sehr ähnlich. Im Gegensatz zu diesen beiden Begriffsbestimmungen wird der Fokus in dieser Arbeit nicht vorrangig auf eigenproduzierte Erklärvideos gelegt, sondern es werden sowohl professionell produzierte Videos (z. B. Ausschnitte aus dem Bildungsfernsehen) als auch privat erstellte Erklärvideos gleichermaßen betrachtet. Zentral ist ein erkennbarer Didaktisierungsgrad für die Zielgruppe Primarstufe.

Grundsätzlich lassen sich für Erklärvideos vier kennzeichnende Besonderheiten feststellen (Wolf, 2015a):

– Thematische Vielfalt: Erklärvideos stehen für ein breit gefächertes Themenspektrum in unterschiedlicher inhaltlicher Tiefe zur Verfügung.
– Gestalterische Vielfalt: Erklärvideos lassen sich aufgrund unterschiedlicher gewählter Produktionsmöglichkeiten und didaktischer Herangehensweisen in vielfältigen Gestaltungsformen und Videolängen finden.
– Informeller Kommunikationsstil: Rezipierende werden meist in einem umgangssprachlichen Stil und ohne hierarchisches Gefälle angesprochen.
– Diversität der Urheber*innen: Erklärvideos werden von unterschiedlichsten Menschen mit verschiedenen sozialen oder kulturellen Hintergründen gestaltet. Auch in Hinblick auf die themenspezifische Expertise der Gestalter*innen bestehen große Unterschiede, da Videos von fachfernen Personen ebenso wie von Fachleuten produziert werden.

Aufgrund der einfachen Verfügbarkeit, des breit gefächerten Themenangebotes und der zielgruppenspezifischen Zugänge werden Erklärvideos als „bedeutsames Bildungsmedium des 21. Jahrhunderts" (Sailer & Figas, 2015, S. 93) angesehen, die sich als Teil eines vielfältigen und differenzierenden Medienangebots in den Unterricht integrieren lassen und Kinder dabei unterstützen können, ihre Lebenswelt zu erschließen und besser zu verstehen. Die Diversität der Urheber*innen und damit verbundene vielfältige Gestaltungs- und Erkläransätze führen zu einer großen Bandbreite an Erklärvideos, auf die Lehrkräfte und Lernende gleichermaßen zurückgreifen können (Dorgerloh & Wolf, 2019). Einen weiteren Mehrwert von Erklärvideos sehen P. Anders et al. (2019, S. 255) darin, dass die Unterrichtsmedien „zeitlich und örtlich flexibel abrufbar" sind und „genau dann rezipiert werden [können], wenn ein Erklärungsbedarf besteht". Im Rahmen der empirischen Untersuchung soll geklärt werden, ob bzw. in welcher Form sich Lehrer*innen diese potenzielle Flexibilität des Mediums für den Sachunterricht zunutze machen.

Einen Versuch, Erklärvideos besser von anderen audiovisuellen Filmformaten unterscheiden zu können, unternimmt Wolf (2015c) mit seiner „Typologie erklärender Filme" (Abbildung 2.9). Mehrheitlich eigenproduzierte audiovisuelle Medien kennzeichnet Wolf in seiner Typologie als „Video" (z. B. Erklärvideo, Videoblog) im Unterschied zu professionellen Filmproduktionen, die in seiner Aufstellung mit der Endung „-film" (z. B. Dokumentarfilm, Lehrfilm) versehen sind. In der Darstellung von Wolf (2015c) wird deutlich, dass sich Erklärvideos nicht immer trennscharf von anderen erklärenden Filmformaten abgrenzen lassen. Der Grund dafür liegt unter anderem darin, dass sich Erklärvideos unterschiedlicher Gestaltungselemente anderer erklärender Filmgenres bedienen, die z. B. auch in Videoblogs, Dokumentarfilmen oder klassischen Lehrfilmen zu finden sind. In der Auseinandersetzung mit diesen Filmformaten wird jedoch klar, welche Unterschiede zu den Erklärvideos bestehen: Lehrfilme sieht Wolf (2015c) vorwiegend als professionelle Filmproduktionen, wohingegen Erklärvideos seiner Definition zufolge vorwiegend von Nicht-Fachleuten produziert werden. Hinsichtlich der Dokumentarfilme unterscheidet Wolf zwei Macharten: einerseits Filme, die Inhalte ohne besonderen Didaktisierungsgrad präsentieren (Abb. 2.9, Dokumentarfilm [a]), andererseits solche, die einen bestimmten Aufklärungszweck verfolgen und unterschiedliche – z. B. politische – Botschaften didaktisch und gestalterisch aufzubereiten versuchen (Abb. 2.9, Dokumentarfilm [b]). Dokumentarfilme seien demnach im Gegensatz zu Erklärvideos per se „nicht zwingend erklärend oder gar instruierend" (Wolf, 2015c, S. 122). Videoblogs beschreibt Wolf (2015c, S. 124) als Format, in dem „regelmäßig von einer Person mittels Webcam Videobeiträge zu einem oder mehreren Themenbereichen veröffentlicht werden". Auch hier gebe es, anders als bei Erklärvideos, nicht zwingend das Ziel, Lern- bzw. Verstehensprozesse anzuregen. Eine Unterkategorie der Erklärvideos stellen die Videotutorials dar, die sich „auf die Darstellung vollständiger Handlungen beschränken, die zeigbar und direkt nachmachbar sind" (Wolf, 2015c, S. 124).

In der vorliegenden Arbeit werden Erklärvideos etwas enger gefasst als in Wolfs Typologie (verortet durch die graue Kreisfläche in Abbildung 2.9) und folgendermaßen definiert: Erklärvideos sind kurze Filme bzw. Filmsequenzen, die einen konkreten Sachverhalt adressiertengerecht multimodal veranschaulichen.

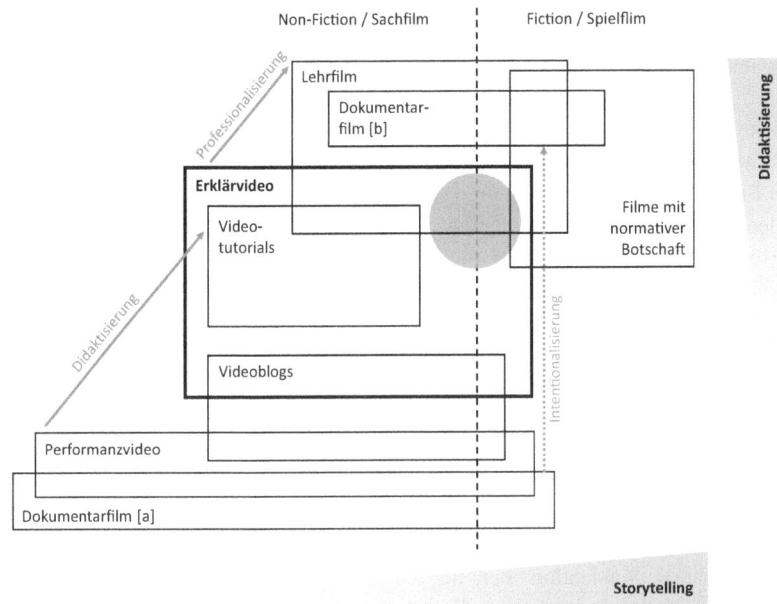

Abbildung 2.9   Schematische Darstellung der Typologie erklärender Filme (Wolf, 2015c, S. 123), ergänzt um die Verortung des Verständnisses von Erklärvideos in der vorliegenden Arbeit (graue Kreisfläche). (Vereinfachte eigene Darstellung)

Kennzeichnende Elemente sind ein hoher Didaktisierungsgrad und die Nutzung von Storytelling-Elementen (siehe dazu Abschnitt 2.3.4).

Da nun herausgearbeitet ist, was unter dem audiovisuellen Format der Erklärvideos allgemein verstanden wird – bzw. wie das Medium in dieser Arbeit definiert wird – und in welchen Bereichen sich das Erklärvideo von anderen erklärenden Filmformaten unterscheidet, sollen im nächsten Kapitel Aufbau und Gestaltungsaspekte des audiovisuellen Unterrichtsmediums in den Blick genommen werden. Im Zentrum steht dabei die Frage, wie Erklärungen im Videoformat lernförderlich gestaltet werden können und welche zentralen Bausteine ein gutes Erklärvideo beinhalten sollte.

2.3.4 Aufbau und Gestaltungsaspekte von Erklärvideos

Allgemeingültige Aussagen über Aufbau und Gestaltungsweisen von Erklärvideos zu treffen, ist insofern ein schwieriges Unterfangen, als die Verschiedenartigkeit der Gestalter*innen zu einem breiten Spektrum an Erscheinungsformen der Erklärvideos führt (Wolf, 2015a). Dennoch lassen sich über die Betrachtung von Erklärvideos zentrale Gestaltungselemente identifizieren, die als Gemeinsamkeiten des audiovisuellen Medienformats angesehen werden können. Lee LeFever (2013, S. 49), der bereits 2007 mit der Produktion und Veröffentlichung erster Erklärvideos begann[12], beschreibt in seinem Buch „The Art of Explanation" sechs grundlegende Bausteine, die ein Erklärvideo jedenfalls enthalten solle:

- *Gemeinsame Basis*: Zu Beginn sollte die Verständigung über eine gemeinsame Ausgangslage erfolgen bzw. die Schaffung eines gemeinsamen Einvernehmens, das an die Vorerfahrungen der Rezipierenden anknüpft.
- *Kontext*: Die Darstellung des thematischen Kontexts soll den Fokus vom zuvor erzielten gemeinsamen Einvernehmen auf ein spezielles Themenfeld verlagern.
- *Geschichte*: Eine Rahmenhandlung kann einen wesentlichen Beitrag zum allgemeinen Verständnis der im Video behandelten Sachverhalte leisten, zentrale Ideen verdeutlichen, Perspektivenwechsel ermöglichen, Emotionen transportieren etc.
- *Querverbindungen*: Analogien und Metaphern sollen helfen, neue Inhalte mit bereits Bekanntem zu verknüpfen, und den Rezipierenden damit den Zugang zu neuen Erkenntnissen vereinfachen.
- *Beschreibungen*: Inhaltliche Darstellungen sollen neben dem „Warum?" auch das „Wie?" und „Wodurch?" klären.
- *Zusammenfassung*: Ein abschließendes Resümee soll die zentralen Inhalte des Erklärvideos wiederholen und einen Ausblick auf anknüpfende/weiterführende Themengebiete geben.

LeFever (2013, S. 69) plädiert in seinen Ausführungen dafür, dem Erzählen von Geschichten einen hohen Stellenwert beizumessen: „Facts give stories substance. Stories give facts meaning". Die Fakten sollen den Geschichten Substanz geben, die Geschichten würden den Fakten wiederum überhaupt erst eine Bedeutung verleihen und seien deshalb ein zentrales Gestaltungsmittel für gelungene

---

[12] Lee LeFever rief gemeinsam mit seiner Frau die Website https://www.commoncraft.com ins Leben, auf der fortlaufend neue Erklärvideos veröffentlicht werden. Mit dem von ihnen etablierten Legetechnik-Stil haben sie das visuelle Erscheinungsbild von Erklärvideos stark mitgeprägt (Dorgerloh & Wolf, 2019).

Erklärprozesse in Erklärvideos. Auch der Erklärvideoproduzent Derek Muller[13] ist von der Wichtigkeit des „Storytellings" überzeugt: „Zuschauende werden von Geschichten angezogen, die haben ein Momentum, welches das Publikum fesselt. Sie helfen aber auch, Konzepte zu verstehen und ihre Bedeutung zu würdigen. Geschichten sind sehr wichtig für Erklärvideos!" (Derek Muller in Dorgerloh & Wolf, 2019, S. 31) Auch in der Erklärvideo-Definition von Kropp (2015) nimmt das Storytelling einen zentralen Stellenwert ein: „Erklärvideos können komplexe Sachverhalte innerhalb kürzester Zeit effektiv einer Zielgruppe vermitteln. Kennzeichnende Elemente sind das Storytelling und die Multisensorik." Geschichten würden es ermöglichen, „den Protagonisten*innen der Erzählung auf dem Weg der Problemkonfrontation und der Problemlösung zu folgen", und den Zusehenden damit in einem „fließenden Übergang von einer passiven Rezeption zur aktiven Beteiligung am narrativen Geschehen" verhelfen, sie also zu „impliziten Akteur*innen" machen (Penzel, 2019, S. 164), was wiederum auf ein grundlegendes Prinzip des Beobachtungslernens verweist (siehe Abschnitt 2.2.2).

Auch der Umgang mit Visualisierungen stellt ein wesentliches Gestaltungsmittel von Erklärvideos dar. Visualisierungen sollen „zur Sichtbarmachung, Veranschaulichung und Verdeutlichung von abstraktem Wissen und komplexen Informationen" (Preuß & Kauffeld, 2019, S. 404) beitragen und damit Lern- bzw. Verstehensprozesse begünstigen (Dorgerloh & Wolf, 2019). Beim Visualisieren bzw. Veranschaulichen gelte es, „Sachverhalte der verschiedenen Themenbereiche dem Verständnis der Lernenden zugänglich zu machen, das Wesen einer Sache darzustellen und Anschlüsse an Bekanntes zu finden" (Rumpf & Winter, 2019, S. 5). Ziel müsse es sein, „Anschaulichkeit im Unterricht in einer Weise anzubieten, die den kindlichen Anschauungen von Welt entgegenkommt" (Rumpf & Winter, 2019, S. 3). Auf die Gestaltungsprinzipien multimedialer Lerninhalte wurde in Abschnitt 2.2.4 bereits eingegangen. Eine zentrale Aussage, die sich aus diesen Gestaltungsprinzipien ableiten lässt, fassen Preuß und Kauffeld (2019, S. 405) folgendermaßen zusammen: „Nicht einfach ein höheres Maß an Informationen hat demnach ein höheres Maß an Wissenszuwachs zur Folge, sondern die kohärente und auf das Wesentliche beschränkte Darstellung." Ein Zurückgreifen auf derartige Prinzipien und auf Erkenntnisse der Kognitionspsychologie begünstigt eine lernförderliche Gestaltung von Erklärvideos. Wolfgang Schnotz (2014, S. 94 f.) beschreibt hierzu – angelehnt an Mayers (2014a) „Cognitive Theory

---

[13] Derek Mullers Erklärvideo-YouTube-Kanal „Veritasium" (https://www.youtube.com/c/veritasium) zählt mehr als 13,6 Millionen Abonnierende (Stand: 22.05.2023).

of Multimedia Learning" – einige „Richtlinien für das Instruktionsdesign" multimedialer Unterrichtsinhalte, die sich auch für die Gestaltung von Erklärvideos nutzen lassen:

- Text sollte mit inhaltsbezogenen Bildern kombiniert werden, um Verstehensprozesse zu unterstützen.
- Bilder sollten nur dann verwendet werden, wenn sie semantisch eindeutig mit dem Inhalt des Textes zusammenhängen.
- Geschriebener Text sollte in enger räumlicher Nähe zum dazugehörigen Bild präsentiert werden; gesprochener Text sollte in enger zeitlicher Nähe zum dazugehörigen Bild präsentiert werden.
- Texte und Bilder müssen nicht in Kombination verwendet werden, wenn die Lernenden über ausreichendes Vorwissen und kognitive Fähigkeiten verfügen, um ein mentales Modell aus einer der Repräsentationsformen zu konstruieren. Die andere Quelle wäre dann redundant.
- Werden Animationen mit Text kombiniert, sollte aufgrund des „fließenden" Charakters der Animation auf gesprochenen Text anstelle von geschriebenem Text zurückgegriffen werden.
- Es sollte kein geschriebener Text hinzufügt werden, der gesprochenen Text (in Kombination mit Bildern) dupliziert.
- Wenn ein Text in semantischem Zusammenhang zu einem Bild steht, sollte er nicht dargestellt werden, bevor das Bild von dem*der Lernenden in Ruhe betrachtet werden kann.
- Wenn Sachverhalte durch verschiedene Bilder auf unterschiedliche, informationell gleichwertige Weise visualisiert werden können, sollte idealerweise das Bild mit jener Visualisierungsform verwendet werden, das für die Lösung zukünftiger Aufgaben am besten geeignet ist (für den Transfer).

Seine Empfehlungen ergänzt Schnotz (2014, S. 95) um die Aussage: „Simply speaking, less can be more." Gestalter*innen multimedialer Unterrichtsmaterialien sollten seiner Ansicht nach der Versuchung widerstehen, ihren Lehr- und Lernmedien irrelevantes Beiwerk hinzuzufügen.

Das visuelle Erscheinungsbild von Erklärvideos hängt stark von Entscheidungen hinsichtlich der Wahl der filmischen Umsetzung ab, wobei Preuß und Kauffeld (2019, S. 407) hierzu festhalten, dass bei Erklärvideos „weniger die stilistische Perfektion der visuellen Produkte im Vordergrund [stehe] als vielmehr eine nachvollziehbare und ansprechende Wissensaufbereitung sowie ihr didaktischer Nutzen". Eine Betrachtung unterschiedlicher Möglichkeiten der Erklärvideogestaltung macht deutlich, wie die bereits angesprochene Vielfalt des online verfügbaren Erklärvideoangebots zustande kommen kann (Schön & Ebner, 2013; Zander et al., 2020):

- Bei *Screencasts* wird der Computerbildschirm direkt aufgezeichnet (z. B. beim Durchklicken durch ein Programm oder eine Präsentation). Als Vorteil dieser Gestaltungsvariante gilt die einfache und zeitsparende Produktionsweise.
- Erklärvideos mit *Schiebe- bzw. Legetechnik* visualisieren die Inhalte anhand ausgeschnittener Figuren, Abbildungen und Textkarten. Mit dieser Technik lassen sich vielfältige Visualisierungen einfach bewerkstelligen und die Videos vergleichsweise schnell produzieren.
- Beim *Tafel- oder Whiteboard-Stil* werden die Inhalte direkt auf eine Präsentationsfläche gezeichnet/geschrieben, die von einer Kamera abgefilmt wird. Weil Rezipierende bei dieser Gestaltungstechnik die Entstehung der Zeichnungen unmittelbar beobachten können, lässt sich der Gedankengang des*der Erklärenden oft leichter nachvollziehen als bei anderen Techniken.
- Erklärvideos können auch als *Realfilme* in unterschiedlicher Weise umgesetzt werden, etwa in Form von Dokumentationen. Mit wesentlich geringerem mediengestalterischen Aufwand verbunden wäre das Abfilmen eines einfachen Vortrags.
- Oft werden Erklärvideos als *Animationsfilme* gestaltet, entweder direkt am Computer mithilfe entsprechender Software oder mittels abgefilmter Objekte, z. B. als Stop-Motion-Film oder Zeitrafferaufnahme. Animationsfilme bieten vielfältige Gestaltungsmöglichkeiten, sind in der Produktion aber meist wesentlich zeitaufwendiger als andere Umsetzungsvarianten.

Neben der gestalterischen Verschiedenartigkeit von Erklärvideos zeichnet sich das audiovisuelle Unterrichtsmedium auch durch eine große Bandbreite hinsichtlich der Dauer aus. Während sich der Großteil der im Internet verfügbaren Erklärvideos zwischen zwei und sechs Minuten Länge bewegt, gibt es auf Online-Videoportalen wie YouTube auch sehr erfolgreiche Erklärvideos mit mehr als zehn Minuten Laufzeit[14]. Als Richtwert bzw. „Ideallänge" wird in der Literatur meist eine Laufzeit von drei Minuten angegeben (Dorgerloh & Wolf, 2019; Kropp, 2015), wobei auch darauf hingewiesen wird, dass das ausschlaggebende Kriterium für die Dauer eines Erklärvideos die Menge an zu vermittelnden Inhalten darstellen sollte und nicht das strikte Befolgen einer Zeitvorgabe.

---

[14] Die Erklärvideos von „Dinge Erklärt – Kurzgesagt" (https://www.youtube.com/Kurzge sagtDE) haben meist eine Laufzeit von um die zehn Minuten, teilweise auch mehr. Die Videos haben auf YouTube zwischen einer und über sieben Millionen Aufrufe (Stand: 22.05.2023).

Sprachlich bedienen sich die meisten Erklärvideos eines informellen Kommunikationsstils (Wolf, 2015a). „Viele YouTube-Erklärvideos kreieren über eine direkte und lockere Ansprache einen angstfreien Kommunikationsraum zum Verstehen und Lernen." (Dorgerloh & Wolf, 2019, S. 40) Wie im klassischen Unterrichtsgeschehen stellt auch bei Erklärvideos die „Sprache die wichtigste Form der Kommunikation" (Findeisen, 2017, S. 12) bzw. der Weitergabe von Informationen dar. Dem Skript, also der Niederschrift des Sprecher*innentexts eines Erklärvideos, kommt deshalb bei der Gestaltung von Erklärvideos eine besondere Bedeutung zu. „Die Erklärung lebt und entsteht im Skript." (Lee LeFever in Dorgerloh & Wolf, 2019, S. 81) Wie Erklärungen lernförderlich gestaltet werden können, wurde in Abschnitt 2.3.2 z. B. anhand von Kiels „Kriterien effektiven Erklärens" (1999) bereits aufgezeigt. Da dem Sachunterricht auch die Aufgabe zukommt, Fachsprache zu etablieren und einen sensiblen Sprachgebrauch anzubahnen, sollten Lehrer*innen bei der Auswahl bzw. bei der Gestaltung von Erklärvideos auch besonderes Augenmerk auf sprachliche Aspekte legen. „Heranwachsende übernehmen Einstellungen der Personen in ihrem Umfeld, die für sie bedeutsam sind. […] Sachunterrichtslehrer sollten auf solche selektiven Prozesse und sprachlichen Bewertungen besonders achten […]." (Einsiedler, 2000, S. 74 f.). Nicht zuletzt ist der Sachunterricht gleichzeitig auch eine Form von (Fach-)Sprachenunterricht (GDSU, 2013).

Eine besondere Herausforderung bei der Gestaltung von Erklärvideos stellt die Tatsache dar, dass die Erklärungen – anders als bei klassischen Erklärprozessen – nicht unmittelbar an die Reaktionen der Rezipierenden angepasst werden können, weil die Videos bereits vor ihrem Einsatz im Unterrichtsgeschehen fertiggestellt sind. „Erklären ist ein interaktiver Prozess. Das heißt[,] ich schaue, ob mein Gegenüber versteht, was ich gerade vermitteln möchte, um dann ggf. meine Erklärung anzupassen. Das ist in einem einmal produzierten Video nicht möglich." (Dorgerloh & Wolf, 2019, S. 34) Deshalb sei es Kulgemeyer zufolge (2019) von großer Wichtigkeit, bei der Gestaltung oder Auswahl der Erklärvideos genau über die eigene Zielgruppe und deren spezifische Vorkenntnisse und -erfahrungen Bescheid zu wissen. „Für jede Adressatengruppe muss das Video anders entworfen werden. […] Die Vorstellung, dass es das ideale Video für alle Adressatengruppen gibt, funktioniert […] deshalb nicht." (Kulgemeyer, 2019, S. 72) Um aus der Vielzahl von verfügbaren Erklärvideos die für die entsprechenden (sach-)unterrichtlichen Zwecke passenden Videos auswählen zu können, gilt es, die potenziellen audiovisuellen Unterrichtsmedien hinsichtlich ihrer Qualität zu beurteilen. Für diesen Zweck haben Bildungsforscher*innen verschiedene Bewertungskriterien identifiziert, die Aufschluss über die Güte eines Erklärvideos geben sollen.

2.3.5 Qualitätskriterien für die Bewertung von Erklärvideos

„Qualitativ hochwertiges Lernmaterial ist […] eine wichtige Voraussetzung, um Wissen erfolgreich transferieren zu können. Für den erfolgreichen Einsatz von Lernmaterialien ist es wichtig, deren Qualität erfassen und bewerten zu können." (F. Müller & Oeste-Reiß, 2019, S. 52)

Eine erste Hürde bei der Qualitätsbewertung von Lehr- und Lernmaterialien stellt bereits die Frage dar, was unter dem Begriff Qualität überhaupt zu verstehen ist bzw. woran sie gemessen werden kann. H. Müller et al. (2018, S. 93) schreiben hierzu: „Der Begriff Qualität ist komplex und vielschichtig […] und bis heute nicht einheitlich definiert." Ein Ansatz, auf den häufig zurückgegriffen wird, wenn es um eine Annäherung an den Qualitätsbegriff geht, stammt von Garvin (1984), der Qualität in fünf Dimensionen aufgliedert:

– Dem *transzendenten Ansatz* zufolge kann Qualität nicht trennscharf definiert werden. Qualität wird hier als „innewohnende Exzellenz" beschreiben, die zwar wahrgenommen, aber nicht gemessen werden kann.
– Beim *produktbasierten Ansatz* stellt Qualität eine präzise und messbare Variable dar, die z. B. über die Anzahl gewünschter Attribute bestimmt wird, die ein Produkt (nicht) aufweist.
– Für den *anwendungsbezogenen Ansatz* der Qualitätsbewertung werden die Wünsche und Bedürfnisse der Anwender*innen herangezogen.
– Der *fertigungsbasierte Ansatz* befasst sich mit der Qualität der Fertigungspraxis.
– Beim *wertbezogenen Ansatz* wird Qualität über das Preis-Leistungs-Verhältnis ermittelt.

Für eine Konkretisierung des Qualitätsbegriffs hinsichtlich der Bewertung von Erklärvideos scheinen vor allem der produktbasierte Ansatz (Bewertung des Erklärvideos aufgrund vorab festgelegter Kriterien) und der anwendungsbezogene Ansatz (Berücksichtigung der Bedürfnisse der Lehrer*innen bzw. der Rezipierenden) sinnvoll. Zusätzlich ist auch der fertigungsbasierte Ansatz (z. B. die visuelle und akustische Umsetzung betreffend) und – bei kostenpflichtigen Angeboten – der wertbezogene Ansatz von Relevanz.

Warum eine kriteriengeleitete Auswahl von Erklärvideos für den Unterricht von Bedeutung ist, zeigt die große – und stetig wachsende – Menge an potenziell verfügbaren Erklärvideos. Durch die Möglichkeiten, sehr einfach selbst diverse Medien zu erstellen und im Internet zu veröffentlichen, müsse „die didaktische

Sorgsamkeit der Medienauswahl" (Peschel, 2022, S. 194) durch die Lehrkraft umso intensiver betrieben werden, gerade vor dem Hintergrund, dass auch die Schüler*innen zunehmend gefordert sind – und dazu in der Schule befähigt werden sollen –, Inhalte einer kritischen Prüfung zu unterziehen.

Die Qualitätsbewertung von Lehr- und Lernmaterialien kann mittels unterschiedlicher Ansätze erfolgen. Eine systematische Bewertung von Erklärvideos als Unterrichtsmedium wurde erst in den vergangenen Jahren Gegenstand empirischer Forschungsvorhaben. In einer Untersuchung von F. Müller und Oeste-Reiß (2019, S. 52) konnte z. B. noch „kein empirisch validiertes Instrument zur Bewertung der Qualität von Erklärvideos identifiziert werden". Der Großteil der in diesem Kapitel vorgestellten Kriterienkataloge wurde jedoch bereits empirisch beforscht, was ein gestiegenes wissenschaftliches Interesse an der Beforschung von Qualitätsbewertungsinstrumenten für Erklärvideos verdeutlicht. Für Lehrer*innen, die Erklärvideos im Unterricht einsetzen wollen, ist das Vorhandensein solch validierter Bewertungsinstrumente von großer Bedeutung, um fundierte Aussagen über die Qualität eines Videos treffen zu können.

Die im aktuellen Bildungsdiskurs stattfindende zunehmende Auseinandersetzung mit Erklärvideos führte zur Entwicklung unterschiedlicher Kriterienkataloge, aus denen Lehrer*innen auswählen können. Im bisherigen Verlauf der Arbeit wurden bereits allgemeine Kriterien zum Einsatz multimedialer Lerninhalte und zum effektiven Erklären diskutiert (siehe Abschnitt 2.2.4 und 2.3.2), die sich auch für die Bewertung von Erklärvideos eignen können. Im Folgenden werden nun Kriterienkataloge vorgestellt, die explizit für die Bewertung von Erklärvideos entwickelt wurden. Zuerst werden vier allgemeine Kriterienkataloge für die Erklärvideobewertung vorgestellt, im Anschluss daran wird noch auf zwei Kataloge eingegangen, die ausdrücklich für die Bewertung von Erklärvideos für den Sachunterricht entwickelt wurden.

Ein allgemeiner Kriterienkatalog für die Bewertung der Qualität von Erklärvideos stammt von Christoph Kulgemeyer (2019), der sich aus dem Blickwinkel der Physikdidaktik mit Erklärvideos beschäftigt und in diesem Zusammenhang auch „Kriterien für gute Erklärvideos" formuliert hat, die er in sieben Kernideen aufschlüsselt (Tabelle 2.4):

Kulgemeyer (2019, S. 74) sieht den Grundgedanken hinter seinen beschriebenen Kernideen darin, „dass Erklärvideos Rezipient/innen zum Mitdenken bringen (kognitive Aktivierung) und eine transparente Vorstellung vom Erklärten in Anschluss an das Vorwissen ermöglichen sollen (konstruktive Unterstützung beim Errichten mentaler Modelle)". Kulgemeyer macht mit der Kernidee „im Unterrichtsgang einbetten" auch deutlich, dass mit dem Ansehen eines Erklärvideos der Lernprozess nicht abgeschlossen ist, sondern unbedingt eine Vertiefung der

Tabelle 2.4 Kriterien für gute Erklärvideos (Kulgemeyer, 2019, S. 73)

Kernidee	Kriterium	Beschreibung
Adaption	Adaption an Vorwissen, Fehlvorstellungen und Interesse	Das Video bezieht sich auf gut beschriebene Eigenschaften einer Adressiertengruppe (wahrscheinliches Vorwissen, Interessen, Schüler*innenvorstellungen).
Veranschaulichungswerkzeuge nutzen	Beispiele	Das Video nutzt Beispiele, um das Erklärte zu veranschaulichen.
	Analogien und Modelle	Das Video nutzt Analogien und Modelle, um die neue Information mit bekannten Wissensbereichen zu verbinden.
	Darstellungsformen	Das Video nutzt geeignete Darstellungsformen zur Veranschaulichung.
	Sprachebene	Das Video wählt eine Sprachebene passend zur beschriebenen Adressiertengruppe.
Relevanz verdeutlichen	Anmerkungen zu relevanten Inhalten geben	Das Video betont, (a) warum das Erklärte wichtig für die Adressiertengruppe ist, und (b) gibt Anmerkungen zu besonders wichtigen Teilen.
	Direkte Ansprache der Adressierten	Das Video involviert die Adressierten durch Handlungsaufforderungen und direkte Ansprache (statt unpersönlichen Passivs).
Struktur geben	Regel-Beispiel oder Beispiel-Regel	Wenn Fachwissen das Lernziel ist, wird eine Regel-Beispiel-Struktur bevorzugt, beim Lernen von Routinen eine Beispiel-Regel-Struktur.

(Fortsetzung)

Tabelle 2.4 (Fortsetzung)

Kernidee	Kriterium	Beschreibung
	Zusammenfassungen geben	Das Video fasst die wesentlichen Aspekte zusammen.
Präzise und kohärent erklären	Exkurse vermeiden	Das Video fokussiert auf die Kernidee, vermeidet Exkurse und hält den Cognitive Load gering. Insbesondere verzichtet es auf zu viele Beispiele, Analogien, Modelle oder Zusammenfassungen.
	Hohe Kohärenz des Gesagten	Das Video verbindet Sätze durch Konnektoren, insbesondere „weil".
Konzepte und Prinzipien erklären	Neues und komplexes Prinzip als Thema	Das Video bezieht sich auf ein neues Prinzip, das zu komplex zur Selbsterklärung ist.
In Unterrichtsgang einbetten	Anschließende Lernaufgaben	Das Video endet mit einer Lernaufgabe, mit der das Erklärte selbst vertieft werden kann.

Inhalte in Form von Lernaufgaben erfolgen müsse. In einer empirischen Überprüfung der Kriterien zeigten sich „deutliche Vorteile des Videos, das die Kriterien berücksichtigt im Bereich des Erwerbs deklarativen Wissens" (Kulgemeyer, 2019, S. 74).

Auch Frederike Müller und Sarah Oeste-Reiß (2019) beschäftigen sich mit der Frage nach einer wissenschaftlich fundierten Herangehensweise für die Bewertung von Erklärvideos. Als Ergebnis umfassender Literaturrecherchen identifizieren die Autorinnen 34 Qualitätsanforderungen an Unterrichtsmedien im Allgemeinen und fünf Kriterien, die speziell die Qualität von Erklärvideos betreffen. Die insgesamt 39 Anforderungen fassen Müller und Oeste-Reiß (2019) in acht Qualitätsdimensionen zusammen (Abbildung 2.10).

Die acht Dimensionen wurden auch hinsichtlich ihrer Bedeutung für die allgemeine Qualität des Lernmaterials gewichtet, „wobei die inhaltliche Dimension mit 27,3 % den größten Anteil zur Qualitätserfüllung beiträgt. Didaktisches Design

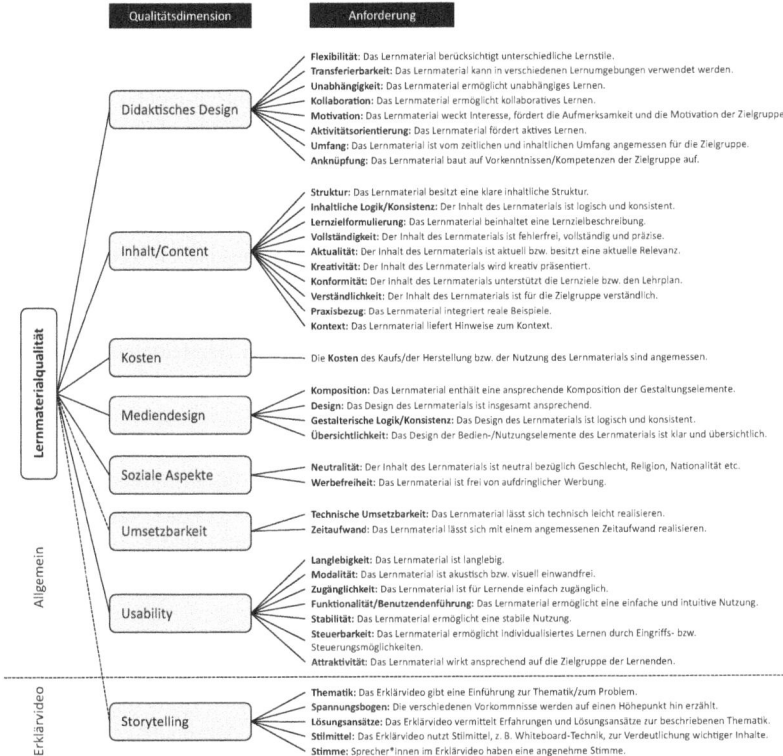

Abbildung 2.10 Bewertungsinstrument für Lernmaterial und speziell für Erklärvideos von Müller und Oeste-Reiß (2019, S. 59). (Eigene Darstellung)

und Usability beeinflussen jeweils mit etwa 20 % das Ergebnis. Eine eher unterge ordnete Rolle spielen die Kosten, sozialen Aspekte und die Umsetzbarkeit, wenn es um die Bewertung der Lernmaterialqualität geht." (F. Müller & Oeste-Reiß, 2019, S. 65) Den Autorinnen zufolge sollen die einzelnen Anforderungen beim Durchsehen des Lernmaterials hinsichtlich ihres Zutreffens anhand einer fünf-stufigen Likert-Skala bewertet werden (1 = „trifft gar nicht zu" bis 5 = „trifft völlig zu"). Auch dieses Bewertungsinstrument wurde von den Autorinnen bereits empirisch beforscht (F. Müller & Oeste-Reiß, 2019).

Das von Wolf und Kratzer (2015) entwickelte Kategoriensystem zur „Ge-staltungsqualität von Erklärvideos (GQEV)" (Tabelle 2.5) kann ebenfalls für die Beurteilung der Qualität von Erklärvideos herangezogen werden. Der Fokus dieses Kategoriensystems liegt auf der Analyse der didaktischen Struktur von Erklärvideos.

In einer Überarbeitung des GQEV im Jahr 2022 ergänzen Honkomp-Wilkens et al. (2022) das Kategoriensystem um weitere Subkategorien. Für die Betrachtung von Erklärvideos speziell für den Sachunterricht erscheinen folgende Subkategorien relevant (Honkomp-Wilkens et al., 2022, S. 510):

- Kategorie „Strukturierung": Angabe von Quellen, Hinweise auf weitere Videos oder Lernmaterialien
- Kategorie „Erklärweise": Bezug zur Lebenswelt der Rezipierenden, praktisches Vorzeigen, Übungen zum aktiven Mitmachen, Herleitung/Erarbeitung einer Theorie, Erläuterung von abstraktem Wissen
- Kategorie „Erklärmittel": Einsatz von Spielhandlung

Siegel und Hensch (2021) leiten ihre „Qualitätskriterien für Lehrvideos im Überblick" aus einem systematischen Review des Sammelbandes „Lehrvideos – das Bildungsmedium der Zukunft? Erziehungswissenschaftliche und fachdidaktische Perspektiven" ab. Sie identifizieren dabei Qualitätskriterien in fünf Bereichen (Siegel & Hensch, 2021, S. 258 ff.):

1. (Medien-)Pädagogisch-didaktische Qualitätskriterien: Zielgruppe und Zielgruppenorientierung, fachwissenschaftliche/-didaktische Korrektheit, diskursive Positionierung, didaktische Aufbereitung und Anwendungstransparenz über das Video hinaus, Strukturierung der Inhalte, didaktische Reduktion/ Elementarisierung, adäquate Veranschaulichungen, curricularer Bezug
2. (Lern-)Psychologische Qualitätskriterien: Reduktion intrinsisch und extrinsisch belastender (Video-)Merkmale gemäß Cognitive-Load-Theorie, Aktivierung der Lernenden bzw. Interaktionsmöglichkeiten, Berücksichtigung der kognitiven Grundlagen multimedialen Lernens, motivationale und emotionale Ansprache der Rezipierenden
3. Filmanalytische Qualitätskriterien: ästhetische Gestaltung des Videos, adäquate Figurendarstellung/Charaktergestaltung, stimmige Narration
4. Technische Qualitätskriterien: Bildqualität, Audioqualität
5. Rechtliche Qualitätskriterien: restriktiver Jugendmedienschutz, Urheber*innenrecht, Datenschutz

Tabelle 2.5 Kategoriensystem zur Analyse der Gestaltungsqualität von Erklärvideos (GQEV) (Wolf & Kratzer, 2015, S. 36)

Hauptkategorien	Erläuterung	Unterkategorien
Strukturierung	Strukturierende Elemente der Erklärvideos	Intro, Begrüßung, Zielformulierung am Anfang der Erklärung, Vorbereitung, Durchführung, Ergebnisvorstellung, Resümee, Abschied, Outro
Inhaltliche Klarheit	Inhaltliche Aspekte für Klarheit und Struktur der Erklärung	Ergebnisvorstellung zu Beginn der Erklärung, Konzentration auf Themenstellung, Zwischenergebnisse, regelmäßige Wiederholungen, regelmäßige Zusammenfassungen
Erklärweise	Didaktisierende Elemente der Erklärung	Didaktische Reduktion, Erklärung induktiv (vom Beispiel zur allgemeinen Regel), Erklärung deduktiv (von der allgemeinen Regel zum Beispiel), Anknüpfen an Vorwissen, negatives Wissen[15], Anhaltspunkte zur Selbstkontrolle
Erklärmittel	Mittel der Erklärung	Mittels Bildern, mittels Sprache, mittels Videos, mittels anwesender Person, mittels Schrift
Erzeugen von Motivation	Motivation durch Ansprache des Publikums	Ermutigung, Anreize geben
Erzeugen von Aufmerksamkeit	Aufmerksamkeit durch Effekte, Hervorhebungen und Spannung	Soundeffekt, Bildeffekt, Dramaturgie
Erklärsituation	Situation hinsichtlich Vorbereitung/Planung	Spontan, vorbereitet

(Fortsetzung)

---

[15] Beim Einsatz von „negativem Wissen" wird in den Erklärungen darauf eingegangen, „was *nicht* richtig ist, was *nicht* passieren darf, was *typische* Fehler sind, was zu *vermeiden* ist" (Wolf & Kratzer, 2015, S. 41).

Tabelle 2.5 (Fortsetzung)

Hauptkategorien	Erläuterung	Unterkategorien
Einsatz von Sprache	Eigenschaften der verwendeten Sprache	Formeller Stil, informeller Stil, Humor, Sachlichkeit, flüssige Sprache
Kommunikation	Kommunikation mit dem Publikum	Direkte Ansprache einer Person, direkte Ansprache einer Gruppe, Interaktion

Neben diesen Qualitätskriterien wird auch erwähnt, dass für einen gelingenden Einsatz von Erklärvideos im Unterricht „eine im Schulkontext adäquate Bereitstellung der Videos" (Siegel & Hensch, 2021, S. 263) erfolgen müsse. Wie eine solche Bereitstellung im Sachunterricht geschehen könnte, wird im Rahmen der empirischen Untersuchung thematisiert.

Ein Problem der Anwendung bisher beschriebener Kriterienkataloge für den Sachunterricht sieht Gaubitz (2021, S. 214) darin, dass diese Raster „die fachdidaktische Perspektive des Sachunterrichts nur bedingt ab[bilden]". Eine Lösung könnte hier das Verwenden unterschiedlicher Analyseraster für entsprechende Themenfelder des Sachunterrichts sein, etwa der zu Beginn des Kapitels erwähnte Kriterienkatalog von Kulgemeyer (2019) für Erklärvideos zum naturwissenschaftlichen Sachunterricht. Gaubitz (2021) wiederum formuliert einen Kriterienkatalog für die Bewertung von Erklärvideos, die im sozialwissenschaftlichen Sachunterricht zum Einsatz kommen sollen (Tabelle 2.6). Zusätzlich greift ihr Kriterienkatalog auf die Erkenntnisse der Theorie des multimedialen Lernens (Mayer, 2014a) zurück.

Zuletzt soll noch das Kriterienraster von Haltenberger et al. (2022) erwähnt werden. Auch hier handelt es sich um ein Raster, das eigens für die Bewertung von Erklärvideos für den Sachunterricht entwickelt wurde. Für die Strukturierung ihres Kriterienrasters verwendeten die Schreibenden das Modell der Didaktischen Rekonstruktion (Kattmann et al., 1997) bzw. dessen drei zentrale Säulen (siehe auch Abbildung 2.11):

– „die fachwissenschaftliche Klärung des Unterrichtsgegenstandes,
– die Erfassung von Schüler*innenperspektiven hierzu und
– die sich durch eine geeignete didaktische Strukturierung ergebende Planung bzw. Analyse von Unterricht" (Haltenberger et al., 2022, S. 141).

Tabelle 2.6 Kriterienkatalog für Erklärvideos für den sozialwissenschaftlichen Sachunterricht (Gaubitz, 2021, S. 215 f.)

Bereich	Kategorie	Merkmale
Didaktische Strukturierung und Transparenz	Inhaltstransparenz	Eindeutige Benennung der Thematik im Titel, Angaben über Inhalt und Adressierte, Fachbezug
	Logischer inhaltlicher Aufbau	Nachvollziehbarer Aufbau, Verknüpfung der einzelnen Phasen, kognitiv aufeinander aufbauende Lernschritte, Inhaltsbereich ist abgegrenzt.
	Angemessener zeitlicher Umfang der einzelnen Bestandteile	Einzelne Phasen (Einleitung, Hauptteil, Schluss) sind zeitlich angemessen aufgeteilt, die Zeit wird effektiv genutzt.
	Zusammenfassung	Zu Beginn oder am Ende
	Zieltransparenz	Schwerpunkt und Exemplarität werden deutlich, Bezug zu Lehrplänen des Sachunterrichts/zum Perspektivrahmen Sachunterricht ist erkennbar.
Sprache	Gesprochene Sprache und Schriftsprache	Phonetische Ebene (angemessene Sprachgeschwindigkeit, akzentfreie Stimme, angemessene Lautstärke, Betonungen, sinnvolle Pausen), grammatikalische Ebene (Personalisierungsprinzip, Vermeidung aufeinanderfolgender Fragen, wenige Nebensätze, Verbindungen mit „weil"), lexikalische Ebene (sachliche Korrektheit, Adressiertengemäßheit, Fachbegriffe mit Alltagssprache kommentieren, gendergerechte Sprache)
	Bildsprache	Visualisierung zentraler Begriffe, sachliche Korrektheit, Unterstützung des Verstehens, Erklärens und Anwendens

(Fortsetzung)

Tabelle 2.6 (Fortsetzung)

Bereich	Kategorie	Merkmale
	Präsentation von gesprochener Sprache, Schrift- und Bildsprache	Kontiguitätsprinzip, Kohärenzprinzip, Redundanzprinzip
Erklärungen	Lernvoraussetzungen	Vorwissen, Orientierung an der Lebenswelt, Schüler*innenvorstellungen, Interessen
	Modelle und Analogien	Verständnis der Inhalte wird durch die angemessene Verwendung von Modellen und Analogien erleichtert.
	Beispiele	Beispiele in angemessenem Umfang, Vermeidung von Exkursen
	Bedeutungshinweise	Hervorhebung wichtiger Aspekte
Diskursive Positionierung	Beutelsbacher Konsens	Überwältigungsverbot, Kontroversitätsgebot, Schüler*innenorientierung
	Angaben zum Angebot	Diversität der Verfassenden, evtl. Anbieter*innen, Motivation und Interesse, Erkennen und Aufarbeiten von Medieneinflüssen
	Heterogenität	Vermeidung einseitiger Zuschreibungen, Repräsentation von Pluralität
Interaktions- und Integrationsmöglichkeiten	Segmentierung	Pausen sind vorgegeben oder können eigenständig gesetzt werden.
	Interaktive Elemente	Hyperlinks z. B. mittels QR-Codes, Elemente wie Tool-Tipps, Selbsttests, Abstimmungen
	Anschließende Lernaufgaben	Das Erklärte kann selbstständig vertieft werden und Lernaktivität wird angeregt.

Über die empirische Untersuchung ihres Kriterienrasters stellten Haltenberger et al. (2022) fest, dass von Lehramtsstudierenden vor allem die fachliche Klärung und die didaktische Strukturierung als zentrale Kriterien für gute Erklärvideos gesehen wurden. Bei der Bewertung studentischer Erklärvideos bemerkten die Verfasser*innen, dass „Schüler*innenvorstellungen […] nur von sehr wenigen

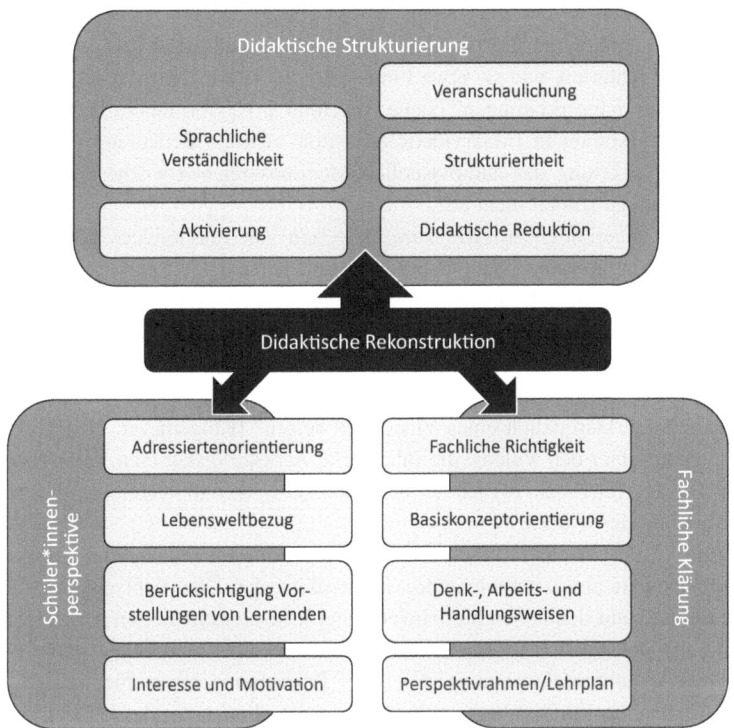

Abbildung 2.11 Modell der Didaktischen Rekonstruktion mit den integrierten Qualitätskriterien von Erklärvideos (Haltenberger et al., 2022, S. 141). (Eigene Darstellung)

Studierenden explizit berücksichtigt oder direkt angesprochen" wurden (Haltenberger et al., 2022, S. 144). Welche Kriterien für Sachunterrichtslehrkräfte in der Praxis relevant sind, wenn sie Erklärvideos für den Unterricht auswählen, soll auch im Rahmen des Forschungsvorhabens in dieser Arbeit thematisiert werden.

Insgesamt betrachtet lassen sich über die Kriterienkataloge hinweg viele Gemeinsamkeiten feststellen, etwa die Fragen nach der Zielgruppe, der korrekten Wiedergabe wissenschaftlicher Sachverhalte und der Strukturierung von Inhalten. Auch die didaktische Reduktion wird in einigen der vorgestellten Kriterienkataloge explizit benannt. Aus lernpsychologischer Sicht ist vor allem die Frage nach der Aktivierung der Lernenden bzw. nach weiterführenden Interaktionsmöglichkeiten mit dem Lerngegenstand von Bedeutung, auch dieser Bereich

wird in fast allen Kriterienkatalogen erwähnt. Hier zeigt sich auch der Mehrwert der genannten Kriterienraster für die Bewertung von Erklärvideos gegenüber
allgemeinen Kriterien, wie sie etwa Findeisen (2017) mit seinen „Qualitätskriterien von Unterrichtserklärungen" (siehe Abschnitt 2.3.2) formuliert. Dem Prozess
des Erklärens kommt in Erklärvideos zwar eine zentrale Bedeutung zu, für die
qualitative Bewertung des audiovisuellen Mediums reichen solche allgemeinen
Kriterienkataloge jedoch nicht aus.

Die hier angeführten Ansätze zum Bewerten von Erklärvideos geben einen
Überblick über relevante Qualitätskriterien und können für Lehrkräfte Anhaltspunkte bei der Auswahl qualitativ hochwertiger Videos für den Unterricht
darstellen. Anders verhält es sich, wenn sich Lehrer*innen bei der Auswahl der
Videos auf Likes oder Aufrufzahlen verlassen. Hier konnte empirisch gezeigt
werden, „dass die Likes, die Aufrufe oder die Betrachtungsdauer keinen Zusammenhang zur Erklärqualität eines Videos aufweisen" (Kulgemeyer, 2019, S. 74).
Kommentare unter den Videos, die inhaltliche Aspekte diskutieren, seien Kulgemeyer zufolge (2019, S. 74) jedoch durchaus „ein guter Indikator für eine hohe
Erklärqualität des Videos".

Gaubitz (2021, S. 217) beschreibt die „Bedeutung der Qualitätsprüfung von
Bildungsmedien als konstituierendes Element in der Unterrichtsplanung" und
verdeutlicht damit den hohen Stellenwert einer kritisch-reflektierten Auseinandersetzung mit potenziellen Unterrichtsmedien – hier konkret mit Erklärvideos – im
Zuge der Sachunterrichtsplanung. Nach der Betrachtung unterschiedlicher Qualitätskriterien für Erklärvideos stellt sich nun die Frage, aus welchen Quellen
Lehrer*innen Erklärvideos für den Sachunterricht beziehen können – sofern sie
ihre Videos nicht selbst produzieren. Im folgenden Kapitel wird dieser Frage
nachgegangen.

2.3.6 Bezugsquellen für sachunterrichtliche Erklärvideos

Eine erste Anlaufstelle bei der Suche nach geeigneten Erklärvideos stellen für
viele Lehrer*innen und Schüler*innen bekannte Online-Videoportale dar, allen
voran YouTube (mpfs, 2021). Auch Dorgerloh und Wolf (2019, S. 186) halten
fest, dass „ein Großteil der relevanten Angebote in kommerzialisierten Kontexten wie YouTube oder hinter den Paywalls privater Anbieter" zu finden sei. Der
Trend zur Nutzung von YouTube als Erklärvideo-Lernplattform müsse in diesem
Zusammenhang jedoch durchaus kritisch hinterfragt werden, handle es sich bei
YouTube doch in erster Linie „um eine kommerzielle Plattform, die Werbeein-
nahmen maximieren will[,] und keine altruistische Lernplattform" (Karsten D.

Wolf in Dorgerloh & Wolf, 2019, S. 56). In Abschnitt 2.3.8 wird dieses Thema erneut aufgegriffen und diskutiert.

Neben großen, weltweit genutzten Online-Videoportalen entstanden infolge der zunehmenden Beliebtheit von Erklärvideos auch Angebote, die sich ausschließlich auf das Medium Erklärvideo beschränken. Hierbei lässt sich zwischen nicht-kommerziellen und kommerziellen Anbietern unterscheiden. Als prominentes Beispiel eines frei zugänglichen Erklärvideo-Portals kann die „Khan Academy" genannt werden. Die von Sal Khan gegründete Onlineplattform gilt als das erste Erklärvideo-Portal der Welt (P. Anders et al., 2019). Auf der Website der Khan Academy finden sich neben einer großen Anzahl englischsprachiger Videos auch einige deutschsprachige Erklärvideos (Khan Academy, o. J.). Auch TED[16], ein Veranstalter von Innovationskonferenzen, bietet auf seiner Website „TED-Ed" selbst produzierte Erklärvideos an. TED-Ed stellt seine aufwendig produzierten Erklärvideos – manche davon auch in deutscher Sprache – im Internet frei zugänglich zur Verfügung (TED-Ed, o. J.). Bei den kommerziellen Anbietern ist für den deutschsprachigen Raum vor allem das Unternehmen „Sofatutor" von Relevanz für die Grundschule. Auf dessen Website werden Erklärvideos für unterschiedliche Unterrichtsfächer angeboten, auch speziell für den Sachunterricht (Sofatutor, o. J.). Lehrer*innen können bei Sofatutor zum Zeitpunkt der vorliegenden Untersuchung einen kostenlosen Zugang beantragen, der ihnen den uneingeschränkten Zugriff auf alle Inhalte erlaubt, Lernende wiederum können nur über ein kostenpflichtiges Abo-Modell auf die Inhalte zugreifen. Begleitend zu den Videos stellt Sofatutor auch Übungsmaterialien und weiterführende Informationsangebote zum Download bereit.

Eine weitere Quelle für Erklärvideos stellen die Angebote von Schulbuchverlagen dar. Manche Verlage veröffentlichen ihre Inhalte kostenlos – z. B. über entsprechende YouTube-Kanäle – oder vergeben die Zugänge zu ihren Erklärvideos in Verbindung mit den entsprechenden Schulbüchern. Andere Verlage verkaufen ihre Erklärvideos hingegen (einzeln oder paketweise) in ihren Onlineshops (Auer, o. J.; Cornelsen, o. J.; Westermann, o. J.).

Auch öffentlich-rechtliche Fernsehsender stellen ihre Beiträge aus dem Bildungsfernsehen im Internet zur Verfügung. In vielen Fällen geschieht die Veröffentlichung über hauseigene Mediatheken oder über spezielle Mediatheken für Kinder, wie es z. B. bei den Lach- und Sachgeschichten der „Sendung mit der Maus" der Fall ist (WDR, o. J.). Um ein breiteres Publikum zu erreichen, teilen mache Sender ihre Inhalte – oder Teile davon – auch über entsprechende YouTube-Kanäle. „Die öffentlich-rechtlichen Sender können hier

---

[16] TED ist ein Akronym aus „Technology, Entertainment and Design" (TED, o. J.).

ihre Kompetenz, hochwertiges audiovisuelles Material zu produzieren und in fernseh- und onlinetauglichen Formaten umzusetzen, [...] einbringen" (Schlote, 2015, S. 23). Dorgerloh und Wolf (2019, S. 187) gehen mit ihrer Forderung nach einer umfassenden Zurverfügungstellung der produzierten Fernsehformate noch einen Schritt weiter und verlangen, dass „sämtliche Wissenssendungen des öffentlich-rechtlichen Fernsehens [...] mit CC0[17]-Lizenzen für Schulen bereitgestellt werden".

In Deutschland verteilen einige Bundesländer selbst produzierte Erklärvideos auch über deren Bildungsserver bzw. Landesmedienzentren (z. B. Landesinstitut für Schulqualität und Lehrerbildung Sachsen-Anhalt, o. J.; Landesmedienzentrum Baden-Württemberg, o. J.; Landesmedienzentrum Bayern, o. J.). Der Zugang zu diesen Videos ist dabei meist nur den Lehrer*innen des jeweiligen Bundeslandes gestattet. Auch das Institut für Film und Bild in Wissenschaft und Unterricht (FWU) stellt in seiner Mediathek Erklärvideos zur Verfügung (FWU, o. J.). Die dort veröffentlichten Inhalte können jedoch erst nach dem Erwerb einer Jahreslizenz genutzt werden. Dorgerloh und Wolf (2019, S. 187) fordern in diesem Zusammenhang die „Einrichtung eines zentralen Bundesbildungsservers inklusive einer nationalen Bildungsmediathek für Lerninhalte mit geregelten Nutzungsrechten statt 16 verschiedene Systeme".

Das österreichische Bildungsministerium betreibt in Kooperation mit dem Österreichischen Rundfunk (ORF) die Videoplattform „Edutube" (BMBWF, o. J.). Auf dieser Website können alle Lehrer*innen aus Österreich nach kostenloser Registrierung auf verschiedene audiovisuelle Bildungsmedien zugreifen, darunter ist auch eine Auswahl an Erklärvideos. Zusätzlich existieren – ähnlich wie in Deutschland – auch Angebote der Bildungsserver einzelner Bundesländer bzw. Bildungseinrichtungen.

Die verschiedenen Bezugsquellen und die damit einhergehenden Unterschiede hinsichtlich der Zugänglichkeit, Qualität und Quantität der Angebote verlangen von Lehrkräften differenzierte Herangehensweisen bei der Suche nach passenden Erklärvideos für die entsprechenden Unterrichtszwecke. Die große qualitative Bandbreite unterstreicht auch die Wichtigkeit von begründeten Qualitätskriterien, anhand derer Lehrer*innen eine entsprechende Beurteilung der gefundenen Videos vornehmen können. Wie Lehrkräfte bei der Beschaffung von Erklärvideos vorgehen, soll – wie auch die Strategien hinsichtlich der Qualitätsbewertung der

---

[17] „CC0" bedeutet, dass kein Copyright vorliegt, die Inhalte also „gemeinfrei" („Public Domain") sind und ohne Einschränkungen verwendet werden dürfen (Creative Commons, o. J.).

Videos – im Rahmen der empirischen Untersuchung in dieser Arbeit geklärt werden. Im nächsten Kapitel werden zunächst noch mögliche Einsatzszenarien für die Arbeit mit Erklärvideos im Unterrichtskontext betrachtet.

2.3.7   Einsatzmöglichkeiten von Erklärvideos im Unterricht

Um die Einsatzmöglichkeiten von Erklärvideos für Unterrichtszwecke auszuloten, hilft in einem ersten Schritt die Betrachtung der Frage, wer die potenziellen Gestalter*innen und wer die Rezipierenden von Erklärvideos sind. Tabelle 2.7 verdeutlicht, dass Erklärvideos nicht bloß als Lehrmedium in den Händen der Lehrer*innen liegen oder als Lern- bzw. Arbeitsmittel für Schüler*innen Einsatz im Unterrichtsgeschehen finden können. Auch der Produktionsprozess von Erklärvideos selbst bietet sich im Unterricht als vielschichtiger Lernanlass an. „Das Erstellen von Erklärvideos durch Schülerinnen und Schüler kann als vertiefende Lernstrategie verstanden werden. [...] Um ein Erklärvideo zu erstellen, muss man das zu Erklärende zuerst einmal selbst verstanden haben." (Wolf & Kulgemeyer, 2016, S. 37) Darüber hinaus würden die Medien- und die Kommunikationskompetenzen der Kinder und Jugendlichen geschult. Die einfach zu verstehenden technischen Grundvoraussetzungen ermöglichen es auch Grundschulkindern, selbst Videos zu erstellen. Die Gestaltung von Erklärvideos würde Kindern „einen idealen Rahmen für die Entwicklung der audio-visuellen Literalität des Erklärens und Präsentierens [bieten], welche im Kontext der [...] Diskussion um ‚new media literacy‘ und ‚21st-Century Skills‘ als eine zentrale Zukunftskompetenz zu verstehen ist" (Wolf & Kratzer, 2015, S. 30). In der Didaktik des Sachunterrichts wird hierfür der umfassendere Begriff der „digital literacy" gebraucht (Peschel, 2022).

Aus mediendidaktischer Perspektive lässt sich der Einsatz von Erklärvideos im Unterricht anhand der vier Konzepte der Medienverwendung betrachten (Tulodziecki, 2014):

a) Im Sinne des **Lehrmittelkonzepts** können Erklärvideos als Hilfsmittel für die Hand der Lehrkraft verstanden werden. Die Videos könnten z. B. zur Einführung in ein Thema, zur Zusammenfassung etc. vorgezeigt werden.

b) Gemäß dem **Arbeitsmittelkonzept** können Erklärvideos als Lernmaterialien für die selbstständige Beschäftigung der Kinder mit unterschiedlichen Inhalten bzw. zur Erarbeitung ebendieser eingesetzt werden.

c) Laut **Bausteinkonzept** können umfangreiche Erklärvideos mit ihrer eigenen didaktischen Struktur auch größere Teile des Unterrichtsgeschehens abdecken.

Tabelle 2.7 Einsatzmöglichkeiten von Erklärvideos (Wolf & Kulgemeyer, 2016)

		Produzierende	
		Lehrer*innen	**Schüler*innen**
Rezipierende	**Lehrer*innen**	Das Ansehen der Erklärvideos anderer Lehrkräfte kann Lehrenden zur persönlichen Weiterbildung dienen, z. B. zum Sammeln didaktischer Ideen.	Erklärvideos von Schülerinnen und Schülern können für Lehrer*innen ein diagnostisches Instrument darstellen.
	Schüler*innen	Erklärvideos von Lehrkräften können Lernenden zur Einführung in neue Themengebiete sowie zur Vertiefung und Wiederholung dienen.	Die Schüler*innen lernen einerseits durch die Aufbereitung eines Erklärprozesses für ihre Mitschüler*innen und andererseits durch die Inhalte der Videos anderer.

d) Im **Systemkonzept**, in dem der Unterricht durch Medienverbünde abgedeckt wird, können Erklärvideos einen Teil solcher Medienverbünde darstellen, die z. B. um Sachtexte und Lernspiele ergänzt werden.

Tulodziecki (2014, S. 424) hält hierzu fest, dass für die Primarstufe „vor allem die ersten drei Konzepte von Bedeutung" seien, „und von diesen insbesondere das Arbeitsmittelkonzept", da dem „selbsttätigen Lernen […] in der Grundschule ein hoher Stellenwert beigemessen" werde. Ein weiteres mediendidaktisches Konzept, welches noch stärker auf das selbsttätige Lernen abziele, beschreibt Tulodziecki (2014, S. 425) in Form des „**Lernumgebungskonzepts**": „Es soll – ausgehend von entwicklungsangemessenen Aufgaben bzw. Problem- und Fragestellungen – als Auseinandersetzung mit Lerninhalten in geeigneten Lernumgebungen organisiert werden. Elemente einer solchen Lernumgebung können u. a. verschiedene mediale Angebote sein […]." Erklärvideos könnten als Teil des Medienangebots in Lernumgebungen Kindern als Informationsquelle dienen bzw. zentrale Sachverhalte verständlich darstellen. Die Videos könnten dabei entweder von der Lehrkraft vorgegeben werden oder von den Lernenden selbst im Internet gesucht werden, z. B. über entsprechende Kindersuchmaschinen. Alternativ könnten die Kinder im Zuge der Auseinandersetzung mit einem

Thema oder einer Fragestellung auch ein eigenes Erklärvideo – als Produkt bzw. Dokumentation ihrer Arbeit – erstellen (Wolf & Kulgemeyer, 2016). Bei der Arbeit mit Erklärvideos sei jedoch zu beachten, dass „Erklärvideos […] – wie auch Lehrererklärungen – nicht per se lernwirksam [sind]; sie müssen geeignet in den Unterricht eingebettet werden" (Wolf & Kulgemeyer, 2016, S. 39). Bei klassischen Erklärungen ist die Lernwirksamkeit vor allem dann hoch, wenn die Lehrer*innen unmittelbar auf Fragen der Schüler*innen eingehen können. Dies ist in einem vorproduzierten Erklärvideo nicht möglich. Um dem Problem der fehlenden Interaktivität von Erklärvideos zu begegnen, haben Lehrer*innen allerdings unterschiedliche Handlungsmöglichkeiten: Eine Lösung stellt das Anbieten mehrerer unterschiedlich konzipierter Erklärvideos dar, aus denen die Schüler*innen selbst auswählen können. „Hier wechselt also bei Verständnisproblemen nicht der Erklärer den Erklärungsansatz – sondern der Rezipient den Erklärer bzw. Erkläransatz." (Wolf & Kulgemeyer, 2016, S. 39) Ein Weg, um Erklärvideos interaktiver zu gestalten und damit einer möglichen Passivität der Lernenden beim Ansehen der Videos entgegenzuwirken, wäre die Einbindung interaktiver Elemente an bestimmten Stellen der Videos. Dies kann etwa mithilfe des kostenlosen Tools „H5P" geschehen, über das Notizen, weiterführende Informationen, Fragen und Ähnliches in ein bestehendes Video eingebunden werden können (H5P, o. J.). Auch das in Abschnitt 2.2.3 angesprochene ICAP-Modell verweist darauf, dass die interaktive Beschäftigung mit einem Lernmedium einen höheren Lernzuwachs bedingt als eine passive Auseinandersetzung. Chi und Wylie zufolge (2014, S. 221) wären die unterschiedlichen Aktivitätskategorien in Hinblick auf das Lernen mit Erklärvideos folgende:

– Passives Betrachten: Das Anschauen des Erklärvideos erfolgt ohne ergänzende Aktivitäten.
– Aktive Beschäftigung: Das Erklärvideo wird von den Lernenden manipuliert (Pausieren, Vor- oder Zurückspulen).
– Konstruktive Gestaltung: Zentrale Konzepte bzw. Inhalte aus dem Video werden von Lernenden in eigenen Worten wiedergegeben.
– Interaktiver Austausch: Lernende kommunizieren mit einem Gegenüber über das Video, begründen ihre Standpunkte und arbeiten Besonderheiten der im Video behandelten Thematik heraus.

Wie bereits angesprochen, sollten Erklärvideos im Unterricht nie „allein stehen", sondern „immer durch Transfer- und Übungsphasen ergänzt werden" (Wolf & Kulgemeyer, 2016, S. 40). Erst dadurch könnten die Videos zu einem lernwirksamen Unterrichtsmedium werden. Bereits eine einfache Fragerunde im Anschluss an das gemeinsame Ansehen eines Erklärvideos kann Lernende zu einer vertiefenden Auseinandersetzung mit den Videoinhalten anregen. Alternativ könnten die Kinder auch dazu angehalten werden, die Inhalte des Videos in eigenen Worten wiederzugeben, womit auch der bereits angesprochenen Gefahr einer Verständnisillusion (siehe Abschnitt 2.3.2) entgegengewirkt werden könnte. Neben dem Einsatz in gebundenen Unterrichtsphasen bzw. in Freiarbeitsphasen könnten Erklärvideos auch für die Bearbeitung von Inhalten zu Hause eingesetzt werden. Hier könnten Erklärvideos z. B. als Teil eines „Flipped Classroom"-Unterrichtskonzepts dafür genutzt werden, dass sich die Schüler*innen außerhalb des Unterrichts „über das Erklärvideo Wissen an[eignen], das dann im Schulunterricht gemeinsam anwendungsbezogen vertieft und problematisiert wird" (P. Anders et al., 2019, S. 266). Ein Vorteil, den Erklärvideos hier bieten, ist die einfache Umsetzung von Differenzierungs- und Individualisierungsmaßnahmen, denn „der Pool an zur Verfügung stehenden Videos lässt dies bei vielen Themen leicht zu" (Wolf & Kulgemeyer, 2016, S. 40).

Nach der Betrachtung unterschiedlicher Möglichkeiten, wie Erklärvideos in den Unterricht eingebunden werden können, soll nun noch ein Blick auf kritische Aspekte des Einsatzes audiovisueller Unterrichtsmedien geworfen werden. Über die Darstellung des wissenschaftlichen Diskurses hierzu soll geklärt werden, was gegen einen Einsatz von Erklärvideos im Sachunterricht sprechen könnte.

2.3.8   Kritik am Einsatz audiovisueller Unterrichtsmedien

Der anhaltende Trend hin zu einer verstärkten Nutzung audiovisueller Lehr- und Lernmedien und die damit einhergehende potenzielle Bevorzugung gegenüber anderen Unterrichtsmedien machen auch eine kritische Betrachtung dieser Entwicklungen erforderlich. Die mediendidaktische Forschung beschäftigt sich in Hinblick auf Erklärvideos – wie auch bei anderen Unterrichtsmedien – mit der Frage, was das Medium zu leisten vermag und wo mögliche Probleme im schulischen Einsatz liegen könnten. In diesem Kapitel sollen kritische Aspekte der Hinwendung zu audiovisuellen Medien diskutiert werden.

Wie bereits in der Einleitung (Abschnitt 1.1) erwähnt, sieht Schneider (2018, S. 200) ein allgemeines Problem bildungstechnologischer Trends darin, dass „sie sich vor allem auf das Machbare und nicht auf das didaktisch Sinnvolle konzentrieren". Auch Weidenmann (1996) hält fest, dass die didaktische Gestaltung bzw. die Instruktionsmethode für den Lernerfolg grundsätzlich wichtiger sei als das Instruktionsmedium. Vor diesem Hintergrund ist auch die in dieser Arbeit verfolgte Fragestellung nach dem didaktischen Umgang mit dem audiovisuellen

Medium Erklärvideo zu verorten. Dennoch ist der Blick auf Möglichkeiten und Grenzen des Mediums selbst von Bedeutung bzw. eine Betrachtung jener Medien, die durch die Hinwendung zu audiovisuellen Medien seltener eingesetzt werden. Hierzu nennt Schneider (2018, S. 206) einige entscheidende Vorteile textbasierter Unterrichtsmedien, die im Zuge der zunehmenden Verwendung audiovisueller Medien ins Hintertreffen geraten sind: „Qualifizierte Lernende lesen etwa dreimal so schnell, wie gesprochene Informationen abgegeben werden. Überdies kann man zwar ‚Querlesen ‘ [,] aber nicht ‚Querhören‘.“ Dieses Argument mag für die Primarstufe weniger Gewicht haben als für Lernende der Sekundarstufe, dennoch zeigt sich, dass auch textbasierte Unterrichtsangebote entscheidende Vorteile gegenüber audiovisuellen Medien haben, gerade wenn es um die Steuerung der Informationsaufnahme geht.

Renkl et al. (2006) halten als weiteren Kritikpunkt fest, dass Lernende bei instruktionalen Erklärungen – die auch ein wesentlicher Bestandteil von Erklärvideo sind – eine passive Rezipierendenhaltung einnehmen könnten, die sich wiederum negativ auf den Lernerfolg auswirken kann (siehe dazu Abschnitt 2.3.2). Preuß und Kauffeld (2019, S. 407) halten in diesem Zusammenhang fest, dass beim Betrachten von Erklärvideos durchaus „die Gefahr der zu passiven Haltung (‚lean back‘) der Lernenden aufgrund mangelnder Interaktivität“ bestehe. Eine mögliche Lösung sehen sie unter anderem darin, die Lernenden „einen individuellen Weg durch mehrere verknüpfte Videos bahnen“ zu lassen (Preuß & Kauffeld, 2019, S. 407).

In diesem Kontext ist auch ein strukturimmanentes Problem von Erklärvideos erwähnenswert: „Erklären geht eigentlich nur als dialogischer Prozess, ist also ein ständiges Rückversichern: Verstehen die Lernenden die Begriffe, entwickeln sie korrekte Modelle, ziehen sie die richtigen Schlüsse draus.“ (Karsten D. Wolf in Dorgerloh & Wolf, 2019, S. 121) Dies ist bei einem vorproduzierten Erklärvideo nicht möglich und muss dementsprechend bereits bei den pädagogisch-didaktischen Vorüberlegungen hinsichtlich der Einbindung der Videos ins Unterrichtsgeschehen berücksichtigt werden. Andernfalls könnten Erklärvideos bei den Kindern u. a. zu einer „illusion of knowing“ (Glenberg et al., 1982) führen[18]. „The illusion of knowing is the belief that comprehension has been attained when, in fact, comprehension has failed.“ (Glenberg et al., 1982, S. 597) Die „illusion of knowing“ beschreibt also die Diskrepanz zwischen dem subjektiven Gefühl, informiert zu sein bzw. über einen Sachverhalt Bescheid zu wissen, und dem objektivierbaren Grad des tatsächlich vorhandenen

---

[18] Renkl et al. (2006) verwenden für die „illusion of knowing“ den Begriff Verständnisillusion (siehe Abschnitt 2.3.2).

Wissens, etwa wenn es darum geht, das Wissen in der Praxis anzuwenden. Es konnte nachgewiesen werden, dass diese Verständnisillusion gerade bei der Nutzung audiovisueller Medien sehr hoch sein kann: Bei einer Untersuchung von über 800 Rezipierenden von Informationssendungen wurde festgestellt, dass nur 20 % der Inhalte tatsächlich behalten wurden. „Im krassen Gegensatz dazu steht die Meinung von 80 Prozent der Zuschauer, die Sendungen seien informativ und verständlich." (Weidenmann, 2006, S. 455) Hier sei die Lehrkraft gefragt, die Verstehensprozesse der Kinder zu diagnostizieren und darauf gezielt zu reagieren. „Diese Verantwortung nimmt einer Lehrkraft auch das beste Video nicht ab." (Kulgemeyer, 2019, S. 75)

Audiovisuelle Medien sind als Subkategorie digitaler Medien auch mit allgemeinen Vorwürfen hinsichtlich der „Unterlegenheit" medienvermittelter Wahrnehmungen konfrontiert: „Digitale Medien ermöglichen den vereinfachten, medienvermittelten Zugriff auf Natur und Kultur. Diese Form der digitalen Substitution […] wird aber gegenüber der multisensoriellen Wahrnehmung einer analogen und kopräsenten Realität als prinzipiell minderwertig eingeordnet" (Wolf, 2018, S. 100). Gerade in reformpädagogischen Unterrichtssettings würde digitalen Medien deshalb vielfach Ablehnung entgegengebracht (Wolf, 2018).

Auch die Frage nach der Nachhaltigkeit audiovisueller Bildungstechnologien wird kritisch betrachtet:

> „Ein weiterer Nachteil von Video als Bildungstechnologie ist, dass die großen Datenmengen, die es für das Streaming von Videos braucht, nicht besonders gut für die Umwelt sind. Ist die Bereitstellung von Erklärvideos in 20 Jahren noch nachhaltig […]? Viele der Informationen könnte man ja auch mit deutlich geringeren Datenraten als Text und Bilder vermitteln. Müssen es immer Videos sein?", fragt hierzu etwa Neil Selwyn (in Dorgerloh & Wolf, 2019, S. 61).

Wenn es darum geht, Erklärvideos für den Unterricht selbst zu produzieren, müsse wiederum kritisch hinterfragt werden, „ob der zusätzliche Aufwand [hinsichtlich Kosten bzw. Zeit, S. M.] in einem vertretbaren Verhältnis zum zusätzlichen Lernerfolg" stehe (Schneider, 2018, S. 206). Auch bei professionellen Erklärvideoproduktionen bestehe die Gefahr, dass die zur Verfügung stehenden Mittel nicht didaktisch sinnvoll bzw. zielführend eingesetzt werden: „Offensichtlich wird die mediale Gestaltung häufig von Medienexperten betreut, die eher aus der Werbung als aus dem didaktischen Bereich kommen. […] Das heißt, mit großem finanziellem Aufwand wird eine didaktisch völlig sinnlose Situation illustriert, die auch nicht anschlussfähig ist." (Schneider, 2018, S. 206) Und selbst bei gestalterisch gelungenen Erklärvideos müsse Schneider zufolge (2018, S. 206) die Frage gestellt werden, inwiefern „der Aufwand den zusätzlichen Nutzen rechtfertigt".

Ein weiterer Kritikpunkt betrifft die oft mangelhafte Qualität von Erklärvideos. Die große Auswahl und die thematische und gestalterische Vielfalt bergen hier auch eine Reihe von Gefahren: „Fachliche Fehler finden sich genauso wie schlechte Vermittlungskonzepte, umständliche Erklärungsansätze sowie unpassende Metaphern" (Dorgerloh & Wolf, 2019, S. 9). Schmeinck (2023, S. 220) kritisiert in diesem Zusammenhang das Fehlen einer Qualitätskontrolle etwa auf YouTube, weshalb sich dort „zahlreiche Videos [finden], in denen z. B. falsche Daten, fehlerhafte Informationen o.Ä. vermittelt werden". Den Vorwurf der mangelnden Qualität müssen sich jedoch nicht nur selbst produzierte Erklärvideos auf YouTube gefallen lassen, sondern auch jene von mehrfach ausgezeichneten Anbietern wie z. B. der Khan-Academy. „Eine Analyse zufällig ausgewählter Videos [...] zeigt allerdings Realisierungen, die weder technisch noch didaktisch als gelungen bezeichnet werden können." (Schneider, 2018, S. 204) Auch die Ansicht einiger Lehrkräfte, YouTube wäre aufgrund der vielen verfügbaren Erklärvideos mit einer Lernplattform gleichzusetzen, sollte kritisch hinterfragt werden. „Wenn man etwas lernen möchte und dazu einen Suchbegriff auf YouTube eingibt, produziert YouTube eine geordnete Liste von Suchresultaten. Damit entsteht ein algorithmisches Curriculum, weil die überwiegende Mehrheit der Benutzer/innen die ersten Einträge auf dieser Liste öfter anklickt als weiter unten angezeigte Videos." (Karsten D. Wolf in Dorgerloh & Wolf, 2019, S. 56) Neben einem Algorithmus, der die Videos nach kommerziellen Interessen und persönlichen Vorlieben sortiert, steht auch der „YouTube-Stil" in der Kritik: „Teilweise wird an YouTube-Erklärvideos kritisiert, dass der Unterhaltungswert vor den eigentlichen Erklärwert gestellt wird, um mehr Videoaufrufe zu bekommen." (Karsten D. Wolf in Dorgerloh & Wolf, 2019, S. 57) Diesen ungeschriebenen Regeln würden sich viele Erklärvideo-Gestalter*innen – ungeachtet deren didaktischer Sinnhaftigkeit – unterwerfen, „um den Erwartungen des Publikums auf YouTube zu entsprechen" (Neil Selwyn in Dorgerloh & Wolf, 2019, S. 57).

Zudem würden sich „Grenzen von Erklärvideos" (Karsten D. Wolf in Dorgerloh & Wolf, 2019, S. 125) auch hinsichtlich der Unterrichtsinhalte feststellen lassen. Nicht alle Themengebiete würden sich für die Aufbereitung bzw. Darstellung in Form eines Erklärvideos gleichermaßen eignen, manches könne z. B. in Textform besser erfasst werden. „Videos haben immer da einen großen Vorteil, wo es um Prozesse geht. In einem zeitabhängigen Medium kann ich eben Prozesse besonders gut darstellen." (Christian Spannagel in Dorgerloh & Wolf, 2019, S. 125)

Mit diesem Exkurs zu kritischen Aspekten der Nutzung von Erklärvideos wird die theoretische Betrachtung des audiovisuellen Unterrichtsmediums abgeschlossen. Das folgende Kapitel fasst die zentralen Erkenntnisse der bisher erfolgten theoretischen Auseinandersetzung mit dem Forschungsgegenstand zusammen.

2.4   Zusammenfassende Überlegungen

„Erklärvideos tragen zu einer gemeinsamen und diskursiven Erschließung von Wissen und Handlungsräumen in einer kreativen und spielerischen Weise bei, welche neue Bildungswege eröffnen." (Wolf, 2015a, S. 36)

Die Ausführungen zum Sachunterricht, zum Lehren und Lernen mit Medien allgemein und speziell zum Unterrichtsmedium Erklärvideo geben bereits Anhaltspunkte dafür, wie der Umgang mit dem audiovisuellen Medium im Sachunterricht erfolgen kann. Die theoretischen Betrachtungen verdeutlichen einerseits Möglichkeiten, die der Einsatz von Erklärvideos für den Sachunterricht eröffnen kann, andererseits aber auch erste Grenzen eines didaktisch sinnvollen Umgangs mit dem Medium. Anhand von vier Fragestellungen sollen nun zentrale Erkenntnisse zusammengefasst werden. Diese Erkenntnisse stellen mit den Ergebnissen der empirischen Untersuchung wichtige Bezugspunkte für die abschließende Betrachtung der didaktischen Zweckmäßigkeit des Erklärvideoeinsatzes im Sachunterricht dar (siehe Abschnitt 4.2).

2.4.1   Erklärvideos als Mittel zur Welterschließung?

Zu Beginn von Abschnitt 2.1 wurde der zentrale Bildungsauftrag des Sachunterrichts thematisiert. Im Zentrum steht dabei der Leitgedanke, das Fach solle einen grundlegenden Beitrag zur Allgemeinbildung der Heranwachsenden leisten. Sachunterrichtsdidaktiker*innen sehen die Aufgabe des Sachunterrichts darin, Kindern eine Unterstützung bei der Erschließung ihrer Lebenswelt und der darin auftretenden Phänomene zu geben. Anders als in der Sekundarstufe, wo die Domänen, die im Sachunterricht vereint sind, in einzelne Fachgegenstände aufgegliedert werden, bietet der Sachunterricht in der Volks- bzw. Grundschule die Möglichkeit, bereichsübergreifend und -verbindend zu arbeiten und relevante Themen aus unterschiedlichen Perspektiven zu beleuchten. Wenn die Erschließung der Lebenswelt bzw. das Lernen über diese – im Sinne einer konstruktivistischen Sicht auf das Lernen – ausschließlich durch die Lernenden selbst erfolgen kann, benötigen die Kinder neben der Unterstützung und Anleitung durch die Lehrkraft vor allem auch qualitätsvolle Arbeitsmittel, mit denen sie sich zentrale Inhalte selbstständig erarbeiten können. Für die Umsetzung anregender Lernumgebungen sind didaktisch gut aufbereitete Unterrichtsmedien von zentraler Bedeutung. In Hinblick auf das Medium Erklärvideo stellt sich damit die Frage, was das audiovisuelle Unterrichtsmedium als Mittel zur Welterschließung für die Lernenden zu leisten vermag.

Didaktisch und gestalterisch gut aufbereitete Erklärvideos können für Kinder eine Unterstützung darstellen, lebensweltliche Phänomene und Zusammenhänge bewusst wahrzunehmen und Schritt für Schritt zu durchdringen, was einer zentralen Aufgabe des Sachunterrichts – „Über Bestehendes aufklären – Verstehen unterstützen" (Kahlert, 2022, S. 26) – entspricht. Vor allem hinsichtlich der Darstellung von Sachverhalten, die sich nicht unmittelbar beobachten lassen, kann durch Erklärvideos „das ‚Nicht-Sichtbare sichtbar' gemacht" werden (Rumpf & Winter, 2019, S. 6). Neben dem Vermitteln von Faktenwissen ist unter anderem auch das Anbahnen entsprechender Einstellungen und Haltungen Aufgabe des Sachunterrichts. Hierzu konnte in lernpsychologischen Untersuchungen festgestellt werden, dass sich Filmmedien besonders für den Transport von Emotionen eignen (Sailer & Figas, 2015; Wolf, 2015b). Entsprechende Erklärvideos können demnach auch ein begleitendes Medium für die Entwicklung von Haltungen und Einstellungen der Kinder gegenüber ihrer Sachwelt oder ihrer sozialen Umwelt darstellen. Damit kann mit Erklärvideos auch ein Beitrag zur Persönlichkeitsbildung der Kinder geleistet werden. Auch Kahlerts (2022, S. 26) Anspruch, der Sachunterricht müsse Kinder „[f]ür Neues öffnen" und ihnen die Entwicklung neuer Interessen ermöglichen, lässt sich über entsprechend aufbereitete Erklärvideos anbahnen. Der Umstand, dass Tutorials auf YouTube und anderen Online-Videoportalen ein beliebtes Subgenre von Erklärvideos darstellen (Wolf, 2015c), verdeutlicht, dass das audiovisuelle Medium auch dazu genutzt wird, konkrete Handlungsanweisungen zu erlernen. Erklärvideos können im Sachunterricht demnach auch beim Aufbau konkreter Fertigkeiten Einsatz finden.

Wie die Ausführungen verdeutlichen, kann dem audiovisuellen Unterrichtsmedium Erklärvideo im Sachunterricht eine unterstützende Funktion bei der Umsetzung grundlegender Aufgaben und Ziele des Unterrichtsfachs zukommen. Erklärvideos, die unter Berücksichtigung der in Abschnitt 2.3.5 behandelten Qualitätskriterien gestaltet sind, können Kinder sowohl bei der Anbahnung sachbezogener Verstehensprozesse unterstützen als auch einen Beitrag für die Persönlichkeitsentwicklung der Lernenden leisten. Damit kann das audiovisuelle Medium den Kindern Einsichten eröffnen und ihnen als Hilfestellung dienen, sich zunehmend besser in ihrer Lebenswelt zu orientieren bzw. diese in weiterer

Folge auch aktiv mitzugestalten. Ob Sachunterrichtslehrer*innen eine derartige Sichtweise auf das Unterrichtsmedium Erklärvideo teilen, soll im Rahmen der qualitativ-empirischen Untersuchung beforscht werden. Im nächsten Teil wird der Frage nachgegangen, inwiefern Erklärvideos als didaktisches Werkzeug im Zuge der Unterrichtsgestaltung genutzt werden können.

2.4.2 Erklärvideos als didaktisches Werkzeug?

Wie soeben beschrieben, können Erklärvideos für Lernende ein unterstützendes Medium bei der Erschließung ihrer Lebenswelt darstellen. Doch auch für Lehrkräfte kann das Unterrichtsmedium als Werkzeug dienen, wenn es darum geht, einen Sachunterricht zu gestalten, der seinem umfassenden Bildungsanspruch gerecht zu werden versucht. Gerade wenn Lehrer*innen versuchen, die wechselseitige Berücksichtigung der vier leitenden Prinzipien des Sachunterrichts nach Köhnlein (1996) sicherzustellen, könnten Erklärvideos ein nützliches Instrument sein:

- Kindgemäßheit: Die Vielfalt verfügbarer Erklärvideos ermöglicht es Lehrkräften, eine Medienauswahl zu treffen, die dem Entwicklungsstand, den Bedürfnissen, Vorerfahrungen und Interessen der Lernenden entspricht. Zusätzlich nutzen die Möglichkeiten der synchronen Repräsentation visueller und auditiver Signale die verfügbaren Verarbeitungskanäle des menschlichen Gehirns in optimaler Weise.
- Sachgemäßheit: Qualitätsvolle Erklärvideos können durch ihre Gestaltungscharakteristika Lerninhalte so aufbereitet darstellen, dass sie den Kindern wissenschaftliche Erkenntnisse nicht bloß „überstülpen, sondern [...] mit ihnen Wege gehen, die sie zu Einsichten führen, die sich auch in den Wissenschaften als tragfähig erweisen" (Köhnlein, 1996, S. 56). Unterschiedliche Visualisierungsvarianten in der Ausgestaltung der Erklärvideos könnten dazu beitragen, komplexe oder abstrakte Sachverhalte der kindlichen Lebens- und Erfahrungswelt nachvollziehbar und in verständlicher Form zu vermitteln. Lehrer*innen, die zu einem bestimmten Thema wenig Wissen haben, können Erklärvideos einsetzen, um die Richtigkeit und Zielgenauigkeit von Erklärprozessen sicherzustellen.
- Exemplarität: Erklärvideos können auch für die „Konzentration des Unterrichts auf das an Beispielen grundlegend erfahrbare Wesentliche" genutzt werden (Köhnlein, 1996, S. 59). Das audiovisuelle Medium kann bei exemplarisch ausgewählten Themen unter anderem dafür dienen, grundlegende

Kategorien und Muster zu verdeutlichen bzw. zu veranschaulichen und Kinder damit im Sinne der kategorialen Bildung beim Aufbau von Strukturwissen zu unterstützen (Einsiedler, 1992; Klafki, 2007).

– Genetische Orientierung: In diesem Zusammenhang zeigen sich hinsichtlich der doppelten Anschlussaufgabe des Sachunterrichts mehrere denkbare Einsatzszenarien für das audiovisuelle Medium. Einerseits könnten unterschiedliche Erklärvideos zur Verfügung gestellt werden, um an die individuellen Lernvoraussetzungen der Schüler*innen anzuknüpfen. Damit würde der Forderung Köhnleins (1996, S. 61 f.) Rechnung getragen, wonach „die Erfahrungen, Vorkenntnisse und Überlegungen der Lernenden konstruktiv" aufgenommen werden, um „einen Gegenstandsbereich produktiv zu bewältigen". Auf der anderen Seite lässt sich durch die Erklärvideos auch eine zunehmende „Fächerung" der Inhalte vorbereiten und – ergänzend zur Darstellung vielperspektivischer Zugänge – die Vielfalt einzelfachlicher Arbeitsweisen zeigen, was wiederum eine Anschlussfähigkeit an die Bezugsdisziplinen und Fächer weiterführender Schulformen ermöglichen kann.

In der Unterrichtsgestaltung können Erklärvideos didaktisch vielseitig eingesetzt werden, in Abschnitt 2.3.7 wurde darauf bereits eingegangen. Die verschiedenen Einsatzbereiche, die hohe Verfügbarkeit an frei zugänglichen Erklärvideos und die zunehmend einfacher werdenden technologischen Möglichkeiten, Erklärvideos selbst zu erstellen, machen das Medium zu einem beliebten Unterrichtsmittel. Fragen nach den pädagogischen Motiven und konkreten didaktischen Überlegungen hinter dem Erklärvideoeinsatz sollen im Rahmen der empirischen Untersuchung beantwortet werden. Doch Erklärvideos können nicht nur ein didaktisches Werkzeug darstellen, sondern auch eine unterstützende Funktion bei der Gestaltung des Sachunterrichts haben. Im Folgenden soll darauf genauer eingegangen werden.

2.4.3 Erklärvideos als Unterstützungssystem für Lehrkräfte?

Der Sachunterricht und seine Didaktik stellen ein komplexes und herausforderndes Betätigungsfeld für Volks- bzw. Grundschullehrer*innen dar. Zur Umsetzung der breit gefächerten Aufgaben und Ziele benötigen Lehrkräfte Unterstützungssysteme unterschiedlicher Art. Neben klassischen Fort- und Weiterbildungsangeboten für Lehrkräfte können auch mediale Angebote – und hier speziell Erklärvideos – eine schnell verfügbare Hilfestellung bei der Ausgestaltung und Verbesserung sachunterrichtlicher Lehr- und Lernprozesse darstellen.

Erklärvideos können Sachunterrichtslehrkräften z. B. dazu dienen, verschiedene Erkläransätze zu einem speziellen Themenbereich kennenzulernen, um daraus den für die entsprechenden unterrichtlichen Rahmenbedingungen am besten geeigneten Ansatz für die eigene Klasse auszuwählen. Durch die Analyse gestalterischer Aspekte spezieller Erklärvideos können Lehrkräfte auch Möglichkeiten hinsichtlich der Veranschaulichung spezieller Inhalte für den eigenen Unterricht ableiten. Erklärvideos anderer Lehrer*innen können zum Sammeln didaktischer Ideen genutzt werden, die wiederum den eigenen Sachunterricht bereichern. „Man schaut sich an, wie Kollegen ein Thema präsentieren, einführen, erklären, welche Experimente durchgeführt werden, welche Metaphern verwendet und welche Argumente genutzt werden." (Wolf & Kulgemeyer, 2016, S. 36)

Online-Videoportale wie YouTube bieten die Möglichkeit, mit den Erstellenden von Erklärvideos Kontakt aufzunehmen und in einen informellen Austausch zu treten. Bei offenen Fragen können die Lehrer*innen damit gegebenenfalls direkt mit den Erklärvideo-Produzierenden sprechen. Mittels Kommentarfunktion unter den Videos können sich auch Interessierte finden, die miteinander spezielle Themen (weiter-)diskutieren und sich vernetzen. Gute Erklärvideos können in Linksammlungen gespeichert und in der Schule, im Bekanntenkreis oder – z. B. über Online-Bookmarking-Dienste – im Internet zur Verfügung gestellt werden bzw. ausgetauscht werden (Wolf & Kulgemeyer, 2016).

Bisher wurde empirisch noch nicht untersucht, ob bzw. wie Sachunterrichtslehrer*innen von Erklärvideos anderer Lehrkräfte lernen bzw. inwiefern sie die Videos für ihre unterrichtlichen Vorbereitungszwecke nutzen. Auch dieser Frage soll im Zuge der empirischen Studie in dieser Arbeit nachgegangen werden. Vorab soll aber noch geklärt werden, ob Erklärvideos grundsätzlich als lernförderliche Technologie betrachtet werden können.

2.4.4 Erklärvideos als lernförderliche Bildungstechnologie?

Bei der Bewältigung der thematischen Vielfalt des Sachunterrichts, die sich aufgrund der unterschiedlichen Bezugsdisziplinen und Aufgabenfelder ergibt, spielen Lehr- und Lernmedien eine zentrale Rolle. Hinsichtlich der Betrachtung des Unterrichtsmediums Erklärvideo stellt sich in diesem Kontext die Frage, inwieweit das audiovisuelle Medium kindliche Lern- und Verstehensprozesse unterstützen kann – vorausgesetzt, die ausgewählten Erklärvideos sind entsprechend qualitätsvoll gestaltet.

Im Verlauf der vorangegangenen theoretischen Auseinandersetzung wurde auf das Lernen mit Medien eingegangen. Die Erkenntnisse entwicklungs- bzw.

kognitionspsychologischer Untersuchungen zeigen, warum audiovisuelle Medien eine unterstützende Wirkung bei Lernprozessen entfalten können: Erklärvideos gehören zur Gruppe der multimedialen Lehr- bzw. Lernmittel, das heißt, sie können durch die multimodale Darstellungsweise der Inhalte unterschiedliche Sinnesmodalitäten (visuell und auditiv) gleichzeitig ansprechen, für die im Gehirn auch zwei separate Verarbeitungskanäle zur Verfügung stehen (Mayer, 2014a). Die audiovisuellen Medien entsprechen damit in idealer Weise den elementaren Informationsaufnahme- und -verarbeitungsprozessen des menschlichen Gehirns. Inwiefern Erklärvideos dieses Potenzial auch nutzen und entfalten können, hängt jedoch von der Gestaltung der Videos (siehe dazu Abschnitt 2.3.4) und von deren entsprechender Einbettung in das Unterrichtsgeschehen ab (siehe Abschnitt 2.3.7). Ein zentraler Aspekt, der hinsichtlich eines lernförderlichen Medieneinsatzes immer wieder genannt wird, ist die Wichtigkeit einer unmittelbaren Weiterverarbeitung der medial vermittelten Inhalte in anschließenden Unterrichtsaktivitäten. Damit soll verhindert werden, dass die Lernenden bloß eine passive Rezipierendenhaltung einnehmen (Renkl et al., 2006), sondern es soll ihnen der Weg dafür geebnet werden, sich die Themen aktiv, selbstständig und handlungsorientiert zu erschließen. Auch Lernpotenziale, die sich daraus ergeben, wenn die Schüler*innen selbst den Erstellungsprozess eines Erklärvideos durchlaufen, wurden im Zuge der Aufarbeitung des gegenwärtigen Forschungsstands diskutiert.

Ein lernförderliches Potenzial, das der Einsatz von Erklärvideos heben kann, betrifft eine stärkere Adaptierbarkeit von Lernmedien. Durch das Bereitstellen von Videos auf unterschiedlichen Niveaustufen bekommen Lernende die Möglichkeit, „bedürfnis- und kenntnisorientiert eigene Lernwege festzulegen" (Herzig, 2008, S. 522) und sich die für ihre Vorerfahrungen und Zwecke passenden Erkläransätze selbst auszuwählen. Erklärvideos können in diesem Kontext auch zu einer „Dezentralisierung [...] von Lernorten" (Herzig, 2008, S. 522) beitragen, indem sie sich ortsunabhängig – z. B. auch von zu Hause aus – aufrufen lassen, wie es etwa im Zuge der Coronapandemie verstärkt der Fall war. Auch Zander et al. (2020, S. 248) sind der Meinung, Erklärvideos würden „erweiterte Möglichkeiten hinsichtlich der Erreichbarkeit, der zeit- und ortsunabhängigen Abrufbarkeit und damit der Individualisierung und Flexibilisierung von Bildungsangeboten" bieten. Die in Abschnitt 2.3.7 diskutierten Möglichkeiten, Erklärvideos um interaktive Komponenten (z. B. Zwischenfragen) zu erweitern, können bei einer selbstständigen Erarbeitung von Lerninhalten einen zusätzlichen Beitrag zur Förderung kindlicher Lern- und Verstehensprozesse leisten.

Nach dieser Zusammenschau unterschiedlicher Betrachtungsaspekte zum audiovisuellen Unterrichtsmedium werden im Folgenden offene Fragen zum

Einsatz von Erklärvideos im Sachunterricht zusammengetragen, die sich aus der theoretischen Aufarbeitung des Themas ergeben. Diese Fragen finden auch im Leitfaden Berücksichtigung, der im Rahmen der empirischen Untersuchung verwendet wurde (siehe Anhang A im elektronischen Zusatzmaterial).

2.4.5 Offene Fragen zum Umgang mit Erklärvideos im Sachunterricht

Weidenmann zufolge (2006, S. 427) sind für die Betrachtung von Bildungstechnologien vor allem drei Aspekte von Bedeutung:

- „Das Symbolsystem, mit dem die Botschaft kodiert wurde und in dem sie rezipiert wird,
- die didaktische Struktur der Botschaft,
- die Handlungsmöglichkeiten, die das Medium und das mediale Angebot eröffnen."

In Hinblick auf die Auseinandersetzung mit dem audiovisuellen Medium Erklärvideo verdeutlichen diese drei Aspekte jene Bereiche, die einer genauen Betrachtung zu unterziehen sind. Das Symbolsystem und die didaktische Struktur des Unterrichtsmediums selbst konnten über die theoretische Aufarbeitung der vorhandenen Fachliteratur eingehend beleuchtet werden. Zu den Handlungsmöglichkeiten, konkret zum reflektierten und methodisch-didaktisch begründeten Einsatz von Erklärvideos im Unterrichtsgeschehen, sind die Aussagen im aktuellen Bildungsdiskurs noch recht vage. „Wenn es z. B. um das Lernen des Problemlösens, das Begriffslernen oder das Reflektieren[-L]ernen geht, steht nicht bei allen Lernprozessen eine Erklärung am Anfang. Die Entscheidung für oder gegen Erklärvideos ist abhängig von der jeweiligen didaktischen Strukturierung." (Christian Spannagel in Dorgerloh & Wolf, 2019, S. 126) Wie ein didaktisch sinnvoller Einsatz von Erklärvideos im Unterrichtsgeschehen konkret aussehen könnte, wird im wissenschaftlichen Diskurs zum schulischen Erklärvideoeinsatz kaum thematisiert. Konkrete Forschungsbefunde zu den Sichtweisen von Lehrkräften auf den Umgang mit Erklärvideos im Sachunterricht liegen zum Zeitpunkt des Verfassens der vorliegenden Studie nicht vor. Die empirische Untersuchung in dieser Arbeit versucht, diese Forschungslücke zu schließen.

Es kann, die vorhandene Theorie kurz zusammenfassend, festgehalten werden: Erklärvideos sollten – um lernförderlich zu wirken – als selbst ablaufende/ pausierbare/wiederholbare multimediale, instruktionale Erklärungen (neben den direkten Erklärungen durch die Lehrkräfte) dort eingesetzt werden, wo Selbsterklärungsversuche der Kinder scheitern. Mithilfe entsprechender Folgeaktivitäten bzw. interaktiver Elemente sollen die Erklärvideos „zu einer Veränderung alter Vorstellungen und Begriffe" und damit zu einem Wissenszuwachs „durch neue Vorstellungen und Begriffe" (Kiel, 1999, S. 159) führen, mit dem Ziel, Verstehen zu ermöglichen, zu Handlungen zu befähigen oder die erworbenen Kompetenzen auf andere Problemstellungen übertragen zu können.

Zum derzeit zu beobachtenden Trend der Nutzung von Erklärvideos in Bildungskontexten stellen Dorgerloh und Wolf (2019, S. 7) die Frage: „Wiederholt sich nun das Muster (zu) hohe[r] Erwartung gepaart mit schneller Ernüchterung erneut, wenn es um die stärkere Einbeziehung von Lernvideos in den Schulkontext des 21. Jahrhunderts geht?" Die vorliegende Arbeit verfolgt das Ziel, evidenzbasierte Antworten zu geben und damit zu einer reflektierten Mediendidaktik hinsichtlich der Erklärvideonutzung im Sachunterricht beizutragen.

Nach den theoretischen Betrachtungen zum Sachunterricht und zum Unterrichtsmedium Erklärvideo sollen nun durch eine explorative qualitativ-empirische Untersuchung Erkenntnisse darüber erlangt werden, welche Sichtweisen Lehrer*innen auf den Umgang mit dem audiovisuellen Medium im Sachunterricht beschreiben. Dazu sollen – ausgehend von den gewonnenen Einsichten im Rahmen der theoretischen Auseinandersetzung und der dabei identifizierten Forschungslücke – folgende Fragen empirisch untersucht und abschließend mit den theoretischen Erkenntnissen zusammenführend betrachtet werden:

- Welchen Bildungsanspruch an den Sachunterricht beschreiben die Lehrer*innen und wie beeinflussen diese Zuschreibungen die Auswahl und den Einsatz des Unterrichtsmediums Erklärvideo?
- Welche Rolle spielen Erklärvideos bei der Auswahl und Aufbereitung von Inhalten für den Sachunterricht?
- Wie gehen die Lehrkräfte bei der Beschaffung von Erklärvideos für den Sachunterricht vor?
- Welche (Qualitäts-)Kriterien sind für Lehrer*innen bei der Auswahl von Erklärvideos für den Sachunterricht entscheidend?
- Mit welchen pädagogischen bzw. didaktischen Begründungen und Zielsetzungen werden Erklärvideos eingesetzt?
- In welchen didaktischen Rahmen werden Erklärvideos in den Unterrichtsverlauf integriert?
- Wie werden die Inhalte der Videos mit den Lernenden weiterführend aufgegriffen, bearbeitet bzw. reflektiert?

- Werden Erklärvideos von Lehrkräften auch für persönliche sachunterrichtliche Vorbereitungs- oder Weiterbildungszwecke genutzt? Wenn ja, warum und in welcher Form?
- Welche Möglichkeiten sehen Lehrende im Einsatz von Erklärvideos für den Sachunterricht?
- Wo sehen Lehrer*innen die Grenzen eines pädagogisch zweckmäßigen Einsatzes von Erklärvideos im Sachunterricht?

Empirische Untersuchung 3

3.1 Grundlegende Gedanken zum Forschungsvorhaben

Seit Beginn der Coronapandemie 2020 und dem damit verbundenen vermehrten Einsatz von Erklärvideos im Schulsystem wird auch im sachunterrichtsdidaktischen Diskurs verstärkt zu Erklärvideos geforscht und publiziert (z. B. Gaubitz, 2021; Haltenberger et al., 2022; Schmeinck, 2023). Die wissenschaftliche Auseinandersetzung mit dem audiovisuellen Unterrichtsmedium aus fachdidaktischer bzw. unterrichtspraktischer Perspektive ist beispielsweise für eine lernförderliche Einbindung von Erklärvideos in den Sachunterricht von Bedeutung, um begründete Aussagen über Möglichkeiten und Grenzen des Mediums treffen zu können. Was zum Zeitpunkt des vorliegenden Forschungsvorhabens in der Didaktik des Sachunterrichts fehlt, sind evidenzbasierte Erkenntnisse zum Umgang von Lehrkräften mit Erklärvideos im Sachunterricht und deren didaktische Überlegungen, die hinter dem Einsatz des Unterrichtsmediums stehen. Dementsprechend existiert zum vorliegenden Gegenstandsbereich bisher auch kein Modell, das den didaktischen Umgang mit dem audiovisuellen Medium im Sachunterricht beschreibt. Ziel der folgenden explorativen qualitativ-empirischen Untersuchung ist nun, unter Zuhilfenahme der Grounded-Theory-Methodologie (GTM) ein Rahmenmodell zum Erklärvideoeinsatz im Sachunterricht aus Sicht der Lehrkräfte zu entwickeln.

Das Vorgehen im Sinne der Grounded Theory entspricht der in dieser Arbeit vertretenen erkenntnistheoretischen Position des Konstruktivismus. „Eine

Ergänzende Information Die elektronische Version dieses Kapitels enthält Zusatzmaterial, auf das über folgenden Link zugegriffen werden kann https://doi.org/10.1007/978-3-658-43856-2_3.

‚Grounded' Theory ist eine gegenstandsverankerte Theorie, die induktiv aus der Untersuchung des Phänomens abgeleitet wird, welches sie abbildet." (Strauss & Corbin, 1996, S. 7) Die GTM ist laut Brüsemeister (2008, S. 151) „die klassische, Theorien entdeckende qualitative Methode". Eine ausführliche Darstellung der Ideen der Grounded Theory wird in Abschnitt 3.1.1 vorgenommen. Eine Besonderheit der Methodologie soll jedoch bereits an dieser Stelle diskutiert werden und betrifft das Verhältnis zwischen Theorie und Empirie. Im Sinne einer Vorgehensweise nach der GTM sollte der Forschungsprozess eigentlich nicht auf einer vorab durchgeführten Aufbereitung des aktuellen Forschungsstands zum entsprechenden Themenfeld aufbauen. „Am Anfang steht nicht eine Theorie, die anschließend bewiesen werden soll. Am Anfang steht vielmehr ein Untersuchungsbereich – was in diesem Bereich relevant ist, wird sich erst im Forschungsprozeß herausstellen." (Strauss & Corbin, 1996, S. 8) Macht diese Aussage nun die bisherigen theoretischen Betrachtungen des Bildungsdiskurses zu Erklärvideos in der vorliegenden Arbeit obsolet?

In der Darstellung unterschiedlicher Perspektiven auf die Frage, ob sich auch ein qualitatives Forschungsvorhaben im Sinne der Grounded Theory an vorangegangenen theoretischen Überlegungen orientieren dürfe, zeigt sich, dass es durchaus auch für die Entwicklung gegenstandsbezogener Theorien oder Modelle vorteilhaft sein kann, einen grundlegenden theoretischen Rahmen zu haben. So ist es für Brüsemeister (2008, S. 157) „offensichtlich, dass man von Anfang an Theorien benötigt, um überhaupt etwas in den Daten erkennen zu können", auch wenn dieses Vorwissen „während der Datenauswertung mental eingeklammert" werden sollte, „weil man theoretische Zusammenhänge [soweit] es geht aus den Daten selbst entwickeln möchte". Außerdem sei es „ganz zu Beginn sowie zum Schluss der empirischen Forschung wichtig, sich auf bestehende Theorien zu beziehen" (Brüsemeister, 2008, S. 155). Ähnlich argumentieren auch Aust und Völcker (2018, S. 138):

> „Der Verzicht oder ein vollständiges Ausblenden von Theorien und entsprechenden Forschungslinien war somit nie, wie der Grounded Theory vielfach kritisch unterstellt wurde, ein Merkmal der praktischen Arbeit mit ihr […] und damit auch der Forschungsprozess nie ein ausschließlich induktiver. Die Grounded Theory baut somit immer auch auf theoretischem Vorwissen auf, das als konzeptioneller Bezugspunkt fungiert […], der nicht nur hilft, das Material mit Fragen zu konfrontieren und eine oder mehrere Analyserichtungen zu eröffnen, sondern den es im Forschungsprozess auch beständig zu reflektieren gilt, ohne das empirische Material mit theoretischen Konzepten oder empirischen wie theoretischen Vorannahmen zu ‚überwältigen' und den Analyseprozess (theoretisch) einseitig zu belasten."

Die Integration der theoretischen Vorüberlegungen habe demnach auch in der GTM ihre Daseinsberechtigung und müsse im Zuge des Forschungsprozesses nicht ausgeklammert werden. „Sowohl Diskursforschung als auch Grounded Theory verhandeln somit die Bedeutung theoretischer (Vor-)Kenntnisse und deren Relevanz im Auswertungs- und Interpretationsprozess dahin gehend, dass diese keinesfalls ignoriert bzw. ausgeblendet werden, vielmehr ist die Berücksichtigung theoretischer Erkenntnisse zentral für die empirischen Analysen [...]." (Aust & Völcker, 2018, S. 139) Für die Suche nach einer gegenstandsbezogenen Theorie stellt die Berücksichtigung des aktuellen Forschungsstands bzw. ein kritisch-reflektierter Umgang mit ebendieser eine wichtige Grundlage dar.

Dennoch offenbart die Frage, wie bei qualitativen Untersuchungen mit bereits bestehenden theoretischen Erkenntnissen umzugehen ist, einen Konflikt der qualitativen Forschung: Forschende benötigen einerseits theoretische Vorkenntnisse, „um etwas in den Daten zu erkennen [...], aber auf der anderen Seite können diese Theorien Daten auch verfremden" (Brüsemeister, 2008, S. 181). Um in dieser Arbeit einer Verfremdung bei der Auswertung der erhobenen Daten entgegenzuwirken, wurde darauf verzichtet, aus den theoretischen Erkenntnissen der vorangegangenen Kapitel deduktiv Kategorien abzuleiten. Eine Liste solcher Kategorien könnte Strauss und Corbin zufolge (1996, S. 32) „neuen Entdeckungen im Wege stehen". Die Aufarbeitung relevanter Fachliteratur sollte der GTM zufolge andere Zwecke erfüllen (Strauss & Corbin, 1996, S. 33 ff.):

1. Die Literatur kann theoretische Sensibilität anregen.
2. Die Literatur kann als sekundäre Datenquelle verwendet werden.
3. Die Literatur kann Fragen anregen.
4. Sie kann die theoriegeleitete Datenerhebung (theoretical sampling) leiten.
5. Sie kann als ergänzender Gültigkeitsnachweis verwendet werden.

Im Zuge der Auswertung und Darstellung der Untersuchungsergebnisse wird auf das Einbeziehen theoretischer Überlegungen und Erkenntnisse aus dem vorangegangenen Teil dieser Arbeit verzichtet. Erst in der Diskussion der Ergebnisse (Abschnitt 4.2) werden die Resultate der qualitativ-empirischen Untersuchung mit entsprechenden Teilaspekten der theoretischen Aufarbeitung des Forschungsgegenstandes zusammengeführt.

Im nächsten Abschnitt soll nun zuallererst geklärt werden, was ein Vorgehen im Sinne der Grounded Theory für das explorative Forschungsvorhaben konkret bedeutet. Hierzu wird die qualitativ-empirische Methodologie genauer beleuchtet und beschrieben, welche Implikationen sich daraus für den Forschungsprozess dieser Arbeit ergeben.

3.1.1 Forschungslogik

„Wer qualitativ forscht, interessiert sich für die individuellen Sichtweisen und das subjektive Wissen von Menschen." (Aeppli et al., 2014, S. 230)

„Qualitative Forschung hat den Anspruch, Lebenswelten ‚von innen heraus' aus der Sicht der handelnden Menschen zu beschreiben. Damit will sie zu einem besseren Verständnis sozialer Wirklichkeit(en) beitragen und auf Abläufe, Deutungsmuster und Strukturmerkmale aufmerksam machen." (Flick et al., 2017, S. 14)

Im Sinne eines ideographischen[1] Wissenschaftsverständnisses und der damit verbundenen „den Einzelfall in seiner Besonderheit erkundende[n] Vorgehensweise" (Aeppli et al., 2014, S. 50) sollen die subjektiven Sichtweisen von Lehrkräften auf den Umgang mit Erklärvideos im Sachunterricht identifiziert und in einem Rahmenmodell zusammengeführt werden. Die Forschungslogik orientiert sich dabei an der Methodologie der Grounded Theory, die in den 1960er-Jahren von Glaser und Strauss entwickelt und in weiterer Folge von Strauss und Corbin adaptiert wurde (Strübing, 2018). „Die Grounded Theory ist eine qualitative Forschungsmethode bzw. Methodologie, die eine systematische Reihe von Verfahren benutzt, um eine induktiv abgeleitete, gegenstandsverankerte Theorie über ein Phänomen zu entwickeln." (Strauss & Corbin, 1996, S. 8) Die qualitativ-empirische Methodologie soll also die Entdeckung bzw. Entwicklung einer Theorie aus den Daten heraus ermöglichen. „Mit der Grounded Theory kann man auf Dokumente, Beobachtungen, Interviews und sogar bestehende Theorien zugreifen, um sie so zu modifizieren, dass ein neues Bild des untersuchten Phänomens entsteht […]." (Brüsemeister, 2008, S. 152)

Von Bedeutung ist, dass die Grounded Theory nicht eine konkrete Methode, sondern – wie bereits erwähnt – eine Methodologie beschreibt: „Methodologie (altgriech. ‚Lehre über die Vorgehensweise') stellt eine Reflexion darüber dar, wie geforscht werden soll bzw. warum welche Methoden eingesetzt werden sollen. Methode wiederum beschreibt ein geregeltes Verfahren für das Forschen." (Kergel, 2018, S. 49) Bevor auf konkrete methodische Zugänge eingegangen wird, sollen zuvor einige zentrale Merkmale der GTM beschrieben werden.

Ein wichtiger Begriff in der GTM ist die theoretische Sensibilität. Sie beschreibt „die Fähigkeit, Einsichten zu haben, den Daten Bedeutungen zu verleihen, die Fähigkeit[,] zu verstehen und das Wichtige vom Unwichtigen zu trennen" (Strauss & Corbin, 1996, S. 25). Forschende sind demnach dazu angehalten, bei ihren Untersuchungsvorhaben theoretisch sensibel zu agieren. „Theoretische Sensibilität hat zwei Quellen. Einerseits kommt sie daher, daß man sich

---

[1] „Idiom" = Besonderheit, „Graphik" = (beschreibende) Kunst (Aeppli et al., 2014)

in der Fachliteratur gut auskennt, und auch aus professioneller und persönlicher Erfahrung. […] Andererseits wird theoretische Sensibilität auch während des Forschungsprozesses durch die kontinuierliche Auseinandersetzung mit den Daten erworben – Erheben und Analysieren." (Strauss & Corbin, 1996, S. 30) Dieser iterative Forschungsprozess, also der Zyklus aus fortwährendem Erheben und Analysieren, ist ein wesentliches Merkmal der GTM. Auf das Vorgehen bei der Fallauswahl und dem damit verbundenen Konzept des theoretischen Samplings wird in Abschnitt 3.2.5 eingegangen. Abbildung 3.1 stellt den iterativen Forschungsprozess und die Erhebungsphasen der empirischen Daten – in dieser Studie unterteilt in drei Interviewcluster (siehe Abschnitt 3.2.3) – grafisch dar.

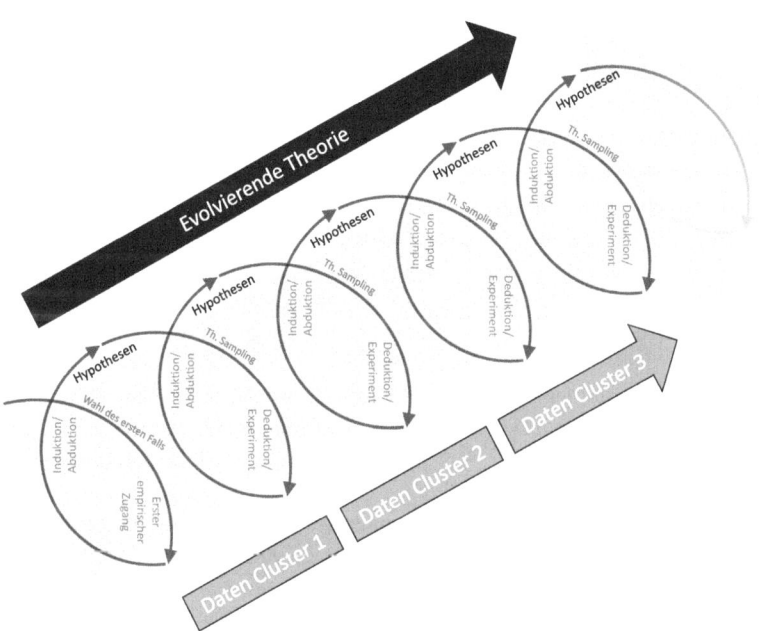

Abbildung 3.1 Der iterative Forschungsprozess der Grounded-Theory-Methodologie (Strübing, 2018, S. 33), Adaption: Aufteilung der Datenerhebung in drei Cluster. (Eigene Darstellung)

„Die Zielsetzung, eine Grounded Theory bzw. eine ‚in den Daten verankerte Theorie'
zu formulieren, führt zu einem iterativen Forschungsprozess, also einem Forschungsprozess, bei dem sich die einzelnen Schritte wiederholen: Anstatt Daten zu erheben
und in einem weiteren Schritt auszuwerten, beeinflussen sich im Idealfall Datenerhebung und Datenauswertung gegenseitig und bilden einen Zirkel bzw. eine sich
wiederholende (‚iterative') Struktur." (Kergel, 2018, S. 112)

Dabei ist es schwierig, vorab eindeutige Phasen der Forschung zu definieren.
„Der Forschungsprozess bei qualitativer Forschung lässt sich häufig nicht ohne
weiteres in klar unterschiedene Phasen zerlegen. Vielmehr entfaltet qualitative
Forschung ihre eigentliche Stärke erst, wenn die wichtigsten Bestandteile des
Forschungsprozesses in ihrer Umsetzung auch zeitlich miteinander verzahnt werden." (Flick, 2017, S. 130) Diese Verzahnung wird durch den iterativen Prozess
der GTM sichergestellt. Strauss und Corbin (1996, S. 89) beschreiben es als ein
„Hin- und Herpendeln zwischen induktivem und deduktivem Denken", also „ein
konstantes Wechselspiel zwischen Aufstellen und Überprüfen". In dem kontinu-
ierlichen Wechsel zwischen Datenerhebung und -auswertung bzw. der Parallelität
von Datenerhebung, Datenauswertung und Theoriebildung offenbart die GTM
deutliche Unterschiede zur Logik anderer qualitativ-empirischer Forschungsverfahren. Mit diesem Vorgehen soll u. a. die Möglichkeit geschaffen werden, immer
wieder induktiv das zu verifizieren, was deduktiv aufgestellt wurde (Strauss &
Corbin, 1996, S. 90). Durch die fortwährenden Schleifen erfolgt idealerweise
auch eine stetige Annäherung an den Kern des Forschungsgegenstandes, also
eine kontinuierliche Adaptierung bzw. Verfeinerung aufgestellter Hypothesen mit
dem Ziel, zu einer in den Daten begründeten gegenstandsbezogenen Theorie zu
gelangen. „Theorien lassen sich in diesem Zusammenhang als Versionen der Welt
begreifen, die sich im Laufe der Forschung ändern und weiterentwickelt werden."
(Flick, 2017, S. 130)

Ein Blick auf das zentrale Forschungsinteresse dieser Arbeit – die Frage, wie
Lehrer*innen ihren Umgang mit Erklärvideos im Sachunterricht beschreiben und,
damit einhergehend, welche didaktischen Möglichkeiten das Medium ihrer Meinung nach eröffnet – zeigt, warum die empirische Herangehensweise im Sinne der
GTM erfolgt: „Mit der Grounded Theory interessieren sich die ForscherInnen für
soziale Prozesse mit Strategien von Akteuren im Zentrum. Und nur wenn diese
Strategien im Zentrum stehen […], lässt sich analytisch exakt ein Schritt zurück
(nach Bedingungen) sowie exakt ein Schritt weiter springen (nach Konsequenzen)." (Brüsemeister, 2008, S. 179) Didaktische Zugangs- bzw. Handlungsweisen
der Lehrer*innen in Bezug auf den Erklärvideoeinsatz, vorlaufende Bedingungen
und auch die Folgen der Mediennutzung auf den Sachunterricht sollen mithilfe
der GTM ergründet werden. Um dies gelingend umsetzen zu können, bedarf es

bei einem qualitativ-empirischen Forschungsvorhaben auch eines Blicks auf die Rolle des Forschenden.

3.1.2 Die Rolle des Forschenden

Die Art und Weise, wie Forschende in qualitativ-empirischen Forschungssettings agieren, hat einen wesentlichen Einfluss auf die Qualität der Untersuchungsergebnisse:

> „Bei qualitativer Forschung hat die Person des Forschers eine besondere Bedeutung. Er wird mit seinen kommunikativen Fähigkeiten zum zentralen ‚Instrument' der Erhebung und Erkenntnis. Aus diesem Grund kann er auch nicht als ‚Neutrum' im Feld und im Kontakt mit den (zu befragenden oder zu beobachtenden) Subjekten agieren. Vielmehr nimmt er darin bestimmte Rollen und Positionen ein oder bekommt diese (teils ersatzweise und/oder unfreiwillig) zugewiesen. Von der Art dieser Rolle und Position hängt wesentlich ab, zu welchen Informationen der Forscher Zugang findet und zu welchen er ihm verwehrt wird." (Flick, 2017, S. 143)

Der Verfasser dieser Arbeit hat als ausgebildeter Primarstufenlehrer und Lehrender an einer Pädagogischen Hochschule in Österreich und einer Universität in Deutschland weitgehend Zugang zum Untersuchungsfeld. Dadurch ist persönlicher Kontakt zu Volks- bzw. Grundschullehrenden gegeben, die unterschiedlichen Alters sind, divergierende Vorerfahrungen haben und sowohl im ländlichen als auch im städtischen Bereich tätig sind. Im Sinne des explorativen Forschungsinteresses kann damit ein breites Spektrum an Sichtweisen auf das audiovisuelle Medium Erklärvideo im Sachunterricht abgebildet werden. Der persönliche Bezug kann im Idealfall zu einer offenen Gesprächsatmosphäre im Rahmen der Interviews beitragen, in der vielfältige Aspekte des Untersuchungsgegenstandes ungehemmt kommuniziert werden können. Das passende Verhältnis zwischen Nähe und Distanz zum Forschungsfeld wird in der Bildungsforschung kontrovers diskutiert, wobei Girtler (2001, S. 79) hierzu schreibt: „In den meisten Fällen wird eine ehrliche Identifikation mit der betreffenden Lebenswelt wohl eher nützen als schaden, denn schließlich enthält sie so etwas wie Achtung vor den Menschen, deren Denken und Handeln man verstehen und nicht distanziert studieren will."

Damit aber auch ein Nahverhältnis zum Untersuchungsgegenstand nicht zu einer Beeinträchtigung der Beobachtungsperspektive bzw. zum unreflektierten Übernehmen von Aussagen der Befragten führt, beschreiben Strauss und Corbin (1996, S. 4) die Fertigkeiten, die qualitativ Forschende mitbringen müssten:

„einen Schritt [zurückzutreten] und Situationen kritisch zu analysieren, gewohn-
heitsmäßige Vorlieben und Neigungen zu erkennen und zu vermeiden, valide
und reliable Daten zu erhalten und abstrakt zu denken". Dafür benötigen Forschende „theoretische und soziale Sensibilität, die Fähigkeit, analytische Distanz
zu bewahren und dabei gleichzeitig auf vergangene Erfahrungen und theoretisches Wissen zurückzugreifen, um das Gesehene zu interpretieren, scharfsinnige
Beobachtungsgabe und gute zwischenmenschliche Fähigkeiten" (Strauss & Corbin, 1996, S. 4). Damit soll sichergestellt werden, dass eine gegenstandsbezogene
Theorie – die trotz aller notwendigen Sensibilität und der Beachtung von
Regeln und Gütekriterien qualitativer Forschung ein subjektiv geprägtes Produkt
der*des Forschenden darstellt – nicht durch die für die Beforschung des Untersuchungsgegenstandes benötigte Eingebundenheit in das Forschungsfeld verzerrt
wird.

Es zeigt sich, dass Forschende in qualitativ-empirischen Forschungssettings
viel direkter in das Forschungsfeld involviert sind, als dies etwa im Zuge der
Durchführung einer quantitativen Untersuchung der Fall wäre. Der Kontakt zum
Feld wird in der qualitativen Forschung als wesentlich „dichter und intensiver"
beschrieben (Flick, 2017, S. 142). Nachdem nun die Rolle des Forschenden
für das gegenständliche Forschungsvorhaben geklärt wurde, folgt zunächst die
Erläuterung zentraler Prinzipien qualitativer Forschung, die als Leitlinien für den
Forschungsprozess dienen, bevor im Anschluss daran das methodische Vorgehen
konkret betrachtet wird.

3.1.3 Prinzipien qualitativer Forschung

Zwar stehen qualitative Forschungsvorhaben „nicht mehr unter solchem Legi-
timationsdruck wie in jener Zeit, als sie sich primär in Abgrenzung von
hypothesenprüfenden Verfahren […] positioniert haben" (Bohnsack et al., 2018,
S. 107), dennoch können leitende Prinzipien wichtige Orientierungspunkte für
den Forschungsprozess darstellen. Lamnek und Krell (2016, S. 33 ff.) beschreiben
hierzu sechs wesentliche Prinzipien, die im Zuge qualitativer Forschungsprozesse
Beachtung finden sollen:

– *Offenheit:* Im Sinne eines qualitativen Forschungsverständnisses soll das
  Untersuchungsfeld nicht vorab mit vorformulierten Hypothesen überzogen
  werden. „Qualitative Sozialforschung versteht sich im Gegensatz zur quantitativen Vorgehensweise nicht als Hypothesen prüfendes, sondern als Hypothesen
  generierendes Verfahren." (Lamnek & Krell, 2016, S. 34) Dafür muss der

Wahrnehmungstrichter von Forschenden im gesamten Untersuchungsverlauf so weit wie möglich offen gehalten werden.

- *Forschung als Kommunikation:* Qualitative Forschung zeichnet sich durch Kommunikations- und Interaktionsprozesse zwischen Forschenden und dem Untersuchungsfeld aus. „Zum Verständnis von Forschung als Kommunikation gehört auch das Bewusstsein, dass die Sicht der Wirklichkeit perspektivenabhängig ist [...]. Mit dem Wechsel der Perspektive ändert sich auch das, was als *wirklich* gilt." (Lamnek & Krell, 2016, S. 34) Die Kommunikation sollte sich Lamnek und Krell zufolge (2016) so weit wie möglich an den Regeln der alltagsweltlichen Interaktion orientieren.
- *Prozesscharakter von Gegenstand und Forschung:* Da sich qualitative Forschung mit lebensweltlichen Prozessen auseinandersetzt, müsse auch die Untersuchung selbst diesen Prozesscharakter aufweisen. „Das Prinzip der Prozessualität soll die wissenschaftliche Erfassung des Entstehungszusammenhangs sozialer Phänomene gewährleisten." (Lamnek & Krell, 2016, S. 35)
- *Reflexivität von Gegenstand und Analyse:* Um eine reflexive Beziehung zwischen den Forschenden und dem Untersuchungsgegenstand sicherzustellen, sollten Forschende eine reflektierte Haltung einnehmen und das Untersuchungsinstrumentarium kontinuierlich anpassen.
- *Explikation:* Dieses Prinzip beschreibt die Forderung an Forschende, „die Einzelschritte des Untersuchungsprozesses so weit wie möglich [offenzulegen]" (Lamnek & Krell, 2016, S. 36). Dadurch soll die Nachvollziehbarkeit und Intersubjektivität des Forschungsprozesses sichergestellt werden.
- *Flexibilität:* Im Gegensatz zu den linear-standardisierten Vorgehensweisen quantitativer Forschung können qualitative Untersuchungsdesigns je nach Verlauf den Wechsel auf andere Vorgehensweisen notwendig machen. „Flexible Erhebungsverfahren befähigen dazu, sich an die jeweiligen Eigenheiten des Untersuchungsgegenstandes anzupassen und den im Verlauf des Forschungsprozesses erzielten Erkenntnisfortschritt für die nachfolgenden Untersuchungsschritte zu verwerten [...]" (Lamnek & Krell, 2016, S. 38).

Auch Strauss und Corbin (1996, S. 11) erachten die Offenheit und Flexibilität der Forschenden als notwendige Voraussetzung, „um die Verfahren unterschiedlichen Phänomenen und Forschungssituationen anzupassen". Auch die Fähigkeit, im Forschungsprozess kreativ zu agieren, sei ein wesentlicher Bestandteil der Arbeit im Sinne der Grounded Theory, um Vorannahmen aufzubrechen und aus bestehendem Datenmaterial neue Erkenntnisse zu ziehen: „Kreativität manifestiert sich in der Fähigkeit des Forschers, Kategorien treffend zu bezeichnen, seine

Gedanken schweifen zu lassen, freie Assoziationen zu bilden, die für das Stellen anregender Fragen notwendig sind, und Vergleiche anzustellen, die zu neuen Entdeckungen führen." (Strauss & Corbin, 1996, S. 12)

Der Bezug auf die klassischen – aus der quantitativ-standardisierten Forschung stammenden – Gütekriterien Reliabilität, Validität und Objektivität erscheint aufgrund der Besonderheiten qualitativer Forschung wenig sinnvoll (Bohnsack et al., 2018; Flick, 2017). Die Verfahren der Grounded Theory seien jedoch „so entworfen, daß die Methode bei sorgfältiger Anwendung die Kriterien für eine ‚gute' Wissenschaft erfüllt: Signifikanz, Vereinbarkeit von Theorie und Beobachtung, Generalisierbarkeit, Reproduzierbarkeit, Präzision, Regelgeleitetheit und Verifizierbarkeit" (Strauss & Corbin, 1996, S. 11 f.). Dennoch müssen auch hier die Begrifflichkeiten in ihrer Aussagekraft differenziert betrachtet werden, so ist beispielsweise die Generalisierbarkeit etwa „nicht im Sinne einer statistischen Repräsentativität gemeint, sondern einer theoretischen Plausibilität" (Brüsemeister, 2008, S. 153).

3.2   Methodische Zugänge

Nach der allgemeinen Betrachtung der Forschungslogik, einer Darstellung der Rolle der*des Forschenden sowie einer Vorstellung zentraler Gütekriterien qualitativer Forschung im vorangegangenen Kapitel soll nun auf die gegenständliche Forschung im Detail eingegangen werden. Konkret wird das Forschungsdesign dargestellt und die Methode zur Datenerhebung, das Vorgehen bei der Fallauswahl und der Datenauswertung sowie das Untersuchungsfeld und das Transkriptionsverfahren beschrieben.

3.2.1   Forschungsdesign

Das Forschungsdesign wurde aus einer Zusammenschau unterschiedlicher Einflussfaktoren konzipiert (siehe Abbildung 3.2). „Forschungsdesigns lassen sich als Mittel beschreiben, Studien sinnvoll zu planen und deren Ziele zu erreichen." (Flick, 2017, S. 176)

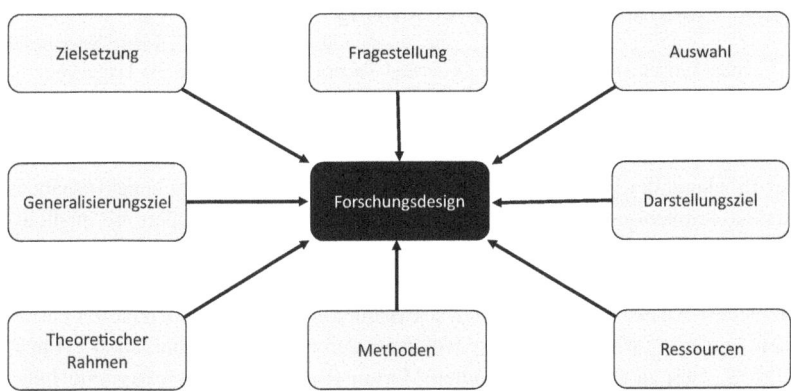

Abbildung 3.2 Einflussfaktoren des Forschungsdesigns (Flick, 2017, S. 177). (Eigene Darstellung)

Die vorliegende Untersuchung wurde als explorative Studie konzipiert, die vielfältige Sichtweisen von Lehrkräften auf das Medium Erklärvideo erheben, vergleichen und gesammelt darstellen soll. „Bei vergleichenden Studien wird der Fall nicht in seiner Komplexität und Ganzheit betrachtet, sondern eine Vielzahl von Fällen in Hinblick auf bestimmte Ausschnitte." (Flick, 2017, S. 179) Das Ziel des Forschungsvorhabens, ein Rahmenmodell zum Einsatz von Erklärvideos im Sachunterricht zu entwickeln, soll dadurch erreicht werden, dass unterschiedliche Aussagen von Lehrkräften zum Erklärvideoeinsatz analysiert und „komparativ oder kontrastierend gegenübergestellt werden" (Flick, 2017, S. 180). Die „[q]ualitative Bildungsforschung setzt methodische Strategien qualitativer Sozialforschung ein, um Bildung zu erforschen" (Kergel, 2018, S. 48). Dabei werden u. a. „Faktoren herausgearbeitet, die Bildungsgeschehen ermöglichen – z. B. die Analyse von Faktoren, die einen Bildungsraum konstituieren" (Kergel, 2018, S. 49). Methodisch wurde für die Datenerhebung auf das fokussierte Interview zurückgegriffen, auf das im folgenden Kapitel eingegangen wird. Die Datenauswertung orientierte sich wie bereits erwähnt an der GTM mit ihren unterschiedlichen Phasen des Kodierens (mehr dazu in Abschnitt 3.2.4).

3.2.2 Methode zur Datenerhebung

„Entdeckungen sind das Ziel der Grounded Theory, deswegen muß die Datenerhebung – und das damit verbundene theoretische Sampling – so strukturiert werden, daß Entdeckungen ermöglicht werden!" (Strauss & Corbin, 1996, S. 152)

Zur Erhebung der Daten wurden im Zuge des vorliegenden Forschungsvorhabens qualitative Interviews geführt. „Blickt man auf das Methodenrepertoire qualitativer Empirie, so zählen Interviews zu den wohl beliebtesten Erhebungsverfahren." (Bohnsack et al., 2018, S. 123) Genutzt wurde eine leicht adaptierte Form der Methode des fokussierten Interviews. Ursprünglich in den 1940er-Jahren entwickelt, um die „Wirkungen von Medien in der Massenkommunikation" (Flick, 2017, S. 195) zu untersuchen, bauten Merton et al. (1956) das fokussierte Interview zu einem eigenständigen wissenschaftlichen Erhebungsverfahren aus. Das fokussierte Interview gilt als „eine der ältesten Formen qualitativer Interviews" (Lamnek & Krell, 2016, S. 349).

Den Anfang eines fokussierten Interviews bildet eine konkrete Situation, die alle Interviewten erleben. „Man weiß von den interviewten Personen, daß sie eine ganz *konkrete Situation* erlebt haben: Sie haben einen Film gesehen; ein Rundfunkprogramm gehört; eine Broschüre, einen Artikel oder ein Buch gelesen […]." (Merton & Kendall, 1984, S. 171) Zu Beginn jedes Interviews wurde den Gesprächsteilnehmenden ein Erklärvideo aus dem Sachunterricht gezeigt, welches die Qualitätskriterien erfüllt, die in Abschnitt 2.3.5 beschrieben wurden (z. B. das Video „Was passiert beim Impfen?" – https://youtu.be/_i-gCM z6Hik, Abbildung 3.3). Im Anschluss daran wurde über das gezeigte Video gesprochen und in weiterer Folge die Sichtweisen der Lehrkraft zu unterschiedlichen Facetten der Erklärvideonutzung im Sachunterricht erfragt, wobei immer wieder auf das eingangs gezeigte Video Bezug genommen wurde. Für die Durchführung der Interviews wurde ein allgemeiner Leitfaden zusammengestellt, um „eine bessere Vergleichbarkeit der in den verschiedenen Interviews erhobenen Daten" (Merton & Kendall, 1984, S. 184) sicherzustellen. Bei der Erstellung des Interviewleitfadens wurden einerseits jene Fragen berücksichtigt, die sich während der Auseinandersetzung mit der themenbezogenen Fachliteratur ergeben haben, andererseits wurden auch Fragen aus den Teilfragen der übergreifenden Forschungsfrage abgeleitet. Ziel des Gesprächs war jedoch nicht das starre Abarbeiten des Leitfadens, sondern die Schaffung einer möglichst natürlichen Gesprächssituation. „Nur eine flexible Handhabung des Leitfadens eröffnet einen Zugang zu den Sinnzusammenhängen, in denen die berichteten Handlungen und Erfahrungen der Interviewten verortet sind." (Bohnsack et al., 2018, S. 152) Die

Interviewten wurden auch aufgefordert, aus ihrem Unterrichtsalltag zu erzählen und – sofern vorhanden – konkrete Beispiele zu ihrem Umgang mit dem audiovisuellen Medium Erklärvideo im Sachunterricht einzubringen, mit dem Ziel, „die *subjektiven Erfahrungen* der Personen" (Merton & Kendall, 1984, S. 171) zu explizieren.

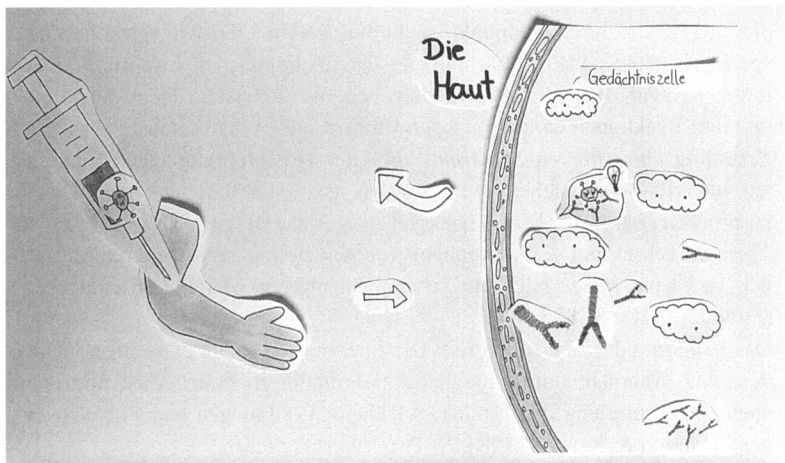

Abbildung 3.3 Screenshot aus dem Erklärvideo „Was passiert beim Impfen?"

Der Interviewleitfaden veränderte sich im Laufe der Datenerhebung immer wieder aufgrund neu gewonnener Einsichten aus vorangegangenen Interviews oder geänderter Schwerpunktsetzungen, und um Lücken in den Daten zu füllen. Ein solches Vorgehen entspricht auch der Intention von Strauss und Corbin (1996, S. 152): „Sobald die Datenerhebung beginnt, sollten die anfänglichen Interview- oder Beobachtungs-Leitfäden genau das sein: nur anfängliche Leitfäden." In Anhang A im elektronischen Zusatzmaterial befinden sich der Leitfaden (V1), der bei den ersten Interviews verwendet wurde, sowie der Leitfaden (V4), der bei den letzten Interviews zum Einsatz kam. Je nach Gesprächsverlauf wurden die Fragen entsprechend adaptiert oder gegebenenfalls auch weggelassen. Die Reihenfolge, in der die Fragen gestellt wurden, variierte und ergab sich zumeist aus dem natürlichen Gesprächsverlauf.

Zentraler Teil bei der Durchführung fokussierter Interviews ist Merton und Kendall zufolge (1984, S. 178 ff.) die Beachtung von vier Kriterien:

- Das Kriterium der *Nicht-Beeinflussung*: Interviewpartner*innen sollen die Gelegenheit bekommen, „sich über Dinge zu äußern, die für sie von zentraler Bedeutung sind, und nicht über Dinge, die dem Interviewer wichtig erscheinen" (Merton & Kendall, 1984, S. 179). Abschweifungen würden aufgrund des fokussierten Charakters der Interviewmethode ohnehin seltener auftreten als bei anderen Interviewformaten.
- Das Kriterium der *Spezifität*: Im fokussierten Interview geht es darum, dass die Interviewten ihre Standpunkte nicht bloß verkürzt darstellen, sondern ganz spezifisch „eine genaue Beschreibung der ursprünglichen Erfahrung" (Merton & Kendall, 1984, S. 187) wiedergeben, also unterschiedliche Situationen und ihre Reaktionen darauf vergegenwärtigen und verbalisieren.
- *Erfassung eines breiten Spektrums*: Bei der Durchführung eines fokussierten Interviews soll sichergestellt werden, dass alle Facetten eines Themas besprochen werden. „Je reichhaltiger das Material ist und je stärker die Themenwechsel und -verknüpfungen von den Befragten ausgehen, desto größer die Chance, neue relevante Zusammenhänge im Material zu entdecken." (Strübing, 2013, S. 85 f.)
- Das Kriterium der *Tiefgründigkeit*: Die Interviewten sollen dazu angeregt werden, ihre Wahrnehmungen möglichst tiefgründig zu beschreiben und damit auch „die Ermittlung des Einflusses früherer Erfahrungen und Prädispositionen" (Merton & Kendall, 1984, S. 198) zu ermöglichen.

„Oft veranlasst ein Interview, über etwas nachzudenken, worüber man sonst nicht nachdenken würde." (Aeppli et al., 2014, S. 184) Um auch derartige Gedanken über den Verlauf des Forschungsprozesses in strukturierter Form festhalten zu können, beschreibt die GTM ergänzende Verfahren, konkret das Anfertigen von Memos und Diagrammen:

> „Memos stellen die schriftlichen Formen unseres abstrakten Denkens über die Daten dar. Diagramme sind graphische Darstellungen oder visuelle Bilder von Beziehungen zwischen Konzepten. [...] Das Erstellen von Memos und Diagrammen beginnt am Anfang eines Forschungsprojektes und hält bis zum abschließenden Bericht an." (Strauss & Corbin, 1996, S. 170)

Strauss und Corbin (1996, S. 192) sehen in Memos und Diagrammen auch zentrale Verfahren für die Analyse: „Sie ermöglichen dem Analysierenden ein kontinuierliches Protokoll über den analytischen Prozeß. Memos enthalten die Ergebnisse des tatsächlichen Kodierens einschließlich theoretisch sensibilisierender und zusammenfassender Notizen. [...] Diagramme sind visuelle

Repräsentationen der Beziehungen zwischen Konzepten." Detailliert wird auf die Datenauswertung in Abschnitt 3.2.4 eingegangen. Davor soll noch das Vorgehen hinsichtlich der Transkription und Anonymisierung der Interviewdaten dargestellt werden.

3.2.3 Aufzeichnung, Transkription und Anonymisierung der Interviews

Alle Interviews wurden – teilweise aufgrund der Kontaktbeschränkungen im Zuge der Coronapandemie, teilweise infolge der großen geografischen Distanzen zu manchen Interviewten – über das Online-Videokonferenzsystem „Zoom" geführt. „Zoom" ist eine internetbasierte Kommunikationsplattform, die einen Austausch mittels Audio- und Videosignalen ermöglicht (Zoom, 2022). Zum Führen der Interviews wurde die kostenlose „Basic"-Lizenz genutzt, die zum Untersuchungszeitpunkt bei zwei Teilnehmenden Konferenzen ohne zeitliche oder funktionale Einschränkung ermöglichte. Das Einspielen des Erklärvideos zu Beginn der Interviews und die Aufzeichnung der Gespräche konnten direkt über „Zoom" erfolgen. Alle Interviewpartner*innen stimmten vorab der digitalen Aufzeichnung des Interviews und der Weiterverarbeitung der Gesprächsinhalte zu. Die Videodateien wurden auf dem Computer des Forschenden abgespeichert, wobei ausschließlich die Audiospur für die Transkription weiterverarbeitet wurde. Transkriptionen stellen „eine wichtige Grundlage zur Auswertung der Interviews" dar, die es erlauben, „das Gesagte aus Distanz und ohne Zeitdruck und daher genauer zu studieren" (Aeppli et al., 2014, S. 190). Alle Interviews, die im Zuge dieser Arbeit geführt wurden, sind zu Auswertungszwecken vollständig transkribiert worden. Im Folgenden wird beschrieben, wie dabei vorgegangen wurde.

Transkriptionsregeln sollen Aeppli et al. zufolge (2014, S. 190) so gewählt werden, „dass sie die Beantwortung der Forschungsfrage unterstützen". Wichtige Kriterien bei der Verschriftlichung waren deshalb die „Handhabbarkeit [...], Lesbarkeit, Lernbarkeit und Interpretierbarkeit" des Transkripts (Bruce, 1992; zitiert nach Flick, 2017, S. 380). Flick (2017, S. 380) empfiehlt in diesem Zusammenhang, „nur so viel und so genau zu transkribieren, wie die Fragestellung erfordert". Da für die vorliegende Forschungsarbeit ausschließlich der Inhalt und nicht die Form des sprachlichen Austauschs von Relevanz war, kamen folgende einfache Transkriptionsregeln zur Anwendung:

– Das Gesprochene wird zur einfacheren Lesbarkeit leicht bearbeitet: Orthografie wird bereinigt, Dialekt wird in Schriftsprache übersetzt.

- Lautäußerungen und paraverbale Merkmale (Räuspern, Lachen, Stimmmodulationen) werden nicht transkribiert.
- Sprecher*innen-Wechsel werden durch einen Absatz gekennzeichnet.
- Wort- oder Satzabbrüche werden mit „-" gekennzeichnet.
- Pausen werden mit „..." gekennzeichnet.

Auch wenn die Empfehlung von Strauss und Corbin (1996, S. 14) lautet, „nur so viel wie nötig zu transkribieren", war für die vorliegende Forschung vorab nicht abzuschätzen, welche Gesprächsteile von Relevanz sein würden und welche nicht, weshalb alle Interviews vollständig transkribiert wurden. Die Transkripte der Interviews wurde manuell mithilfe der kostenpflichtigen Software „f4transkript"[2] der Firma „audiotranskriptionen – dr. dresing & pehl GmbH" vom Forschenden selbst angefertigt. Zeitmarken am Ende jedes Absatzes wurden vom Programm automatisch eingefügt.

Während der Transkription der Interviews erfolgte auch die Anonymisierung. Ortsnamen, Schulbezeichnungen oder genannte Personennamen wurden durch allgemeine Bezeichnungen ersetzt. Die Interviewpartner*innen bekamen die Kurzbezeichnung „IP" gefolgt von einer Zahl, die sich chronologisch nach dem Interviewzeitpunkt richtete, zugewiesen. Bei Zitaten aus den Interviewtranskripten wird neben der Kurzbezeichnung auch der Absatz angegeben, aus dem eine entsprechende Aussage stammt, z. B. „(IP1, 25)". Zwei Beispieltranskripte befinden sich in Anhang B im elektronischen Zusatzmaterial.

Die Forschungsmemos wurden über den gesamten Projektverlauf hinweg in dem kostenpflichtigen computerbasierten QDA[3]-Programm „Atlas.ti"[4] festgehalten. In diesem Programm erfolgte auch die Kodierung. Die GTM sieht grundsätzlich vor, dass jedes Interview transkribiert und analysiert wird, bevor das nächste Gespräch erfolgt:

> „Die Vorgehensweise gemäß dem Analysestil der Grounded Theory ist normalerweise wie folgt: Die allerersten Interviews oder Feldnotizen sollten vollständig transkribiert und analysiert werden, bevor man das nächste Interview oder die nächste Feldbeobachtung durchführt. Das frühe Kodieren leitet die folgenden Feldbeobachtungen und/ oder Interviews [...]." (Strauss & Corbin, 1996, S. 14)

---

[2] Details zum Programm: https://www.audiotranskription.de/f4transkript/ (letzter Zugriff: 22.05.2023)

[3] Die Abkürzung QDA steht für „Qualitative Datenanalyse".

[4] Details zur QDA-Software Atlas.ti: https://atlasti.com (letzter Zugriff: 22.05.2023)

Für die vorliegende Studie wurde ein leicht adaptiertes Vorgehen gewählt: Grundsätzlich wurden die Interviews unmittelbar transkribiert und vor dem nächsten Interview auch ausgewertet. Aufgrund der zeitlichen Nähe mancher Interviews zueinander war dies jedoch nicht bei allen Gesprächen möglich. Aus diesem Grund wurden die Interviewpartner*innen in mehrere Cluster zusammengefasst, wobei jeder Cluster zuerst komplett ausgewertet und die Ergebnisse verschriftlicht wurden, bevor die Interviews mit dem nächsten Cluster erfolgten. Der bereits beschriebene iterative Prozess aus Datenerhebung und -auswertung (siehe Abschnitt 3.1.1) wurde also einerseits – soweit möglich – innerhalb der Cluster umgesetzt, zusätzlich aber auch durch die zeitliche Trennung der Interviewcluster sichergestellt, um genügend Zeit für die Auswertung und die Verschriftlichung der Ergebnisse zu haben. Die Erkenntnisse aus einem Interviewcluster bzw. dort identifizierte Lücken in den Daten wurden durch verstärkte Schwerpunktsetzungen in der nachfolgenden Erhebungs- und Auswertungsphase besonders berücksichtigt. Mit diesem Vorgehen wurde versucht, sich schrittweise der Entwicklung eines gegenstandsbezogenen Modells zum Einsatz von Erklärvideos im Sachunterricht aus Sicht der Lehrer*innen anzunähern. Wie im Zuge der Datenauswertung vorgegangen wurde, wird im nächsten Kapitel beschrieben.

3.2.4 Datenauswertung in der Grounded-Theory-Methodologie

> „Analyse in der Grounded Theory besteht aus sehr sorgfältigem Kodieren der Daten, welches hauptsächlich, wenn auch nicht ausschließlich, durch eine mikroskopische Untersuchung der Daten geschieht. Es gibt drei Haupttypen des Kodierens: Das a) offene Kodieren, b) axiale Kodieren und c) selektive Kodieren." (Strauss & Corbin, 1996, S. 40)

Das Aufbrechen und Interpretieren der Daten aus den Interviews erfolgte in dieser Studie nach dem Konzept des theoretischen Kodierens. „Kodieren stellt die Vorgehensweise dar, durch die die Daten aufgebrochen, konzeptualisiert und auf neue Art zusammengesetzt werden. Es ist der zentrale Prozeß, durch den aus den Daten Theorien entwickelt werden." (Strauss & Corbin, 1996, S. 39) Um aus gesammelten Daten Aussagen ableiten zu können, wird der Kodierprozess bei der GTM in drei Schritte unterteilt: das offene, axiale und selektive Kodieren. In frühen Phasen der Untersuchung wird vorrangig das offene und axiale Kodieren verwendet, später – zum Entwickeln einer gegenstandsbezogenen Theorie – auch das selektive Kodieren. Die Datenerhebung und -analyse sind dabei eng miteinander verwobene Prozesse.

In der Phase des **offenen Kodierens** geht es zuallererst um das „Benennen und Kategorisieren der Phänomene" (Strauss & Corbin, 1996, S. 44) auf Basis einer eingehenden Untersuchung des Datenmaterials. „Während des offenen Kodierens werden die Daten in einzelne Teile aufgebrochen, gründlich untersucht, auf Ähnlichkeiten und Unterschiede hin verglichen, und es werden Fragen über die Phänomene gestellt, wie sie sich in den Daten widerspiegeln." (Strauss & Corbin, 1996, S. 44) Die Phasen des offenen Kodierens werden wie folgt beschrieben (Strauss & Corbin, 1996, S. 45 ff.):

1. *Benennen der Phänomene:* In diesem Schritt sollen die Daten konzeptualisiert, also in deskriptiver Weise zusammengefasst werden (z. B. in einer Phrase oder in einem Wort). Die hier gefundenen Konzepte beschreiben Strauss und Corbin (1996, S. 54) als „die grundlegenden Bausteine einer Theorie".

2. *Entdecken von Kategorien:* Konzepte sollen in diesem Schritt um Phänomene gruppiert werden, damit die Anzahl der Einheiten, mit denen man arbeiten muss, reduziert wird. „Der Prozeß des Gruppierens der Konzepte, die zu demselben Phänomen zu gehören scheinen, wird Kategorisieren genannt." (Strauss & Corbin, 1996, S. 47)

3. *Benennen einer Kategorie:* Der Kategorie eine Bezeichnung zu geben, ist wichtig, um mit ihr weiterarbeiten zu können. Mögliche Quellen für die Namensfindung können Ableitungen von Begriffen aus der Fachliteratur sein, es können aber auch Namen verwendet werden, die von der beforschten Personengruppe genannt werden, sogenannte „In-vivo-Kodes".

Für die vorliegende Forschungsarbeit wurden die Kodes, Kategorien etc. mithilfe der QDA-Software „Atlas.ti" festgehalten. Dafür wurden die Interviewtranskripte in Atlas.ti geöffnet, durchgearbeitet und entsprechende Textabschnitte als Zitate markiert und mit Kodes versehen. Die Kodes wurden auch anhand von Kodenotizen vertiefend beschrieben. Wichtige Erkenntnisse beim Kodierprozess wurden in Form eines Forschungsmemos (direkt in Atlas.ti) festgehalten. Ähnliche oder vermehrt auftretende Kodes wurden zu Kategorien zusammengefasst. „Die verschiedenen Datenquellen werden hinsichtlich ihrer Gemeinsamkeiten und Unterschiede verglichen" (Brüsemeister, 2008, S. 152), mit dem Ziel der „Entdeckung und Spezifikation von Unterschieden wie auch Ähnlichkeiten zwischen und innerhalb von Kategorien" (Strauss & Corbin, 1996, S. 89).

„Ergebnisse des offenen Kodierens sollten eine Liste der vergebenen Kodes und Kategorien sein, ergänzt um die zur Erläuterung und inhaltlichen Definition von Kodes und

Kategorien angelegten Kodenotizen und eine Vielzahl von Memos, die Auffälligkeiten im Material und für die zu entwickelnde Theorie relevante Gedanken enthalten." (Flick, 2017, S. 392)

Für Strauss und Corbin (1996, S. 51) ist es darüber hinaus wichtig, zu den gefundenen Kategorien „Eigenschaften und Dimensionen zu erkennen und systematisch zu entwickeln, weil sie die Grundlage bilden, um Beziehungen zwischen Kategorien und Subkategorien – und später auch zwischen Hauptkategorien – herauszuarbeiten". Zusammenfassend beschreiben Strauss und Corbin (1996, S. 54) das offene Kodieren im Sinne der Grounded Theory als Prozess, „durch den Konzepte identifiziert und in Bezug auf ihre Eigenschaften und Dimensionen entwickelt werden", oder mit anderen Worten: Das offene Kodieren „bricht die Daten auf und erlaubt es, einige Kategorien, deren Eigenschaften und dimensionale Ausprägungen zu identifizieren" (Strauss & Corbin, 1996, S. 76).

Das **axiale Kodieren** wiederum „fügt diese Daten auf neue Art wieder zusammen, indem Verbindungen zwischen einer Kategorie und ihren Subkategorien ermittelt werden" (Strauss & Corbin, 1996, S. 76). Zentral beim axialen Kodieren ist der Prozess „des In-Beziehung-Setzens der Subkategorien zu einer Kategorie" (Strauss & Corbin, 1996, S. 92). Um Forschende bei dieser komplexen Aufgabe des In-Beziehung-Setzens zwischen Subkategorie und Kategorie zu unterstützen, stellen Strauss und Corbin (1996) ein paradigmatisches Modell zur systematischen Einordnung der Arten von Beziehungen zur Verfügung (siehe Abbildung 3.4). Damit soll deutlich werden, ob es sich bei den Subkategorien um „ursächliche Bedingungen, […] Kontext, intervenierende Bedingungen, Handlungs- und interaktionale Strategien [oder] Konsequenzen" handelt (Strauss & Corbin, 1996, S. 78). Dabei müssen die „aufgestellten Beziehungen wieder und wieder in den Daten bestätigt werden" (Strauss & Corbin, 1996, S. 90).

Offenes und axiales Kodieren sind zwar getrennte analytische Verfahren, Forschende wechseln bei der Analyse aber zwischen beiden Verfahren kontinuierlich hin und her. Eine wichtige Arbeitsweise im Sinne der Grounded Theory ist es, immer wieder Fragen an das Datenmaterial zu stellen – empfohlen werden hier z. B. die sieben W-Fragen –, um die Daten vertiefend zu durchdringen (Strauss & Corbin, 1996).

Beim **selektiven Kodieren** wird das Vorgehen des axialen Kodierens „auf einer höheren, abstrakteren Ebene der Analyse" (Strauss & Corbin, 1996, S. 95) fortgeführt. Flick (2017, S. 396 f.) benennt als Ziel des selektiven Kodierens „die Herausarbeitung der Kernkategorie, um die herum sich die anderen entwickelten Kategorien gruppieren lassen und durch die sie integriert werden". Mögliche

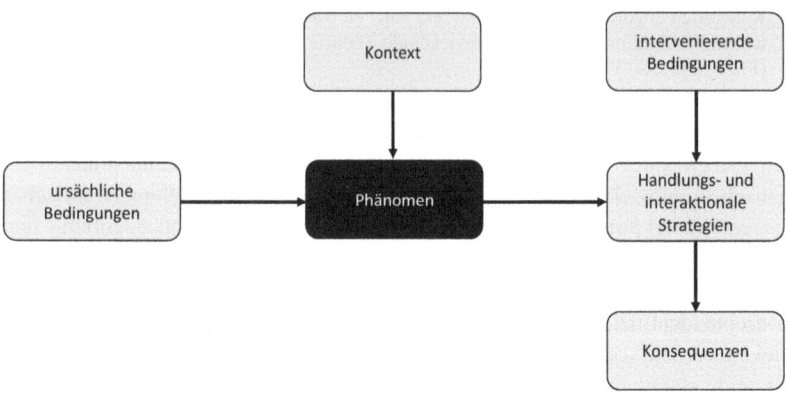

Abbildung 3.4 Das paradigmatische Modell von Strauss und Corbin (1996, S. 76). (Eigene Darstellung)

Arbeitsschritte der Forschenden im Zuge des selektiven Kodierens sind (Strauss & Corbin, 1996, S. 96 ff.):

– Darlegen des roten Fadens
– Identifizieren der Geschichte
– Auswahl zwischen zwei und mehr hervortretenden Phänomenen
– Bestimmung der Eigenschaften und Dimensionen der Kernkategorie
– Verbinden anderer Kategorien mit der Kernkategorie
– Validieren der Beziehungen
– Aufdecken der Muster
– Systematisieren und Verfestigen von Verbindungen
– Gruppieren der Kategorien
– Verankern der Theorie in den Daten
– Entwurf der Theorie
– Aufstellen und Validieren von Aussagen über Beziehungen

Das Integrieren der Kategorien zu einer gegenstandsbezogenen Theorie bezeichnen Strauss und Corbin (1996, S. 117) als „die schwierigste Aufgabe" im Verlauf der Forschung, mit der „sogar erfahrene Forscher [...] zu kämpfen" hätten. Das Befolgen der Arbeitsschritte soll bei der Bewältigung dieser Aufgabe eine Unterstützung sein. „Alle Verfahren der Grounded Theory zielen auf das Identifizieren, Entwickeln und Inbeziehungsetzen von Konzepten ab." (Strauss & Corbin, 1996,

S. 149) Eine wichtige Hilfestellung beim Kodieren stellt das Anfertigen von Memos und Diagrammen dar:

> „Memos und Diagramme sind essentielle Verfahren beim Analysieren, die entsprechend den drei Formen des Kodierens variieren. Sie ermöglichen dem Analysierenden ein kontinuierliches Protokoll über den analytischen Prozeß. Memos enthalten die Ergebnisse des tatsächlichen Kodierens einschließlich theoretisch sensibilisierender und zusammenfassender Notizen. [...] Diagramme sind visuelle Repräsentationen der Beziehungen zwischen Konzepten." (Strauss & Corbin, 1996, S. 192)

Das Kodieren sowie das Anfertigen der Memos und Diagramme erfolgte mithilfe des Computerprogramms Atlas.ti. Das Programm wurde von Thomas Muhr an der TU Berlin entwickelt und „unterstützt die verschiedenen Kodierungsformen nach Strauss bzw. Glaser" (Flick, 2017, S. 463), eignet sich damit also in besonderer Weise für die Arbeit im Sinne der GTM bzw. für die Bildung gegenstandsbezogener Theorien. Die Verwendung von QDA-Software wie Atlas.ti soll auch eine transparente Nachvollziehbarkeit der Kategorienbildung über den gesamten Kodierprozess hinweg gewährleisten.

Ein weiteres zentrales Element der GTM betrifft die Fallauswahl, also für die vorliegende Arbeit die Frage nach der Zusammensetzung und Anzahl der Interviewpartner*innen, das theoretische Sampling. Neben der theoretischen Sensibilität (siehe Abschnitt 3.1.1) ist das theoretische Sampling die zweite wichtige Komponente, die Einfluss auf den analytischen Prozess hinsichtlich des Kodierens und der Theorieentwicklung entfaltet. Im folgenden Teil wird auf das theoretische Sampling und seine Ausgestaltung im Zuge des Forschungsprozesses in dieser Arbeit eingegangen.

3.2.5 Fallauswahl – Theoretisches Sampling

> „Prinzipiell eröffnen qualitative Verfahren die Möglichkeit, sich die Auswahl der Fälle im Forschungsprozess [offenzuhalten], und zwar je nach den Zwischenbefunden, die sich aus einzelnen Fallauswertungen ergeben." (Brüsemeister, 2008, S. 172)

„Die Frage des Samples bzw. der Fallauswahl oder Stichprobe stellt eine zentrale Entscheidung für jeden Forschungsprozess dar." (Kergel, 2018, S. 66) Gerade qualitative Forschungsvorhaben, die ihre Daten auf Basis von Interviews beziehen und die im Vergleich zu quantitativen Methoden meist eine wesentlich geringere Stichprobengröße aufweisen, benötigen klar nachvollziehbare Verfahren für die Auswahl der Interviewpartner*innen:

„Es geht der qualitativen Forschung nicht darum, ob die vorab ausgewählten Perso-
nengruppen in einem statistischen Sinne repräsentativ sind, sondern ob deren Handlungsmuster und die theoretischen Bausteine, die man aus ihnen entwickelt, breit
genug streuen, so dass sich das untersuchte Phänomen ausreichend erklären lässt. Die
qualitative Forschung ist demnach immer an einer theoretisch begründeten Stichpro-
benauswahl im Gegensatz zu einer statistisch repräsentativen Stichprobenfestlegung
in quantitativen Ansätzen interessiert." (Brüsemeister, 2008, S. 173)

In der GTM wird in diesem Zusammenhang der Ansatz des theoretischen
Samplings verfolgt:

„Im Gegensatz zu anderen Forschungsverfahren wird die Stichprobe nicht vorgängig
festgelegt, sondern im Verlaufe des Forschungsprozesses bestimmt. Dabei ist nicht die
(statistische) Repräsentativität der Stichprobe im Hinblick auf eine Gesamtpopulation
von Bedeutung, sondern vielmehr ihre theoretische Repräsentativität. Das [heißt][,]
im Zentrum steht die Frage danach, welcher nächste Fall das bereits gewonnene Wissen theoretisch sinnvoll erweitern und bereichern könnte." (Aeppli et al., 2014, S.
254)

Um diese theoretische Repräsentativität – bzw. „Repräsentativität der Konzepte",
wie Strauss und Corbin (1996, S. 161) es nennen – zu erreichen und dem explorativen Forschungsinteresse nachzukommen, wurde der Versuch unternommen, bei
den befragten Volks- und Grundschullehrenden ein möglichst breites Spektrum
unterschiedlicher Merkmale abzubilden (mehr dazu in Abschnitt 3.2.6). Hierfür
wurde einerseits innerhalb der jeweiligen Cluster versucht, eine große Vielfalt an
Lehrer*innen abzubilden, andererseits wurden – auf Basis der vorangegangenen
Datenerhebungen und -analysen – für den nachfolgenden Cluster Überlegungen
angestellt, welche Gruppe an Lehrkräften als Nächstes befragt werden sollte.
Das Problem einer solchen Vorgehensweise bei der Fallauswahl sehen Strauss
und Corbin (1996, S. 164) darin, dass Forschende „oft nicht über einen Zugang
zu genau den Personen verfügen, die aus theoretischen Gründen als nächste
interviewt werden sollten", weshalb es für Forschende notwendig werde, „inten-
sives theoretisches Sampling innerhalb ihrer tatsächlichen Daten" durchzuführen.
Dabei unterscheidet sich das Vorgehen beim Sampling je nach Phase des
Kodierens (Strauss & Corbin, 1996, S. 153 ff.):

– Beim offenen Kodieren sollte das Ziel des Samplings sein, „so viele möglicherweise relevante Kategorien wie möglich aufzudecken, einschließlich ihrer
  Eigenschaften und Dimensionen" (Strauss & Corbin, 1996, S. 153). Weil noch

nicht klar erkannt werden kann, welche Konzepte sich als theoretisch relevant erweisen, sollte die Auswahl der Samples durch eine möglichst große Offenheit gekennzeichnet sein.

– Auch das axiale Kodieren wird von der Suche nach theoretisch relevanten Konzepten geleitet, allerdings ändert sich der Fokus des Samplings: Analog zum Ziel des axialen Kodierens, dem In-Beziehung-Setzen der Kategorien und Subkategorien, sollte sich das Sampling „jetzt auf das Aufdecken und Validieren dieser Beziehungen" (Strauss & Corbin, 1996, S. 156) konzentrieren. Außerdem sollen über die Sample-Auswahl weitere Beispiele für Situationen gesammelt werden, „die auf Unterschiede und Veränderungen in den Bedingungen, dem Kontext, [in] Handeln/Interaktion und Konsequenzen verweisen" (Strauss & Corbin, 1996, S. 156).

– Um das Ziel des selektiven Kodierens (Integrieren der Kategorien, Bildung einer gegenstandsbezogenen Theorie) zu unterstützen, muss das Sampling an dieser Stelle „gut gelenkt und überlegt werden – mit bewußten Wahlen, wer und was erhoben werden soll, damit die notwendigen zusätzlichen Daten erhalten werden" (Strauss & Corbin, 1996, S. 158). Hierfür wird auf den Prozess des diskriminierenden Samplings zurückgegriffen, dabei wählt die*der Forschende „solche Orte, Personen und Dokumente, die die Chance zum Verifizieren des Fadens in der Geschichte, der Beziehungen zwischen den Kategorien und zum Auffüllen spärlich entwickelter Kategorien maximieren" (Strauss & Corbin, 1996, S. 158).

Das Sampling ist im Sinne der GTM so lange fortzusetzen, „bis für jede Kategorie theoretische Sättigung erreicht ist" (Strauss & Corbin, 1996, S. 159). Eine theoretische Sättigung äußert sich dadurch, dass

1. „keine neuen oder bedeutsamen Daten mehr in bezug auf eine Kategorie aufzutauchen scheinen;
2. Die Kategorienentwicklung dicht ist, insoweit als alle paradigmatische[n] Elemente einschließlich Variation und Prozeß berücksichtigt wurden;
3. Die Beziehungen zwischen Kategorien gut ausgearbeitet und validiert sind." (Strauss & Corbin, 1996, S. 159)

Nach Klärung des Vorgehens bei der Fallauswahl soll nun noch das Untersuchungsfeld konkret umrissen werden.

3.2.6 Beschreibung des Untersuchungsfeldes

Wie bereits erwähnt, gehören die Interviewpartner*innen, die im Rahmen der vorliegenden Untersuchung befragt wurden, der Berufsgruppe der Volks- bzw. Grundschullehrer*innen an. Um ein möglichst breites Spektrum an Sichtweisen auf das audiovisuelle Erklärmedium und den Umgang mit ebendiesem zu erhalten, wurde bei der Auswahl der Befragten im Sinne des explorativen Interesses des Forschungsvorhabens versucht, eine große Bandbreite hinsichtlich folgender Merkmale anzustreben:

– Dienstalter
– Schulgröße
– Klassengröße
– Schulumfeld (städtisch oder ländlich)
– Funktion innerhalb der Schule (Klassenlehrer*in, Fachsprecher*in, mit/ohne Leitungsfunktion)
– Geschlecht
– Unterschiede in der Ausbildung der Lehrkräfte

Flick (2017, S. 143) beschreibt als wichtige Voraussetzung für gelingende qualitative Forschungsvorhaben, dass es den Forschenden gelingt, „Zugang zu einem Feld und zu den darin besonders interessierenden Personen und Prozessen" zu finden. Der Verfasser dieser Arbeit ist seit 2012 in unterschiedlichen Institutionen im Bereich der Lehrer*innen-Bildung im Primarstufenbereich in Österreich und als Lehrender seit 2016 auch an einer Universität in Deutschland tätig und verfügt damit über Kontakte zu einer Vielzahl von Lehrkräften, die für ein Interview zum Forschungsgegenstand potenziell infrage gekommen sind. Um weitere Lehrer*innen zu erreichen, wurden auch Kontakte über Dritte (z. B. Unterrichtende in Österreich und Deutschland) angebahnt bzw. über soziale Netzwerke im Internet akquiriert.

Nachdem die methodologischen Überlegungen und die methodischen Zugänge offengelegt wurden, erfolgt nun die detaillierte Darstellung der Untersuchungsergebnisse.

3.3 Untersuchungsergebnisse

Für die vorliegende Studie wurden zwischen August 2021 und Oktober 2022 insgesamt 24 fokussierte Interviews mit Sachunterrichtslehrkräften durchgeführt, wobei zwölf der Interviewpartner*innen österreichische Volksschullehrer*innen waren, die anderen zwölf arbeiteten als Grundschullehrer*innen in Deutschland. Begleitend zur Durchführung der Untersuchung wurde im Sinne der GTM ein Forschungsmemo verfasst, in dem wichtige Erkenntnisse im Zuge der Datenerhebung und -auswertung festgehalten wurden. Wie bereits in Abschnitt 3.2.3 angemerkt, wurden die Interviewpartner*innen für eine bessere Handhabbarkeit und Nachvollziehbarkeit des Erhebungs- und Auswertungsprozesses in mehrere Cluster eingeteilt. Insgesamt waren es am Ende der Untersuchung drei Cluster mit jeweils acht Lehrkräften:

- Cluster 1 bestand aus acht österreichischen Volksschullehrkräften, die Durchführung und Auswertung der Interviews geschah zwischen August 2021 und Februar 2022.
- In Cluster 2 wurden vier Interviews mit österreichischen Volksschullehrkräften und vier Interviews mit deutschen Grundschullehrkräften zwischen März 2022 und Juli 2022 geführt und ausgewertet.
- Cluster 3 umfasste acht deutsche Grundschullehrer*innen, mit denen die letzten Interviews für die vorliegende Studie zwischen Juli 2022 und Oktober 2022 geführt wurden.

3.3.1 Cluster 1 – Fallauswahl und Verlauf der Datenerhebung

Ziel der ersten Datenerhebungsphase – und damit auch leitendes Prinzip beim theoretischen Sampling – war das Identifizieren möglichst vielfältiger Sichtweisen auf den Umgang mit Erklärvideos im Sachunterricht. In Cluster 1 wurden ausschließlich Interviews mit österreichischen Volksschullehrkräften geführt, die Durchführung der acht Interviews fand zwischen dem 10.08.2021 und dem 28.02.2022 statt, die Transkriptionen und Auswertungsschritte erfolgten parallel zur Datenerhebung bzw. am Ende der ersten Interviewphase.

Zum Einstieg in die empirische Erhebung wurde gezielt eine Interviewpartnerin ausgewählt, die bereits über langjährige Erfahrung beim Einsatz von Erklärvideos im Sachunterricht verfügte und auch schon mit den Schülerinnen und Schülern gemeinsam Erklärvideos erstellt hatte. Dazu ein Auszug aus dem Forschungsmemo:

> „Ich kenne IP1 von meiner Zeit als Praxisberater. IP1 hat im Sachunterricht immer wieder neue Technologien ausprobiert und langjährige Erfahrung im Einsatz unterschiedlicher Medien, unter anderem auch mit Erklärvideos. Sie hat die Kinder im Rahmen eines Projekts auch selbst Erklärvideos anfertigen lassen." (Forschungsmemo, 10.08.2021)

Anhand dieses ersten Interviews konnten bereits unterschiedliche didaktische Zielsetzungen beim Einsatz von Erklärvideos im Sachunterricht erfasst werden, aber auch erste Grenzen hinsichtlich des Umgangs mit dem audiovisuellen Medium. Gemäß dem Ziel der Erhebung eines möglichst breiten Meinungsspektrums wurde bei der Auswahl der nachfolgenden Interviewpartner*innen der Versuch unternommen, eine große Vielfalt der in Abschnitt 3.2.6 beschriebenen Merkmale abzubilden. Weil IP1 über mehr als 30 Jahre Unterrichtserfahrung im Sachunterricht verfügte, wurden mit IP2, IP3 und IP4 drei Interviewpartnerinnen befragt, die mitten im Berufsleben standen (zwischen zehn und zwanzig Jahren Berufserfahrung). Eine der drei Lehrerinnen unterrichtete in einer städtischen Volksschule, zwei in ländlichen Gegenden. In den ersten vier Interviews zeigten sich bereits sehr unterschiedliche Herangehensweisen an die Arbeit mit dem audiovisuellen Medium im Sachunterricht bzw. Einstellungen dem Medium gegenüber. Auch der Einfluss der Coronapandemie und der damit verbundenen Schulschließungen auf die zunehmende Nutzung von Erklärvideos wurde in diesen Interviews deutlich. Mit IP5 wurde eine Lehrerin befragt, die das beforschte Unterrichtsmedium nicht nur vor dem Hintergrund ihrer fast 30-jährigen Erfahrung als Volksschullehrerin betrachtete, sondern auch im Kontext ihrer aktuellen Tätigkeit als Schulleiterin. IP7 wurde unter anderem deshalb ausgewählt, weil sie neben ihrer langjährigen Berufserfahrung in der Volksschule auch in der Lehramtsausbildung tätig war, wodurch weitere Facetten zum Umgang mit Erklärvideos im Sachunterricht abgebildet werden konnten. Um auch hinsichtlich der Geschlechter eine gewisse Vielfalt zu erzeugen, konnten mit IP6 und IP8 die Sichtweisen zweier männlicher Volksschullehrer mit rund zehn Jahren Berufserfahrung auf das audiovisuelle Unterrichtsmedium erfragt werden. IP8 unterrichtete viele Jahre in einer Volksschule in einer Großstadt, IP6 unterrichtete in einer Kleinstschule und konnte hier aufgrund seiner mehrjährigen Arbeit in Mehrstufenklassen auch Aspekte der Nutzung von Erklärvideos im Sachunterricht unter diesem Blickwinkel einbringen.

Eine Gemeinsamkeit aller Interviewpartner*innen von Cluster 1 war, dass sie – wie im österreichischen Volksschulwesen üblich – neben dem Sachunterricht auch einen Großteil der anderen Schulfächer unterrichteten. Manche der Interviewpartner*innen nannten in diesem Zusammenhang auch immer wieder Beispiele der Erklärvideonutzung in anderen Unterrichtsfächern (z. B. im Mathematikunterricht). Da der Fokus dieser Arbeit explizit auf dem Einsatz des audiovisuellen Unterrichtsmediums im Sachunterricht liegt, wurden jene Interviewpassagen, die sich ausschließlich auf andere Unterrichtsfächer bezogen, beim Kodierprozess ausgeklammert.

Die Durchführung der Interviews im Onlineformat verlief in allen acht Fällen ohne technische Zwischenfälle. Aufgrund ihrer Erfahrungen mit unterschiedlichen Onlineformaten im Zuge der Coronapandemie stellte die Online-Interviewsituation auch für keine*n der Interviewpartner*innen eine Herausforderung dar. Eine offene und kommunikative Gesprächsatmosphäre war durchwegs gegeben, auch ohne die physische Präsenz der Gesprächspartner*innen. Der einleitende Fokus – das Erklärvideo zu Beginn des Interviews – leistete einen wesentlichen Beitrag, um unmittelbar in das Thema einzusteigen und ein praktisches Beispiel zu haben, an das direkt angeknüpft werden konnte. Die meisten Interviewpartner*innen bezogen auch im Verlauf des Interviews das eingangs gezeigte Erklärvideo immer wieder in ihre Ausführungen mit ein.

3.3.2 Cluster 1 – Ergebnisse der ersten Auswertungsphase

Im Zuge der Auswertungsprozesse der ersten acht Interviews wurde die Sammlung an Kodes kontinuierlich erweitert und ausdifferenziert und die Kodes in weiterer Folge schrittweise zu Kategorien zusammengefasst. Nach dem offenen Kodieren der Gesprächstranskriptionen wurden im Verlauf des axialen Kodierens die Kodes und Kategorien zueinander und zum untersuchten Phänomen in Beziehung gesetzt. Das von Strauss und Corbin (1996) vorgeschlagene Kodierparadigma ermöglichte es, entsprechende Bezugspunkte zwischen einzelnen Aspekten der Erklärvideonutzung herstellen zu können. Über die Analyse der Interviewtranskripte konnten ursächliche Bedingungen der Erklärvideonutzung, Handlungs- und Interaktionsstrategien beim Einsatz der Medien, Kontextfaktoren und intervenierende Bedingungen, die den Gebrauch von Erklärvideos beeinflussen, sowie Konsequenzen für die Arbeit im Sachunterricht festgestellt werden. Dem iterativen Forschungsprozess entsprechend wurden bestehende Kategorien durch neu erhobene empirische Daten aus nachfolgenden Interviews weiter mit Textstellen angereichert und neue Konzepte entdeckt.

Die nun folgende Beschreibung der Detailergebnisse aus Cluster 1 folgt der vorhin beschriebenen Unterteilung in „ursächliche Bedingungen", „Handlungs- und Interaktionsstrategien", „Kontext", „intervenierende Bedingungen" sowie „Konsequenzen". Zur Schaffung einer besseren Übersichtlichkeit werden iden- tifizierte **Kernkategorien** fett und kursiv dargestellt, entsprechende *Subkategorien* kursiv.

Ursächliche Bedingungen

Hinsichtlich der ursächlichen Bedingungen des Erklärvideoeinsatzes im Sachun- terricht zeichneten sich in Cluster 1 zwei zentrale Kategorien ab:

- *Schulschließungen und Fernunterricht im Zuge der Coronapandemie*
- *Umgang mit dem Bildungsauftrag des Sachunterrichts*

Es ist anzunehmen, dass die Coronapandemie auch aufgrund der zeitlichen Überschneidung mit dem Untersuchungszeitraum für den Großteil der befragten Lehrer*innen ein zentrales Thema – und mitunter auch eine Herausforderung – in ihrem unterrichtlichen Handeln war. In den Interviews wurde deutlich, dass die Corona-Lockdowns und die damit einhergehenden *Schulschließungen und Fernunterrichtsphasen* einen wesentlichen Grund für eine verstärkte – oder gar erstmalige – Nutzung von Erklärvideos im Sachunterricht (wie auch in anderen Unterrichtsgegenständen) darstellten:

> „Ja, durch Corona teilweise mehr … ist es mehr geworden, weil man eben den Kin- dern … ich hab auch versucht, Erklärvideos selbst zu gestalten, hab aber viele in- also auf YouTube zum Beispiel gibt es wirklich tolle Erklärvideos, die schon einsatzbereit sind. Vorher … vor Corona war's eher weniger." (IP2, 15)

> „Ja, also … in Zeiten von Distance Learning hab ich natürlich auch viele verwendet … nicht nur im Sachunterricht, […] eben um den Kindern das besser erklären zu können, damit sie sich das zu Hause noch mal anschauen können, weil ich ja gefehlt hab im Unterricht." (IP3, 15)

> „Vor dem Lockdown war das nicht so häufig. Während des Lockdowns hast du natür- lich im Homeoffice gelernt, wenn die Kinder ein YouTube-Video sehen, ist es viel, viel hilfreicher, als würdest du ihnen jetzt ein Arbeitsblatt zuschicken, wo einfach – z. B. bei den Knochen der Menschen – wo einfach nur beschriftet gehört, wo sind welche Knochen. Ein Kind, zweite, dritte Schulstufe, hat keine Ahnung, das braucht visuell irgendetwas dazu. […] während des Lockdowns kommst du als Lehrer drauf, diese Erklärvideos sind ja eigentlich viel, viel hilfreicher, als sie ursprünglich von mir wahrgenommen wurden, und dementsprechend suchst du jetzt auch, wenn du Unter- richtsvorbereitung machst, sehr, sehr viele auditive Sachen, visuelle Sachen, wenn das alles in einem Video verknüpft ist, ist es perfekt." (IP6, 47)

„Ja. Hätte ich sonst nie gemacht. Also, weil ich ja nicht- die Notwendigkeit war auch nicht da. Weil jene Kinder, wo ich was erklären musste, und die waren krank, na ja, die kommen nach einer Woche und denen erkläre ich es neu, das ist kein Thema. Wenn es grobe Schwierigkeiten gibt, dann schickt man das Kind halt in den Förderunterricht. Aber wenn ich die dann mal drei, vier, fünf Wochen nicht sehe, musste ich im Stoff weitergehen. Und eine Neuerarbeitung … da kam ich nicht drum herum." (IP7, 75)

„Also in der Lockdown-Zeit auf alle Fälle, weil da war das sozusagen das Einzige, das Input war. Statt einer Präsentation von mir war das dann eben oft ein Video und die Kinder haben dazu etwas machen müssen." (IP8, 131)

Aus den Interviewpassagen geht hervor, dass sich einige Lehrer*innen ohne die Notwendigkeit der Gestaltung von Distance-Learning-Angeboten vermutlich (noch) nicht mit dem Unterrichtsmedium Erklärvideo auseinandergesetzt hätten. Insgesamt kann festgehalten werden, dass die Kategorie *Schulschließungen und Fernunterricht im Zuge der Coronapandemie* für Cluster 1 im Untersuchungszeitraum eine wichtige ursächliche Bedingung für den Erklärvideoeinsatz darstellte. Nur IP4 merkte an: „[…] wenn ich jetzt nur an den Sachunterricht denke, war die Coronapandemie nicht ausschlaggebend" (IP4, 55).

Die zweite identifizierte Kategorie, *Umgang mit dem Bildungsauftrag des Sachunterrichts*, zeigt auch, was die interviewten Lehrkräfte im Sachunterricht als besonders bedeutsam erachten:

„[…] du musst mit den Kindern mal ein Basiswissen schaffen. […] Da muss man wirklich mal eine Basis schaffen, und dann … was für mich noch im Sachunterricht wichtig ist, Verbindungen zum täglichen Leben oder zur Lebenswelt der Kinder herstellen […]." (IP1, 43)

„Also der Auftrag des Sachunterrichts ist zum Teil unter anderem eben die Lebenswelt um uns herum, aber nicht nur unmittelbar, sondern auch in den anderen Ländern zu erforschen. Sachunterricht ist ein sehr breites Spektrum." (IP3, 83)

„[…] für mich ist der Sachunterricht eher so, das Entdecken steht im Vordergrund. Das heißt, weg vom Frontalunterricht hin zu die Kinder sollen arbeiten." (IP6, 79)

„[…] na ja, der Sachunterricht ist so allumfassend, das ist für mich immer so ein- wenn mein Bildungsauftrag ist, die Kinder … ihnen aus Natur, aus Technik, aus Geschichte, aus Geografie diesen Spannungsbogen von der Ersten bis zur Vierten zu spannen, ist das Wahnsinn eigentlich. Jedes Mal denk ich mir, wenn ich in eine neue Schulstufe gehe, es ist irre, welches Wissen die eigentlich bräuchten, nicht haben, vom Gänseblümchen bis hin zum Zweiten Weltkrieg, da ist alles drinnen. Über die Tiefebene … das ist unfassbar." (IP7, 103)

Neben der *Grundlegung der Allgemeinbildung* und der *Lebensweltorientierung* als zentrale Aufgaben des Sachunterrichts wurde in den Zitaten als Ziel auch

genannt, den *Kindern das Entdecken und Entwickeln von Interessen zu ermöglichen*. Einige der Interviewpartner*innen beschrieben die Gestaltung eines solchen
Sachunterrichts als *herausfordernde Aufgabe für die Lehrkraft*:

> „Der Sachunterricht hat so ein großes Spektrum, dafür müsste eigentlich noch mehr
> Zeit anberaumt gehören." (IP3, 83)

> „Und da, dass du da wirklich explizit dann auf die Interessen der Kinder schaust, ist
> verdammt schwer […]." (IP6, 83)

Der **Umgang der Lehrkraft mit dem Bildungsauftrag des Sachunterrichts** kann
damit als ein von der Coronapandemie unabhängiger Grund für den Einsatz
von Erklärvideos im Sachunterricht betrachtet werden. Um den – mitunter herausfordernden – Aufgaben des Sachunterrichts zu begegnen, greifen einige der
interviewten Lehrkräfte auch auf das audiovisuelle Unterrichtsmedium zurück.
Welche Strategien die Lehrer*innen in Bezug auf den Umgang mit Erklärvideos
beschreiben, wird im nächsten Teil dargestellt.

Handlungs- und interaktionale Strategien
Das Herausarbeiten von Handlungs- und Interaktionsstrategien, die Lehrkräfte
zum Umgang mit Erklärvideos im Sachunterricht beschreiben, stellt ein zentrales Erkenntnisinteresse des vorliegenden Forschungsvorhabens dar. In Cluster 1
konnten anhand der Aussagen der Interviewpartner*innen hierzu folgende vier
übergeordnete Kategorien identifiziert werden:

– *Vorgehen bei der Auswahl von Erklärvideos für den Sachunterricht*
– *Gestaltung von Erklärvideos im bzw. für den Sachunterricht*
– *Didaktische Zielsetzungen bei der Erklärvideonutzung im Sachunterricht*
– *Situationsspezifischer Umgang mit Erklärvideos im Sachunterricht*

Im Zusammenhang mit dem **Vorgehen bei der Auswahl von Erklärvideos für den
Sachunterricht** wurden bei den ersten acht Interviews zwei Aspekte deutlich,
einerseits die verschiedenen *Quellen*, aus denen die Erklärvideos für den Sachunterricht stammen, andererseits die unterschiedlichen *Kriterien*, die Lehrkräfte
bei der Auswahl der Erklärvideos ansetzen, oder wie es eine Interviewpartnerin
formulierte: „Also ich muss auf jeden Fall als Lehrerin eine Vorauswahl treffen,
ich muss auswählen, was empfinde ich als gut, was empfinde ich als insofern
wertvoll, dass die Kinder auch einen Nutzen haben davon, und ich sie nicht
nur vor den Kasten [Bildschirm, S. M.] setze." (IP5, 67) In Tabelle 3.1 sind alle

genannten *Auswahlkriterien* zusammengetragen, die von den acht befragten Lehrkräften hinsichtlich der Auswahl von Erklärvideos für den Sachunterricht in den Interviews genannt wurden.

Tabelle 3.1 Genannte Auswahlkriterien für Erklärvideos im Sachunterricht – Cluster 1

Kategorie	Kode	Interviewquelle
Gestalterische Merkmale	Dauer	IP1, IP4, IP6, IP7, IP8
	Einsatz von Farben	IP1, IP2, IP3, IP4, IP5
	Sprachliche Verständlichkeit	IP1, IP2, IP3, IP4, IP5
	Animationen	IP4, IP6, IP7, IP8
	Angenehme bzw. bekannte Stimme	IP3, IP4, IP7
	Abwechslungsreichtum	IP2, IP8
	Gezielte Kamerafahrten und -perspektiven	IP4, IP8
	Professionalität der technischen Umsetzung	IP3, IP6
	Realfilme	IP3, IP4
	Nutzung von Soundeffekten	IP2
	Storytelling	IP3
	Verborgenes sichtbar machen	IP8
Inhaltsbezogene Merkmale	Angemessene Informationsdichte	IP1, IP2, IP5, IP8
	Nachvollziehbare Erkläransätze	IP2, IP4, IP5, IP7
	Aktualität	IP4, IP8
	Eindeutige Zielsetzung	IP1, IP6
	Klare Struktur	IP1, IP6
	Angabe genutzter Quellen	IP8
	Nutzung von Analogien	IP7
	Sachliche Richtigkeit	IP8
Zielgruppen-bezogene Merkmale	Kindgerechte Aufbereitung	IP2, IP3, IP4, IP6, IP7, IP8
	Altersgemäßheit	IP1, IP3, IP5, IP6, IP8
	Aufforderungscharakter	IP6

Bei der Auswertung der ersten acht Interviews wurde deutlich, dass einige Lehrkräfte sehr unspezifische Kriterien für die Auswahl von Erklärvideos benannten. Für die Gespräche mit den Lehrkräften des zweiten Interviewclusters sollte deshalb ein Fokus auf diese Facette des Umgangs mit Erklärvideos gelegt werden, um noch genauer zu ergründen, wie bei der Auswahl der audiovisuellen Medien konkret vorgegangen wird.

Hinsichtlich der *Quellen für Erklärvideos* bzw. des Vorgehens bei der Suche nach passenden Videos beschrieben die Interviewpartner*innen aus Cluster 1 unterschiedliche Strategien. Drei Lehrkräfte berichteten von Empfehlungen innerhalb des Kollegiums:

> „Also man weiß dann einfach schon auch durch den Austausch mit Kolleginnen, was sind gute Videos, was sind Videos, die man echt gut verwenden kann." (IP5, 43)

> „[…] auch im Kollegenkreis wird herumgechattet, geschrieben über WhatsApp, ‚Wer hat zu welchem Thema vielleicht ein Video?‘, das ist in letzter Zeit auch häufiger der Fall, weil andere Lehrer […] auch solche Videos verstärkt nutzen und das dann automatisch gleich in die WhatsApp-Gruppe schicken und sagen: ‚Hey, schaut euch das an, das ist super.‘" (IP6, 55)

> „Hin und wieder bekommen wir vom Medienzentrum DVDs zugeschickt, wir haben da eine Kollegin, die ist für das zuständig bei uns, und das ist der seltenere Teil, dieser Zufall, wenn irgendjemand sagt: ‚Ah, wir haben dieses Video da, schau dir das einmal an, das könnten wir für die Klasse verwenden.‘" (IP8, 75)

Die Nutzung von Offline-Angeboten, wie im letzten Zitat beschrieben, wurde noch von einer zweiten Interviewpartnerin angesprochen: „Und an der Schule haben wir zum Glück einen großen Pool an ‚Was ist was‘-DVDs, und die ziehe ich dann für die vierten Klassen heran." (IP4, 67) Aufgrund der in einigen Interviews angemerkten mangelnden Funktionalität des Internets an der Schule seien derartige Angebote an „Offline-Videos […] dann halt schon auch praktisch" (IP4, 95).

Online abrufbare Erklärvideos wurden von allen interviewten Lehrenden genutzt, wobei in erster Linie auf YouTube nach Erklärvideos gesucht wurde, wie diese Auswahl an Aussagen verdeutlicht:

> „[…] also auf YouTube zum Beispiel gibt es wirklich tolle Erklärvideos […]." (IP2, 15)

> „Das Erste, was ich mach, ich such zuallererst auf YouTube." (IP4, 67)

> „Also da geh ich dann rein und such mir aus dem Internet – auch YouTube natürlich – Videos, ich geb das Thema ein und such mir dann die Videos raus." (IP5, 43)

„Eigentlich geb ich's nur auf YouTube ein." (IP7, 91)

Beim Erklärvideoangebot auf YouTube hätten sich auch die Auswirkungen der Coronapandemie bemerkbar gemacht:

> „Es wurden auch viel mehr Videos erstellt und dadurch hat sich auch die Qualität verbessert, weil ja auch mehr an Videos erstellt wurden, versucht auch jeder, etwas Besseres zu erschaffen. Und dadurch ist die Auswahl auch größer geworden und auch die Qualität in dem Sinn besser, weil sich mehr damit auseinandergesetzt haben." (IP3, 103)

Neben Videos, die nicht von Fachleuten erstellt wurden, wurden auch professionell produzierte Angebote aus dem Bildungsfernsehen – entweder direkt über YouTube oder über die Mediatheken öffentlich-rechtlicher und privater Fernsehsender – als Ressource für Erklärvideos für den Sachunterricht genutzt. Konkrete Serienformate, die von Lehrkräften in Cluster 1 genannt wurden, waren folgende:

– Checker Tobi (IP2, IP4, IP8)
– Lach- und Sachgeschichten – Die Sendung mit der Maus (IP4, IP5, IP7)
– Anna und die wilden Tiere (IP4, IP5)
– Löwenzahn (IP4, IP6)
– Woozle Goozle (IP4, IP5)
– Checker Can (IP5)

Kommerzielle Videoangebote von Verlagen, etwa jene der „Was ist was"-Reihe (IP3, IP4) und jene von „Pixi Wissen" (IP4), wurden ebenso in den Interviews thematisiert (in Abschnitt 3.3.8 werden alle genannten Bildungsformate genauer beschrieben). IP4 nannte für den Sachunterricht auch die kommerzielle Nachhilfe-Plattform Sofatutor als Anlaufstelle für potenzielle Unterrichtsvideos. Ein Interviewpartner sah das vermehrte Auftreten kommerzieller Erklärvideoangebote jedoch kritisch:

> „[...] es kommt vermehrt – ja, als Direktor weiß ich das –, dass du sehr viele Vertreter hast, die in letzter Zeit sehr viele Erklärvideos anbieten. Gerade jetzt wegen Homeschooling und Distance Learning. Und wenn du dir da manche Erklärvideos anschaust, kommst du drauf, das ist im Prinzip nichts anderes als eine PowerPoint-Präsentation als mp4 abgespeichert, und die wollen dafür 300 bis 400 Euro." (IP6, 87)

Zwei Lehrkräfte erwähnten, unter anderem auch in Printmedien für die Grundschule nach Verweisen auf passende Erklärvideos für den Sachunterricht zu suchen: „[…] in diesen Medien sind auch immer wieder dann kleine Erklärvideos zu einem bestimmten Thema, die sind auch recht nützlich" (IP1, 35).

Neben der Auswahl aus den verfügbaren kostenlosen oder kostenpflichtigen fremderstellten Erklärvideoangeboten berichteten einige Lehrkräfte auch von Wegen der *Gestaltung von Erklärvideos im bzw. für den Sachunterricht.* Hier konnten zwei Handlungsfelder unterschieden werden:

– *Lehrkräfte gestalten Erklärvideos für den Sachunterricht*
– *Lernende gestalten Erklärvideos im Sachunterricht*

Vier Interviewpartner*innen aus Cluster 1 erzählten davon, bereits *selbst Erklärvideos für den Sachunterricht gestaltet* zu haben:

„[…] ich hab auch versucht, Erklärvideos selbst zu gestalten […]" (IP2, 15); „[…] ich hab mich auch selbst aufgenommen, an der Tafel […]." (IP2, 87)

„Und da hab ich auch selber schon welche erstellt, zum Beispiel über den Morsecode." (IP3, 43)

„[…] wo ich auch schon selber versucht habe, mich in die Materie ein bisschen einzuarbeiten und selber Videos zu machen […]." (IP6, 47)

„Wenn ich es mache, dann ist es ja zugeschnitten auf meine Klasse, auf die Bedürfnisse, auf den Leistungsstand, auf den Ist-Stand der Kinder, definitiv! Vor allem, ich kann das immer wieder herholen, das hat schon einen Riesenvorteil, auch eben wenn … wie gesagt- oder im Förderunterricht, da war es schon immer wieder, dass ich es den Kindern noch mal vorgespielt hab. Also einen Vorteil sehe ich darin schon, einen erheblichen, ja, definitiv." (IP7, 59)

Die Aussage von IP7 verdeutlicht einen zentralen Beweggrund für das Erstellen eines Erklärvideos für den eigenen Unterricht, nämlich die genaue Anpassung an die Lernvoraussetzungen und Bedürfnisse der eigenen Schüler*innen. Für die zweite Erhebungs- und Auswertungsphase soll ein Ziel auch darin bestehen, mögliche weitere Motive der Erklärvideoerstellung durch die Lehrkraft zu ergründen.

Eine weitere Handlungsstrategie beschrieben jene Lehrkräfte, die eine Gestaltung von Erklärvideos zur Unterrichtsmethode machten. Die Mehrzahl der in Cluster 1 interviewten Lehrer*innen hatte bereits Erfahrungen darin gesammelt, die *Lernenden Erklärvideos gestalten* zu lassen:

„Ich muss sagen, die Erklärvideos, die ich mit den Kindern gemacht hab … das war mit Stop-Motion. […] In kleinen Gruppen, dass sie das selber machen. Weil wenn sie es dann selber sehen und dann aufnehmen, verstehen sie es besser und sie müssen sich wirklich in die ganze Materie und in die Problematik hineindenken und mit kurzen, knappen Sätzen beschreiben, ganz pointiert […].“ (IP1, 67)

„Ja, wir hatten da einen Workshop zum Thema Bienen und es war total interessant, aber es- für die Kleinen, sag ich, sprengt es den Rahmen. Also ich müsste da total viele Sachunterrichtsstunden aufwenden, damit ein kleines Erklärvideo herauskommt. Also wir hatten im Workshop sechs Stunden ungefähr und es war total nett. Den Kindern hat es irrsinnig Spaß gemacht, aber es war halt eher so … ein 20-Sekunden-Video ungefähr, also pro Gruppe.“ (IP2, 63)

„Wir haben es vor zwei Jahren einmal probiert, wo wir angefangen haben, durch Anschaffungen der Gemeinde, dass wir drei Computer bekommen haben, dass ich – ähnlich wie du es probiert hast – mit Papiermännchen übereinanderlappend solche Zeitraffervideos aufbauen wollte. Das ist daran gescheitert, dass wir dann einfach technische Probleme hatten und die Kinder dann mehr oder weniger verzweifelt sind, und nicht nur die Kinder, sondern ich auch, weil da haben wir extrem viele Bluescreens gehabt. Und es scheitert dann wirklich, wenn du so was umsetzen willst, wirklich am Material selber […].“ (IP6, 99)

„Ja, haben wir auch probiert. Ja, das war spannend. Ja, in dem Fall auch, weil Kinder erklären Kindern oftmals auch besser […]. Also, da durften sie Lehrer spielen, das macht natürlich auch- weil sie mussten sich vorher ein Konzept zusammenstellen, weil ich gesagt hab: ‚Wir können da eben nur kurze Zeit, das darf nur 1 bis 2 Minuten dauern, das heißt, […] das muss Hand und Fuß haben.‘ Da haben sie schon, ja, da hat jeder zwei Stunden gewerkt, bis er das draufgehabt hat, dann haben wir das aufgenommen, das war schon ganz- also meine Idee dahinter war nicht: ‚Wir erklären es jetzt jemand anderem‘, sondern sie selber mussten den Inhalt so verinnerlichen, dass sie es erklären konnten, und somit war für mich eigentlich das Lernziel erreicht […].“ (IP7, 79)

„Wir haben Experimentiervideos gemacht, wo die Kinder dann darüber gesprochen haben. Es war weniger erklären, eher so, was sie gesehen haben.“ (IP8, 123)

Die Wortmeldungen verweisen auf sehr unterschiedliche Erfahrungen bei den Bemühungen, die Lernenden Erklärvideos gestalten zu lassen. Außerdem werden hier bereits Grenzen hinsichtlich der Umsetzung einer Erklärvideogestaltung durch die Lernenden im Sachunterricht deutlich, etwa in technischer und zeitlicher Hinsicht (konkret wird darauf in diesem Kapitel bei den „Intervenierenden Bedingungen“ und den „Konsequenzen“ eingegangen). Auf der anderen Seite beschrieben die Lehrkräfte auch Chancen, die die Arbeit der Lernenden an eigenen Erklärvideos im Sachunterricht eröffnet, etwa die *intensive Beschäftigung mit einem Thema* (Details dazu siehe „Konsequenzen“ in diesem Kapitel).

Die umfangreichste Kategorie, die im Zuge des Kodierprozesses von Cluster 1 identifiziert wurde, betrifft die **didaktischen Zielsetzungen bei der Erklärvideonutzung**, also eine Zusammenschau der Antworten der interviewten Lehrer*innen auf die Frage: Wozu werden Erklärvideos im Sachunterricht eingesetzt? Die genannten Zielsetzungen legen vielfältige Einsatzgebiete nahe:

- *Einführung in ein neues Thema* (IP1, IP2, IP3, IP4, IP5, IP6, IP7, IP8)
- *Wiederholung von Lerninhalten* (IP1, IP2, IP3, IP4, IP5, IP7, IP8)
- *Erklärvideo als Sprechanlass* (IP1, IP2, IP3, IP4, IP5, IP8)
- *Visualisierung/Veranschaulichung* (IP2, IP3, IP5, IP6, IP7, IP8)
- *Differenzierung und Individualisierung* (IP3, IP4, IP5, IP6, IP7)
- *Verständliche Aufbereitung komplexer Themen* (IP5, IP6, IP7, IP8)
- *Medienvermittelte Lebensweltbegegnung* (IP3, IP4, IP5, IP6)
- *Ansprechen mehrerer Sinneskanäle* (IP2, IP3, IP5)
- *Anbieten verschiedener Erkläransätze* (IP2, IP4, IP7)
- *Unterstützung von Kindern mit nicht-deutscher Erstsprache* (IP4, IP7)

Die Interviewpartner*innen aus Cluster 1 nannten alle die *Einführung in ein neues Thema* als eine Intention ihres Erklärvideoeinsatzes im Sachunterricht. Hierzu einige Auszüge aus den Interviews:

„Na ja, ich setze sie prinzipiell zum Einstieg ein, damit die Kinder einen Überblick bekommen über das Thema, woraufhin ich dann im Unterricht näher eingehen kann." (IP2, 23)

„Oft verwende ich die Videos als Einstieg in das Thema […]." (IP4, 43)

„Ich hab für mich so herausgefunden, es eignet sich für meinen Unterrichtsstil super für die Einleitung, super für den Anfang […]." (IP6, 39)

„[…] zu Beginn brauch ich irgendeinen Opener, brauch irgendeine Erklärung, wohin geht das Thema. Und deshalb möglicherweise auch am Anfang das Erklärvideo." (IP7, 51)

Als Begründung für den Erklärvideoeinsatz zu Beginn einer Sachunterrichtsstunde nannte IP6 die wahrgenommene gesteigerte Aufmerksamkeit aufseiten der Kinder (mehr dazu siehe „Konsequenzen" in diesem Kapitel): „[…] wenn du einen Unterrichtseinstieg machst mit Video, klar, die Augen sind noch größer, die Ohren noch gespitzter […]." (IP6, 51)

Aber auch für den Abschluss einer Sachunterrichtsstunde setzten die interviewten Lehrkräfte Erklärvideos ein, konkret zur Festigung und *Wiederholung von Lerninhalten*:

„[…] hab ich sie verwendet als Wiederholung. Da hab ich gesagt: ‚Wir haben bereits das Thema bearbeitet, so, und jetzt schauen wir uns das Video an. Schau genau hin.'" (IP1, 15)

„[…] nachdem wir das gesammelt haben, schauen wir uns dann gemeinsam öfters ein Erklärvideo dazu an und besprechen es noch einmal nach. Einfach zum Festigen." (IP3, 15)

„Und ich hab es dann schon gut gefunden, wenn sie dann Informationen durch den Unterricht gehabt haben und dann vielleicht noch als Wiederholung, Festigung die Videos sehen, weil sie das dann mit anderen Augen sehen." (IP5, 27)

Ein weiteres Ziel, das mehrfach erwähnt wurde, war, die *Erklärvideos als Sprechanlass* zu nutzen, um über sachunterrichtliche Themen ins Gespräch zu kommen:

„Oder wir haben es dann teilweise genommen als Diskussionsanlass: ‚Was sagst du dazu?' Und das war auch sehr spannend, weil die Kinder dann darüber diskutiert haben, über dieses Thema im Sachunterricht." (IP1, 27)

„Ich hab das sehr gern, dass wir einfach dann allgemein- entweder machen das die Kinder in Kleingruppen untereinander oder ‚Schreib dir Fragen auf, denk dir selber dazu, was weißt du noch nicht', dass einfach drüber gesprochen wird." (IP8, 71)

Auch das *Visualisieren und Veranschaulichen* von Lerninhalten des Sachunterrichts wurde als Zielgedanke des Erklärvideoeinsatzes von den Interviewten genannt:

„Ich kann ihnen mein Skelett nicht hinlegen. Und das find ich eigentlich mit den Erklärvideos ganz gut." (IP2, 83)

„[…] während ich erklärt habe, hab ich mir gedacht: ‚Das ist so abstrakt, wenn ich ihnen das nur erzähle', und daraufhin haben wir uns dann in der nächsten Stunde, hab ich ein Video rausgesucht, und da haben wir uns das Video dann gemeinsam angeschaut, weil eben auch eine visuelle Unterstützung da war." (IP3, 31)

„Ich finde, das Super-Riesenpotenzial von einem Video ist einfach, Dinge zu zeigen, die man im echten Leben nicht zeigen kann. Einfach, weil man da nicht gerade dort ist oder weil man nicht in die Erde reinfahren kann oder weil man die Länder nicht so leicht von so hoch oben zeigen kann. Der Riesenvorteil ist meines Erachtens ganz klar, dass man das einfach superleicht anschaulich zeigen kann." (IP8, 103)

Die Möglichkeit, Sachverhalte zu zeigen, die sonst nicht unmittelbar beobachtet werden können, wurde von einigen der interviewten Lehrkräfte als Mehrwert des Mediums Erklärvideo beschrieben. Eine ähnliche Zielsetzung verfolgt der

Einsatz von Erklärvideos als unterstützende Maßnahme bei der *verständlichen Aufbereitung komplexer Themen*:

> „Weil ich manche Vorgänge in der Natur nicht so erklären kann, dann such ich mir ein Video, das dazu passt, wo ich mir denk: ‚Okay, in diesem Video kann ich es auch verstehen, wie das Ganze funktioniert‘, und vielleicht können die Kinder das dann auch sehr, sehr vereinfacht verstehen." (IP5, 59)

> „Wenn du komplexere Themen gehabt hast, weil ich damals auch Windkraft, Solar und Windräder gemacht habe, klar zeigst du dann solche komplexen Sachverhalte anhand eines Erklärvideos." (IP6, 47)

Gerade für Phasen des Fernunterrichts beschrieb IP7 die Erklärvideos als wichtiges Medium für die verständliche Aufbereitung von vielschichtigen Lerninhalten: „Also je komplexer das Thema und je schwieriger es ist, sich das Thema selbst zu erlesen, da braucht es dann das Erklärvideo." (IP7, 91) Ebenso relevant in Zeiten der Corona-Lockdowns – aber nicht ausschließlich dort – wurden Erklärvideos als Möglichkeit der *medienvermittelten Lebensweltbegegnung* im Sachunterricht beschrieben:

> „Mit Corona ist es auch ein Ausweichweg, dass ich mir einfach, wenn ich jetzt kein Museum besuchen kann, vielleicht visuell eine Ausstellung besuche mit einem Erklärvideo, mit dem man da so durchgeführt wird zum Beispiel. Es ist einfach eine Bereicherung in dem Sinn, wenn etwas nicht möglich ist, dorthin zu kommen, es in die Schule zu holen." (IP3, 95)

> „[…] ich kann jetzt keine Kuh in die Klasse reinbringen, zum Beispiel, wenn es um das Thema Bauernhof geht, kann ich den Kindern auch nicht zeigen, wie Melken funktioniert. Also solche praktischen Dinge, die ich von der Außenwelt dann einfach mit Videos reinholen kann." (IP4, 35)

IP3 erwähnte in diesem Zusammenhang auch die Strategie, durch Erklärvideos eine fehlende Ausstattung mit Experimentiermaterialien für den Sachunterricht zu kompensieren, um den Kindern zumindest eine medienvermittelte Begegnung mit naturwissenschaftlichen Phänomenen zu ermöglichen. So sehe man zumindest „einfach die Effekte – das, was man in der Schule nicht gemeinsam machen kann" (IP3, 95).

Ein weiteres Einsatzszenario für Erklärvideos im Sachunterricht beschrieben einige interviewte Lehrer*innen hinsichtlich der Unterstützung von Bemühungen beim *Individualisieren und Differenzieren*:

„[…] seit fünf bis sechs Jahren nutze ich diese Videos bereits und da ist es für mich unausweichlich, dass du das Ganze im selbstregulierten Lernen anbietest […]." (IP6, 27)

„[…] für die Differenzierung, fürs Individualisieren ist das ein Riesen-Mehrwert. Und ich kann die Kinder auch selbstständig arbeiten lassen […]." (IP7, 39)

Der Einsatz von Erklärvideos zur *Unterstützung von Kindern mit nicht-deutscher Erstsprache* kann grundsätzlich auch dem Bereich des *Individualisierens und Differenzierens* zugeordnet werden, wurde im Zuge der Auswertung aber als eigener Bereich behandelt, weil zwei Lehrkräfte hierzu konkrete Handlungsstrategien nannten. IP7 berichtete etwa: „Aber zum Beispiel meinen Kindern mit nicht-deutscher Muttersprache, denen geb ich immer wieder so Links, wo sie sich das eben noch einmal anhören können." (IP7, 95) Dass die Kinder auch Erklärvideos für zu Hause hätten, sei deshalb wichtig, „[w]eil die Mutter kann es nicht erklären, der Vater auch nicht" (IP7, 99).

Ein weiteres Ziel, das einige der Lehrkräfte mit dem Einsatz von Erklärvideos im Sachunterricht zu bezwecken versuchten, war das *Ansprechen mehrerer Sinneskanäle*: „Beim Vorlesen wird ja nur ein Sinn angesprochen, nur das Hören, und so werden ja mehrere Sinne angesprochen, während sie sich etwas anschauen." (IP3, 79)

Auch für das *Anbieten alternativer Erkläransätze* nutzten Lehrer*innen aus Cluster 1 Erklärvideos:

„Und ich finde immer einen zweiten Ansatz gut, dass es vielleicht nicht genau so ist, wie ich es erklären würde oder herzeigen würde." (IP2, 51)

„Und mein pädagogischer Ansatz ist, dass ich einfach kurz wechseln möchte, ich möchte kurz von mir weg, dass sie nicht immer mir zuhören müssen, sondern kurz jemand anderen sehen oder etwas anderes sehen." (IP4, 35)

Die vielfältigen Zielsetzungen, die in Cluster 1 identifiziert werden konnten, stellen wesentliche Erkenntnisse für die gegenständliche Untersuchung dar. In folgenden Iterationsschleifen sollten die Zielsetzungen noch differenzierter betrachtet werden, um weitere Einblicke in die Absichten der Lehrkräfte hinsichtlich der Erklärvideonutzung im Sachunterricht zu erhalten.

Nachdem mit den Zielsetzungen das „Wozu" verdeutlicht wurde, soll mit der Kategorie des *situationsspezifischen Umgangs mit Erklärvideos im Sachunterricht* auf das „Wie" geschaut werden, also die Frage, wie Lehrer*innen die Erklärvideos im Sachunterricht handhaben. Aus den Daten von Cluster 1 geht hervor, dass einige Lehrkräfte für den Sachunterricht das frontale Herzeigen der

Videos bevorzugten, also das *gemeinsame Schauen*, andere wiederum eher die *individuelle Beschäftigung der Lernenden mit Erklärvideos* vorzogen:

> „Meistens frontal alle. Weil da mussten sie nämlich alle hinschauen. Und Einzelsetting eher ganz selten. Also ich hab das lieber bevorzugt mit frontal, alle schauen sich das einmal an." (IP1, 19)

> „[…] ein Erklärvideo soll Sachverhalte näherbringen und die Möglichkeit bieten, auch immer wieder auf Pause zu drücken, wieder zurückzuspulen, sich das eben in Ruhe – jeder in seinem Tempo – anschauen zu können." (IP3, 11)

> „Eine Chance seh ich auch darin, dass Inhalte noch mal gefestigt werden können, durch individuelles Abspielen bzw. Sich-damit-Beschäftigen." (IP7, 115)

> „Es war meistens frontal, muss ich sagen. Weil das war eher so was wie ein Anstoß zu Beginn für etwas. Und dann war das Video eben für alle gleich." (IP8, 51)

Bezüglich des frontalen Abspielens des audiovisuellen Mediums durch die Lehrer*innen belegen einige Interviewpassagen durchaus eine *Flexibilität bei der Handhabung der Erklärvideos*:

> „[…] dann hab ich teilweise halt den Ton weggeschaltet." (IP1, 35)

> „Ich stoppe schon zwischendurch, wenn ich merk: ‚Okay, das sind Begriffe, die wir klären müssen', dann stopp ich das Video […]." (IP4, 63)

> „Es funktioniert ja nicht immer gut. Manchmal zeigt man etwas, merkt, es geht total in die Hose, und dann kürzt man es halt ab, weil man merkt, es ist nicht wirklich zielführend gerade." (IP8, 59)

Um die Aufmerksamkeit der Lernenden während des Anschauens eines Erklärvideos sicherzustellen, griffen einige Lehrkräfte auch zu *interaktiven Elementen*, „dass zum Beispiel gestoppt wird oder dann eine Frage beantwortet werden muss, und dann geht's wieder weiter" (IP4, 87). Manche Lehrkräfte nutzten hierfür Videoangebote, bei denen interaktive Lernaufgaben bereits integriert sind (z. B. bei Sofatutor), andere gestalteten die interaktiven Elemente (z. B. mittels H5P) selbst: „Und da hab ich zum Beispiel über den Morsecode Erklärvideos rausgesucht und zwischendurch einfach so Stopps eingefügt mit Zwischenfragen […]." (IP3, 47)

Eine Maßnahme, die alle Befragten im Kontext der Erklärvideonutzung im Sachunterricht beschrieben, war das *Anbieten begleitender Medien und Aktivitäten*. Konkret genannt wurden:

– Fragen zum Video stellen (IP1, IP3, IP4, IP6, IP8)

- Bearbeiten von Arbeitsblättern (IP1, IP3, IP6, IP8)
- Durchführen von Experimenten (IP2, IP6, IP7)
- Gestaltung von Plakaten/Dokumentationen (IP5, IP7)
- Lesen von Sachtexten (IP3, IP5)
- Durchführen von Stationenbetrieben (IP5, IP6)
- Weiterführende Recherche am Computer (IP1, IP8)
- Ergänzende Realbegegnungen (IP6)

Eine weitere Strategie, die die befragten Lehrer*innen in Hinblick auf die Nutzung von Erklärvideos nannten, betrifft den *Erklärvideoeinsatz im Zuge der Unterrichtsvorbereitung.* Hier handelt es sich zwar um keine direkte Verwendung der Erklärvideos im Unterrichtsgeschehen, trotzdem kann der Einsatz des audiovisuellen Mediums im Zuge der Unterrichtsvorbereitung Auswirkungen auf das Unterrichtshandeln der Lehrkraft im Sachunterricht haben:

> „[…] einfach um meine Informationen zu vertiefen. Ich muss ja erst mal verstehen, und wenn ich es verstehe, dann kann ich es Kindern besser beibringen oder vermitteln. Und da waren die Erklärvideos teilweise schon angenehm […]." (IP1, 59)

> „Ja, nutze ich auch, indem ich mir einfach dann anschaue: ‚Okay, ich würde das jetzt so erklären‘, aber wenn ich im Unterricht merke, die Schüler haben das jetzt nicht so verstanden, wie ich mir das erwartet hab, dann recherchier ich selber und schau mir einfach verschiedene Videos an, welchen Zugang sie dazu haben." (IP3, 111)

> „Wenn ich mich irgendwo nicht auskenne, wie etwas funktioniert, such ich Videos, wo mir das erklärt wird." (IP5, 51)

> „Also … ganz oft, wenn es ein Thema ist, wo ich mir denk: ‚Puh, da möchte ich auf Hintergrundfragen- da möchte ich so ein bisschen ein Hintergrundwissen haben, falls tiefere Fragen kommen‘, schau ich mir selbst auch einige Erklärvideos dazu an." (IP8, 111)

Kontext

Der Kontext für das beforschte Phänomen ist in der vorliegenden Untersuchung bereits durch den Fokus auf das Unterrichtsfach Sachunterricht in der Volks- bzw. Grundschule vorgegeben. Erwähnenswert ist hierbei, dass in den acht Interviews aus Cluster 1 der Einsatz von *Erklärvideos in der gesamten thematischen Bandbreite des Sachunterrichts* beschrieben wurde, wobei die Nutzung von Erklärvideos für naturwissenschaftliche Themengebiete von den befragten Lehrkräften am häufigsten genannt wurde:

- *Erklärvideos zu naturwissenschaftlichen Themenfeldern* (IP1, IP2, IP3, IP4, IP5, IP6, IP7, IP8)
- *Erklärvideos zu historischen Themenfeldern* (IP1, IP2, IP4, IP5)
- *Erklärvideos zu sozialwissenschaftlichen Themenfeldern* (IP1, IP6, IP7)
- *Erklärvideos zu technischen Themenfeldern* (IP4, IP6)
- *Erklärvideos zu geografischen Themenfeldern* (IP8)

Intervenierende Bedingungen
In Bezug auf mögliche intervenierende Bedingungen, die die Erklärvideonutzung im Sachunterricht beeinflussen, konnten in der ersten Interviewphase drei zentrale Kategorien gefunden werden:

- *Verfügbarkeit passender Erklärvideos für den Sachunterricht*
- *Technische Ausstattung im Klassenzimmer*
- *Personenbezogene Merkmale der Lehrkraft*

Die *Verfügbarkeit passender Erklärvideos* wurde von den befragten Lehrkräften aus Cluster 1 sehr unterschiedlich bewertet. Auf der einen Seite erwähnten manche die *Vielfalt der vorhandenen Angebote*:

> „Also wenn ich eines gesucht hab, dann fand ich immer irgendein nettes Video dazu." (IP2, 35)

> „Bisher hab ich eigentlich zu jedem Thema etwas gefunden, das mich interessiert." (IP3, 67)

IP2 merkte in diesem Zusammenhang auch an, dass das Angebot an Erklärvideos seit Pandemiebeginn „viel größer geworden ist" (IP2, 95). Auf der anderen Seite kritisierten Interviewpartner*innen auch *fehlende Angebote für den Sachunterricht* bzw. die *mangelhafte Qualität vorhandener Angebote*:

> „Zu manchen Tieren gibt's zum Beispiel nichts Passendes dazu. Aber dann hab ich's halt nicht, mach ich's halt anders." (IP3, 71)

> „[…] die Videos, die ich so im Internet finde, auf YouTube oder die ‚Was ist was'-Videos, die find ich manchmal zu lang, nur um zum Beispiel den Einstieg zu gestalten." (IP4, 23)

Neben der Verfügbarkeit passender Erklärvideos hat den befragten Lehrkräften zufolge auch die *technische Ausstattung im Klassenzimmer* – bzw. das Fehlen ebendieser – Einfluss auf den Einsatz der Videos im Sachunterricht:

> „So, jetzt hab ich das ActiveBoard dort, ich arbeite nur am Computer eigentlich, da ist schnell ein Erklärvideo hergezeigt, ohne viel Aufwand, sag ich jetzt mal." (IP2, 87)

> „[…] also seitdem ich eine interaktive Tafel habe, nutze ich Videos viel öfter. Vor fünf, sechs, sieben Jahren hab ich noch keine interaktive Tafel gehabt, da […] hab ich Videos vielleicht zweimal im Jahr hergezeigt, einfach aus dem Grund, weil der Fernseher ist extrem klein, dann benutzt ihn grad eine andere Kollegin, dann funktioniert die Videokassette – also, die gibt's eh nicht mehr –, die DVD nicht. Hab ich früher nicht eingesetzt, jetzt mit der interaktiven Tafel ist es viel einfacher und angenehmer." (IP4, 51)

Für die Lehrkräfte sei es IP4 zufolge „natürlich eine Erleichterung, wenn die Klasse gut ausgestattet ist" (IP4, 91). Neben externen Faktoren wie der technischen Ausstattung oder der Verfügbarkeit passender Erklärvideoangebote zeigt die Auswertung der ersten Interviews zusätzlich auch den Einfluss *personenbezogener Merkmale* der Lehrkraft auf den Erklärvideoeinsatz im Sachunterricht. Hierzu zählen etwa *(fehlende) Kompetenzen im Umgang mit der Unterrichtstechnologie* oder auch das *Interesse, sich damit auseinanderzusetzen*:

> „Es ist auch der Unterschied, ob es einen interessiert, ob man Interesse an der Technik hat, weil ich hab zum Beispiel- ich muss halt immer Laptop und Beamer anschließen, damit ich die Videos abspielen kann. In der anderen Klasse würde es sogar ein Smartboard geben, das öfter eingesetzt werden könnte." (IP3, 127)

In Bezug auf das *fehlende Interesse der Lehrkraft* würde IP3 zufolge auch „die beste Technik nichts dran ändern oder wenig dran ändern" (IP3, 131), ob bzw. in welchem Ausmaß Lehrer*innen eine bestimmte Technologie einsetzen. IP7 beschrieb in Hinblick auf die Ablehnung bestimmter Technologien an zwei Stellen auch *Unsicherheiten bzw. Ängste hinsichtlich des Einsatzes von Erklärvideos*:

> „Ich hab immer die Angst, wenn wir zu viele Erklärvideos haben, wir rationalisieren uns weg, wir Lehrer." (IP7, 39)

> „[…] manche [im Kollegium, S. M.] haben wirklich auch die Angst, wenn sie zu viel von diesen Dingen machen und Erklärvideos oder Videos schicken, dann fühlen sie sich so unnütz, der Lehrer tritt immer mehr in den Hintergrund und am Schluss kommt dann: ‚Na, wozu brauchen wir den Lehrer überhaupt noch?'" (IP7, 139)

Ein Standpunkt, der in den Interviews von mehreren Lehrkräften genannt wurde, betrifft die *Wahrnehmung der Unterlegenheit medienvermittelter Sachbegegnung* etwa bei Erklärvideos im Vergleich zu Realbegegnungen, die als bevorzugte Methode der Sachbegegnung im Sachunterricht beschrieben werden:

> „Alles, was mit der Natur zusammenhängt, finde ich besser, wenn die Kinder selber hinausgehen, selber hantieren, selber es erleben, selber tun, riechen, es ausprobieren." (IP1, 55)

> „Ich mein, ein Erklärvideo zum Beispiel zur Natur finde ich nicht so- also ich finde, das sollte mehr greifbar sein, da fehlt mir irgendwie die Greifbarkeit." (IP2, 27)

> „Es macht einen Unterschied, ob ich das Schneeglöckchen nur im Erklärvideo sehe oder ob ich es mir wirklich draußen in der Natur anschauen kann. Also es ist etwas ganz anderes, wenn ich das angreifen kann, fühlen kann. Das kann ich nicht vergleichen, das kann ich mit einem Erklärvideo nicht auf diese Weise näherbringen." (IP3, 99)

Damit machen die befragten Lehrkräfte auch bereits deutlich, wo für sie die Grenzen eines sinnvollen Einsatzes von Erklärvideos liegen. Fehlende Realbegegnungen bzw. fehlende Interaktions- und Handlungsmöglichkeiten werden von den Lehrkräften als Einschränkungen des audiovisuellen Mediums genannt. Das Unterrichtsmedium Erklärvideo könne zwar „unterstützen, aber nicht ersetzen" (IP3, 99). Vor diesem Hintergrund hob IP7 die Wichtigkeit der Lehrkraft hervor:

> „Na ja, wenn Fragen offenbleiben, braucht es den lebendigen Lehrer. Und Rückfragen können dem Video nicht gestellt werden. Erklärvideo allein: Ja, aber wie gesagt, die Grenze ist halt dann, es ist nur das Erklärvideo und ich als Lehrer muss dann rundherum um dieses Erklärvideo den Rahmen basteln." (IP7, 119)

Konsequenzen

In diesem Abschnitt der Ergebnisdarstellung von Cluster 1 soll nun auf die Auswirkungen des Erklärvideoeinsatzes eingegangen werden, die von Lehrkräften in den Interviews beschrieben wurden. Die Aussagen hierzu konnten in drei Kategorien zusammengefasst werden:

- *Wahrgenommene Aktivierung der Lernenden*
- *Erweiterung des didaktischen Handlungsspielraums*
- *Persönliche Bewertung des Erklärvideoeinsatzes*

Als bedeutsame Konsequenz aus dem Einsatz von Erklärvideos nehmen Lehrkräfte die *Aktivierung der Lernenden* im Unterrichtsgeschehen wahr. IP6 berichtete etwa davon, mit Erklärvideos die Neugierde der Lernenden zu wecken, konkret „diesen Anreiz der Kinder zu wecken: ‚Ich will über das Thema mehr wissen'" (IP6, 107). IP8 setzte die Videos ein, damit die Kinder „wieder aufgeweckter sind, dass sie Fragen stellen, dass sie nachdenken" (IP8, 31). IP3 erzählte von Beobachtungen *gesteigerter Aufmerksamkeit der Lernenden* im Kontext der Erklärvideonutzung:

> „Sie sind mehr gefesselt, sie konzentrieren sich viel mehr. Sie können sich länger auf den Fernseher konzentrieren, als wenn ich etwas vorlese. Also wenn ich etwas vorlese, ist zwar auch eine Aufmerksamkeit da, für eine gewisse Zeit, aber irgendwann merke ich, sie werden unruhig. Und beim Fernseher, beim Medium, bleiben sie länger in einer Position sitzen. Weil sie sich mehr darauf konzentrieren." (IP3, 75)

Ziel der zweiten Datenerhebungsphase sollte sein, die spezifischen Beobachtungen der Lehrkräfte zum Verhalten der Kinder beim Erklärvideoschauen noch genauer zu erfragen. Das Erheben weiterer Sichtweisen hierzu sollte Antworten auf die Frage liefern, ob auch andere Lehrer*innen eine derartige Aktivierung der Kinder beim Einsatz der audiovisuellen Medien wahrnehmen.

Eine weitere Auswirkung, die die Interviewpartner*innen bei der Nutzung von Erklärvideos beschreiben, betrifft die *Erweiterung des didaktischen Handlungsspielraums*. Das Erstellenlassen von Erklärvideos durch die Kinder eröffnet einigen Lehrkräften zufolge etwa vielfältige *Möglichkeiten für fächerübergreifendes Arbeiten* und für die *Anbahnung medienkompetenten Handelns*:

> „Also die Kinder müssen jetzt in Deutsch einen Dialog schreiben und überlegen, was sie rüberbringen wollen. Dann müssen sie sich überlegen: ‚Wie formuliere ich das, dass ich das dann auch zeichnerisch umsetzen kann?' Sie müssen das zeichnerisch gestalten, müssen dann jede einzelne Szene wirklich legen und skizzieren […] und uberlegen: ‚Ist es das, oder fehlt da noch was dazwischen, weil das kapier ich eigentlich nicht', und müssen den Text dann noch mal reinschreiben." (IP1, 67)

> „Du lernst durch solche Sachen extrem viel. Wie sollst du dein Handy halten? Wie baust du ein Storyboard auf? Wie sollst du diese Sachen filmen?" (IP6, 103)

> „[…] ich denk mir, das Allerwichtigste ist, dass die Kinder kritisch mit Informationen umgehen." (IP8, 95)

IP6 berichtete auch von der *entlastenden bzw. unterstützenden Funktion des Erkärvideoeinsatzes* im Unterrichtsgeschehen und den daraus entstehenden Möglichkeiten, frei werdende Zeitressourcen für andere pädagogische Aufgaben – im konkreten Fall vorrangig für weiterführende Lehr- und Lernprozesse mit den Kindern unterschiedlicher Schulstufen in Mehrstufenklassen – nutzen zu können:

> „Für mich, ich trau es mich gar nicht laut sagen, aber für mich ist ein Erklärvideo auch hilfreiche Unterstützung, damit ich einmal die dritte und vierte Schulstufe auf die Seite schieben kann, damit die einmal etwas zum Anschauen haben, wo ich mit der ersten und zweiten – teilweise auch mit der Vorschulstufe – ein bisschen eine andere Aufarbeitung machen kann von diesem Thema [...].“ (IP6, 35)

Die Gesamtbetrachtung bzw. *Bewertung des Erklärvideoeinsatzes* als Zusammenschau ihrer Erfahrungen mit dem audiovisuellen Medium fällt bei den interviewten Lehrkräften recht unterschiedlich aus. Manche der Befragten beschrieben den Einsatz von Erklärvideos im Sachunterricht als *zeitgemäße Form der Vermittlung von Inhalten*:

> „Also, ich muss ganz ehrlich sagen, ich hab herausgefunden, dass es mit den Kindern heutzutage schwierig ist, einen normalen Unterricht, wie er früher war, zu machen, weil die schon so auf diese Tablets und auf dieses Interaktive und auf das Fernsehen fokussiert sind, dass mein Unterricht, wenn ich vorne stehe und ihnen etwas erkläre, einfach stinklangweilig ist.“ (IP4, 35)

> „Also, es ist erstens einmal sicher lustbetonter für die Kinder, sie schauen sich sicher sie schauen sich Videos lieber an, als sie müssen einen Text lesen. Es ist sicher ein Vorteil. Vor allem, weil wir alle sehr visuell geschult sind – oder verwöhnt sind, sagen wir so.“ (IP7, 31)

Für einige Interviewpartner*innen war ein *maßvoller Einsatz* von Erklärvideos wichtig, hier zwei Auszüge:

> „Ich würde auch die Erklärvideos nicht zu viel einsetzen, sonst ist das wie eine Scho kolade, wenn du jeden Tag Schokolade bekommst, ist es auch fad. Also ich würde es wirklich gezielt einsetzen und nicht so oft, weil dann hat das für die Kinder absolut keinen Reiz mehr.“ (IP1, 55)

> „[...] es ist jetzt nicht so, dass ich das jetzt unbedingt und dringend benötige, es ist eine nette Ergänzung, weil auch die Kinder das Format Film und Video sehr gewohnt sind und besser darauf ansprechen als darauf, wenn ich ihnen einfach nur etwas vorlese zum Beispiel.“ (IP3, 71)

IP8 sah im Medium selbst keinen Aufforderungscharakter mehr für die gegenwärtige Schüler*innen-Generation:

„Es ist halt nur so, dass das ‚einfach nur Video zeigen‘ selber, dass das irgendeinen Effekt hat, ich glaub, die Zeit ist vorbei. Das war in meiner Schulzeit so, wenn es geheißen hat: ‚Oh, der Fernseher wird hineingerollt‘, dann waren schon alle sehr aufmerksam. Aber jetzt, wo wir diese Whiteboards, Smartboards in den Klassen haben, ist das einfach nicht mehr so der Effekt." (IP8, 59)

Auch der *Zeitaufwand für selbst erstellte Erklärvideos* wurde von den interviewten Lehrkräften als sehr hoch bewertet. Viele Lehrer*innen würden keine eigenen Erklärvideos erstellen, „weil es so ein Riesenaufwand ist" (IP7, 63). Auch IP6 merkte hierzu an: „Die Zeit als Lehrer und Direktor hab ich jetzt nicht, dass ich wöchentlich neue Videos produziere, da bist du klarerweise auf einen Pool angewiesen, der schon vorhanden ist." (IP6, 47)

3.3.3 Cluster 1 – Erste Überlegungen zu einem Rahmenmodell

Die Ergebnisse der Interviewauswertungen von Cluster 1, die im vorigen Kapitel beschrieben wurden, zeichnen bereits ein differenziertes Bild der Erklärvideonutzung im Sachunterricht aus Sicht der Lehrkräfte. Als **Ursachen** für den Erklärvideoeinsatz konnten bisher zwei Faktoren identifiziert werden: auf der einen Seite unterschiedliche *Umgangsweisen mit dem Bildungsauftrag des Sachunterrichts*, auf der anderen Seite die speziellen *Anforderungen aufgrund der Auswirkungen der Coronapandemie* mit der Notwendigkeit, Fernunterricht gestalten zu müssen. *Personenbezogene Merkmale der Lehrer*innen*, die *technische Ausstattung im Klassenzimmer* sowie die *Verfügbarkeit passender Erklärvideoangebote* wurden als **intervenierende Bedingungen** ermittelt, die den Umgang mit Erklärvideos im Unterricht beeinflussen. Hinsichtlich der **Handlungs- und Interaktionsstrategien** konnten bereits Einblicke gewonnen werden, anhand welcher Kriterien Lehrer*innen *Erklärvideos für den Sachunterricht auswählen* bzw. inwieweit die Lehrkräfte selbst *Erklärvideos gestalten* oder von den Lernenden gestalten lassen. Verschiedene Möglichkeiten des *situationsspezifischen Umgangs* mit dem audiovisuellen Medium im Unterrichtsgeschehen konnten anhand der Aussagen der Lehrkräfte ebenso identifiziert werden wie auch unterschiedliche *Zielsetzungen des Erklärvideoeinsatzes* im Sachunterricht. Auch die *Nutzung von Erklärvideos zu Vorbereitungszwecken* wurde als eine Strategie des Erklärvideoeinsatzes von Lehrenden beschrieben. Als **Konsequenzen** ihres Erklärvideoeinsatzes nahmen die Lehrkräfte von Cluster 1 die *Aktivierung der Lernenden* sowie eine

Erweiterung des eigenen didaktischen Handlungsspielraums wahr. Diese Faktoren beeinflussten wiederum die *persönliche Bewertung der Sinnhaftigkeit des Erklärvideoeinsatzes* im Sachunterricht. In Abbildung 3.5 sind die zentralen Erkenntnisse aus dem ersten Interviewcluster in einer ersten Version des Rahmenmodells dargestellt.

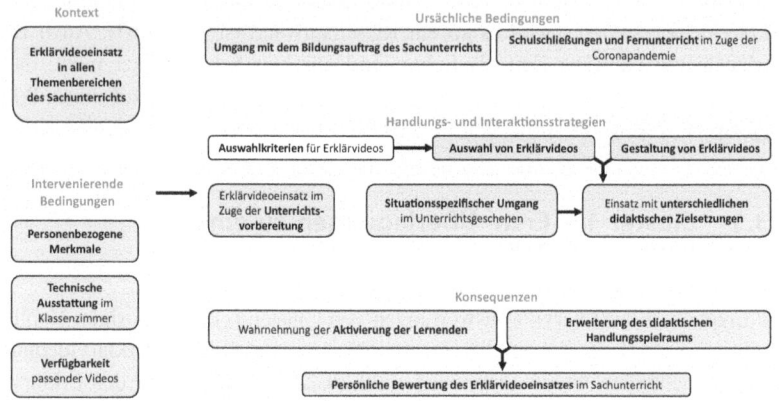

Abbildung 3.5 Erste Version eines Rahmenmodells zum Erklärvideoeinsatz im Sachunterricht. (Eigene Darstellung)

3.3.4 Cluster 2 – Theoretisches Sampling zur Abbildung weiterer Facetten

Nachdem in Cluster 1 bereits unterschiedliche Aspekte des Erklärvideoeinsatzes identifiziert werden konnten, jedoch noch keine theoretische Sättigung erkennbar war, sollten durch die Interviews weiterer Lehrer*innen neue Erkenntnisse zum Umgang mit Erklärvideos im Sachunterricht gewonnen und bestehende Konzepte weiter ausdifferenziert werden. Die zweite Erhebungsphase begann mit der Befragung weiterer Lehrkräfte aus Österreich. Mit IP9, IP10 und IP11 wurden drei Volksschullehrerinnen interviewt, die mit rund 15 bis 20 Jahren Berufserfahrung mitten im Arbeitsleben standen. Zwei der Lehrerinnen unterrichteten in großen städtischen Volksschulen, eine in einer ländlich geprägten Gegend in einer zweisprachigen Volksschule. Alle drei Interviewpartnerinnen hatten bereits Erfahrungen mit dem Einsatz von Erklärvideos im Sachunterricht gesammelt,

IP11 erzählte auch von eigenen Versuchen der Erklärvideoproduktion und von der gemeinsamen Gestaltung sachunterrichtlicher Erklärvideos mit den Lernenden. Da die drei Interviews in der Auswertung wenig neue Erkenntnisse zutage förderten, wurde mit IP12 eine Volksschullehrerin befragt, die zusätzlich in der Ausbildung von Lehramtsstudierenden im Bereich der Medienpädagogik tätig war. Sie begleitete die Studierenden auch bei deren Unterrichtspraktika und konnte daher Beobachtungen einbringen, wie sie angehende Lehrkräfte beim Einsatz von Erklärvideos im Sachunterricht erlebt.

Bis zu diesem Zeitpunkt wurden ausschließlich Interviews mit österreichischen Volksschullehrkräften geführt. In Österreich studieren angehende Lehrer*innen im Rahmen ihrer Ausbildung alle Fächer außer Religion, werden also zu Generalistinnen und Generalisten ausgebildet (Soukup-Altrichter, 2020). Im Sinne des explorativen Interesses des vorliegenden Forschungsvorhabens mit dem Ziel, ein möglichst breit gefächertes Spektrum an Sichtweisen auf das audiovisuelle Medium zu erheben, wurde entschieden, in einem nächsten Schritt auch Lehrkräfte zu befragen, die andere Ausbildungsstrukturen durchlaufen haben. Mit IP13, IP14 und IP15 konnten zwei Grundschullehrer und eine Grundschullehrerin aus Deutschland für Interviews gewonnen werden, die erst seit wenigen Jahren dem Lehrberuf nachgingen und deren Ausbildung sich von jener österreichischer Lehrer*innen stark unterschied: Zum Zeitpunkt des vorliegenden Forschungsvorhabens waren in der Ausbildung von Grundschullehrkräften in Deutschland „fachwissenschaftliche und -didaktische Studieninhalte aus den Fächern Deutsch und Mathematik sowie einem weiteren Fach oder Lernbereich für die Grundschule bzw. Primarstufe" (KMK, 2018, S. 2) Bestandteil des Studiums. Auch wenn die Ausbildungsstrukturen für den Sachunterricht an deutschen Universitäten und pädagogischen Hochschulen sehr unterschiedlich ausgestaltet sind (GDSU, 2019), war in diesem Zusammenhang von Interesse zu erfahren, wie Sachunterrichts-Fachlehrer*innen den Umgang mit dem audiovisuellen Erklärmedium im Sachunterricht beschreiben. Die drei Interviews brachten z. B. hinsichtlich der Auswahlkriterien für Erklärvideos neue Erkenntnisse. Die letzte Interviewpartnerin aus Cluster 2, IP16, kam ebenfalls aus Deutschland, verfügte im Gegensatz zu den drei Interviewten davor jedoch über mehr als 20 Jahre Berufserfahrung in deutschen Grundschulen. Sie berichtete auch über ihre Erfahrungen im Gestalten eigener Erklärvideos.

Die acht fokussierten Online-Interviews mit den Lehrer*innen aus Cluster 2 fanden zwischen dem 07.03.2022 und dem 11.07.2022 statt, parallel dazu wurden die Gesprächstranskriptionen ausgewertet. Wie bereits in Cluster 1 herrschte auch während der Interviews der zweiten Forschungsphase eine positive Gesprächsatmosphäre, bei der Durchführung und Aufzeichnung der Online-Interviews traten

keine technischen Probleme auf. Das eingangs gezeigte Erklärvideo ermöglichte
den Befragten erneut einen unmittelbaren Einstieg in die beforschte Thematik und
diente manchen auch zwischendurch als Anhaltspunkt für weiterführende Überlegungen. Um Lücken in den Daten zu füllen und einer theoretischen Sättigung
näher zu kommen, lag ein Schwerpunkt bei der Befragung der Lehrer*innen aus
Cluster 2 auf dem genaueren Nachfragen in Hinblick auf das Vorgehen bei der
Auswahl von Erklärvideos für den Sachunterricht. Hierzu konnten in Cluster 1
nur sehr allgemeine Aussagen getroffen werden. Ein zweiter Fokus lag auf dem
gezielteren Erheben von Beobachtungen der Lehrkräfte hinsichtlich der Reaktionen von Lernenden auf den Einsatz von Erklärvideos. Im folgenden Teil werden
die Ergebnisse des Auswertungsprozesses von Cluster 2 dargestellt.

3.3.5 Cluster 2 – Neue Erkenntnisse und Bestätigung bestehender Kategorien

Bei der qualitativen Analyse der Interviews von Cluster 2 konnten viele neue
Konzepte identifiziert werden, die wiederum mit bereits bestehenden Kategorien in Beziehung gesetzt wurden. Im Zuge des selektiven Kodierens wurden
die Interviewtranskripte von Cluster 1 erneut durchgesehen, um auch dort nach
Evidenzen für neu gewonnene Einsichten zu suchen. Nachfolgend werden die
Ergänzungen und Veränderungen beschrieben, die sich durch die Erkenntnisse
aus den Interviews in Cluster 2 zum Umgang mit Erklärvideos im Sachunterricht
für die einzelnen Bereiche ergeben.

Ursächliche Bedingungen
Die zwei zentralen ursächlichen Bedingungen, die in Cluster 1 identifiziert
wurden, bilden sich auch in den Daten von Cluster 2 ab. Auch hier wurden *Schulschließungen und Fernunterricht im Zuge der Coronapandemie* als wesentliches
Motiv für den Einsatz von Erklärvideos im Sachunterricht genannt:

> „Also ich bin überhaupt erst durch dieses Homeschooling […] auf vieles erst gesto-
> ßen, muss ich schon sagen." (IP9, 75)

> „Wir haben uns einfach auf die Suche begeben, fürs Homeschooling, wie wir die
> Themen den Kindern am besten nahebringen, und da sind wir eben auf diese Videos
> gestoßen." (IP10, 107)

> „Gerade im Sachunterricht hast du das für viele Themen einsetzen können, wo sie sich
> das dann halt vertiefend anschauen konntest." (IP11, 99)

„[…] jetzt in der Pandemie ist man ja superangewiesen und abhängig gewesen von
diesem digitalen Medium. Und ein Glück gibt es das. Und da hat man noch einmal
gemerkt, wie viel das einem eigentlich geben kann." (IP14, 87)

Auch in Bezug auf das eigenständige Erstellen von Erklärvideos (siehe
„Handlungs- und interaktionale Strategien" in diesem Kapitel) für den Sachunterricht wurde die Coronapandemie als Grund genannt: „Das hab ich vorher
überhaupt gar nicht so richtig auf dem Schirm gehabt, da hab ich mich auch
richtig eingefuchst und eingearbeitet […] und da bin ich eigentlich ans eigene
Filmen rangekommen. Das ist durch die Pandemie gekommen." (IP16, 97)

Zum *Umgang mit dem Bildungsauftrag des Sachunterrichts* als Anlass für
den Erklärvideoeinsatz konnte anhand der Daten von Cluster 2 ein zusätzlicher
Teilaspekt identifiziert werden, nämlich das Ziel, die Kinder in der *Entwicklung
ihrer individuellen Medienkompetenz* zu unterstützen:

„[…] was mir auch wichtig ist, dass die Kinder im oder durch den Sachunterricht
Methoden kennenlernen, wie sie selber Informationen erhalten […]." (IP9, 83)

„[…] man versucht ja vielmehr, den Kindern Wege und Möglichkeiten an die Hand
zu geben, sich die Welt – darum geht es ja letztlich im Sachunterricht auch –, sich die
Sachen der Welt selbst zu erschließen. Sei es jetzt eben in Form von Videos, die man
zeigt, […] da ist der Sachunterricht auf jeden Fall ein Fach, das gut dafür geeignet
ist, den Kindern Möglichkeiten zu geben, sich selbst Inhalte zu erschließen und, ja,
für uns, den Kindern dabei zu helfen zu lernen, wie sie etwas lernen." (IP13, 103)

„Ich möchte eigentlich, dass die [Kinder, S. M.] sich so ein Grundverständnis von
ihrer Lebenswelt aneignen. Und ich möchte gerne diese Fragehaltung, die sie haben,
ausbauen und wertschätzen und dass die Kinder aber auch wissen, wie sie damit
umgehen. Also dass es toll ist, dass man Fragen hat, dass das wichtig ist, und aber
dann Hilfe zur Selbsthilfe leisten, wie beantworte ich mir die Fragen." (IP14, 71)

Laut IP14 könnten Erklärvideos für Lernende also eine Hilfe zur Selbsthilfe darstellen. Insgesamt lässt sich für die Betrachtung der ursächlichen Bedingungen
der Erklärvideonutzung festhalten, dass die in Cluster 1 identifizierten Kategorien
durch die neu erhobenen Daten ausdifferenziert werden konnten und bestehende
Konzepte mit weiteren Textstellen in den Daten verankert wurden.

Handlungs- und interaktionale Strategien
Bei den Handlungsstrategien bzw. interaktionalen Strategien blieben die vier
zentralen Kategorien, die bereits bei der Datenauswertung von Cluster 1 festgestellt wurden, unverändert bestehen. Innerhalb der Kategorien entstand jedoch
ein wesentlich ausdifferenzierteres Bild, vor allem hinsichtlich des *Vorgehens bei*

der Auswahl von Erklärvideos und beim *situationsspezifischen Umgang mit den Videos* im Unterrichtsgeschehen.

Das *Vorgehen bei der Auswahl von Erklärvideos für den Sachunterricht* war ein Schwerpunkt bei den Datenerhebungen in Cluster 2. In Cluster 1 benannten manche Lehrkräfte nur wenige oder sehr allgemeine Kriterien, die ein Erklärvideo für den Sachunterricht ihrer Meinung nach erfüllen müsste. Auch in Cluster 2 wurde – trotz gezielterem Nachfragen – deutlich, dass einige Lehrer*innen eher *unspezifische Kriterien für die Auswahl von Erklärvideos* heranziehen:

> „[…] es muss in erster Linie mich, weil ich es ja aussuche, von der Aufmachung her ansprechen. Also wenn das jetzt, wenn das düster ist oder es gefällt mir nicht oder mir wird schon langweilig, wenn ich es anschaue, dann nehme ich es nicht." (IP9, 59)

> „Es muss mir einmal gefallen. Und es muss kindgemäß sein. Ich möchte nichts, wo ich mir denk: Ja, das ist jetzt zu langweilig oder zu hochtrabend für die Kinder' […]." (IP10, 59)

> „Es muss mir erstens selber gefallen, also es muss mich selber abholen. Ich muss mir, wenn ich das Video angesehen habe oder während des Ansehens muss ich eigentlich auch dauerhaft dabeibleiben, weil ich das Gefühl hab, wenn ich schon irgendwie zwischendurch abschalte, weil es mir entweder zu kompliziert ist oder zu langweilig, dann fliegt es schon mal raus." (IP15, 39)

Das konkrete Vorgehen bei der Suche nach Erklärvideos für den Sachunterricht beschrieb IP15 folgendermaßen:

> „Tatsächlich mach ich es mir meistens einfach und schau auf YouTube und guck mir dann die ersten zehn Ergebnisse vielleicht an. Wenn bei den ersten zehn nichts dabei ist, würde ich sagen, dass ich oftmals schon aufgebe und ein anderes Medium heranziehe oder überlege, wie könnte ich die Inhalte, die ich jetzt gesehen hab, die mir aber nicht passend aufbereitet wurden, selber aufbereiten." (IP15, 43)

Im Gegensatz dazu berichtete eine andere Lehrkraft wiederum davon, dass sie bei der Suche nach Erklärvideos „tatsächlich mit der Recherche Stunden um Stunden um Stunden beschäftigt" sei (IP12, 31). Hier zeigen sich also deutliche Unterschiede in den Herangehensweisen beim Auswahlprozess von Erklärvideos für den Sachunterricht, wobei manche Aussagen durchaus eine *kritisch-reflektierte Medienwahl* nahelegen:

> „Ich finde, das ist ein wesentlicher Bestandteil unserer jetzigen Tätigkeit. Ich unterrichte auch Medienbildung und weise die Studenten immer darauf hin, dass das sorgfältig auszuwählen Teil ihrer Tätigkeit ist." (IP12, 27)

„Ich find die Videos ganz toll, ich finde nur, was man immer bedenken muss und was man ja mit allen Materialien und Medien machen muss, die man irgendwie hat, ist, das wirklich auch für sich zu prüfen. Nicht jedes Erklärvideo, das ich finde, ist geeignet. Und sich da auch trotzdem in der Vorbereitung die Zeit zu nehmen, zu sagen, dass das ein wichtiger Punkt ist und wenn es mir so helfen soll, wie es mir helfen kann, dann muss ich mich auch sorgsam und gut ausgewählt diesem Medium nähern und mich mit dem auseinandersetzen und nicht sagen: ‚Ach, ich erleichtere mir das jetzt durch so ein Video', [...] und dann nehm ich das erste, was mir vorgeschlagen wird. Aber das ist ja mit allen Materialien und Medien so, wie man eigentlich umgehen sollte." (IP14, 91)

Ergänzend zu den *Auswahlkriterien* aus Cluster 1 wurden in den acht Interviews aus Cluster 2 insgesamt neun weitere Kriterien für Erklärvideos genannt, auf die Lehrkräfte bei der Medienwahl für den Sachunterricht achten. Bei den *gestalterischen Merkmalen* waren dies:

– Minimalistische/einfache Gestaltung (IP9, IP10, IP14, IP16)
– Zusammenspiel von Bild und Ton (IP13, IP15)
– Anschauliche Bebilderung (IP13)

Den *inhaltsbezogenen Merkmalen* wurden folgende neue Kriterien zugeordnet:

– Arbeitsauftrag am Ende des Videos (IP11, IP15)
– Gendersensibilität (IP12, IP16)
– Abschließende Zusammenfassung (IP12)
– Roter Faden (IP16)

Bei den *zielgruppenbezogenen Merkmalen* konnten zwei Kriterien ergänzt werden:

– Lebensweltbezug (IP9, IP13, IP15)
– Kindliche Identifikationsfigur (IP9)

Die meisten Nennungen betrafen – wie bereits in Cluster 1 – die „kindgerechte Aufbereitung" und die „Dauer". Vor allem hinsichtlich der Dauer beschrieben die Lehrkräfte aus Cluster 1 und 2 konkrete Vorstellungen:

„Für die Kleinen gehen drei Minuten, fünf Minuten, aber das ist schon das Höchste aller Gefühle." (IP1, 39)

„Maximal fünf Minuten, würde ich sagen." (IP4, 27)

„Es sollte kurz und prägnant sein, also nicht mehr als 6 bis 7 Minuten, auf das achte ich besonders." (IP6, 67)

„[…] das hat sechs Minuten gedauert, das war gerade richtig." (IP9, 27)

„Ja, wie ein Unterrichtseinstieg. Also, wenn ich es als Impuls verwende – 5 bis 8 Minuten. Wenn ich es als Erarbeitung, Input nehme – 20 Minuten." (IP12, 47)

„Ich würde sagen, maximal fünf, sechs, sieben Minuten, länger soll es nicht dauern." (IP13, 67)

Auf die Frage nach den *Quellen, aus denen die Erklärvideos stammen*, wurden von den deutschen Grundschullehrkräften vor allem Angebote der öffentlich-rechtlichen Fernsehsender genannt:

„Also, ich nutz vor allem so die Kindermediatheken, die Seiten der Öffentlich-Rechtlichen, und schau dort, was dort so zu finden ist." (IP13, 51)

„Worauf ich zurückgreife, sind oftmals so Erklärvideos von Kindersendungen, so Ausschnitte aus der ‚Sendung mit der Maus‘ oder ‚Willi wills wissen‘ oder irgendwie aus der Richtung, weil die oftmals tatsächlich dieses Sprachliche mit dem Bildlichen auch gut verknüpfen." (IP15, 11)

„Ja, die stammen schon aus kindersicheren Quellen, sag ich mal. Das ist dann wirklich entweder Peter Lustig, also ARD[5], ZDF[6], da laufen tolle Sachen." (IP16, 65)

Übereinstimmend mit Cluster 1 wurden auch von allen Lehrer*innen aus Cluster 2 Online-Videoportale für die Suche nach passenden Erklärvideos für den Sachunterricht genutzt. Die Videoplattform YouTube wurde dabei wiederum am häufigsten genannt, wie folgende Aussagen verdeutlichen:

„Also bis jetzt eigentlich großteils über YouTube." (IP9, 51)

„Ich bin dankbar, dass es diese vielen YouTube-Videos gibt, weil ich wüsste nicht, woher ich sie sonst nehmen würde. Und ich hoffe, dass es so bleibt, dass es nichts kostet weiterhin, weil das machen ja auch Menschen gratis und in ihrer Freizeit, und dass die das alles reinstellen, damit andere das auch verwenden können, das finde ich super." (IP10, 115)

„Ich such sie meistens über YouTube raus […]." (IP11, 67)

„[…] wo ich dann geguckt hab, dass ich mich auf YouTube dann auch bediene […]." (IP14, 15)

---

[5] ARD ist die Abkürzung für „Arbeitsgemeinschaft der öffentlich-rechtlichen Rundfunkanstalten der Bundesrepublik Deutschland" (ARD, 2023).

[6] ZDF steht für „Zweites Deutsches Fernsehen" (ZDF, 2023).

IP13 und IP14 erwähnten – wie bereits IP4 aus Cluster 1 – auch die kostenpflichtige Plattform Sofatutor als Quelle für sachunterrichtliche Erklärvideos. Abseits vorgefertigter Videos wurde auch in Cluster 2 von der *eigenständigen Gestaltung von Erklärvideos im bzw. für den Sachunterricht* berichtet. Drei Lehrkräfte hatten *Sachunterrichts-Erklärvideos selbst erstellt*:

> „Ich hab es aber auch schon selber dann und wann zusammengestellt, wenn ich wo etwas gebraucht hab." (IP11, 59)

> „Für den Sachunterricht hab ich ein Video gemacht, damals ging's um die […] Gebäude der Ringstraße, ja, das ist halt ein starkes Thema, das halt Lockdown-bedingt wirklich gelitten hat." (IP12, 23)

> „Also, ich hab jetzt zum Beispiel in der Coronaphase, als wir keinen Präsenzunterricht hatten, da hab ich viele Videos selbst gedreht, […] um die Kinder bei der Stange zu halten." (IP16, 29)

Neben den schon in Cluster 1 genannten Möglichkeiten einer genauen Anpassung eigenproduzierter Erklärvideos an die Voraussetzungen der eigenen Klasse führte IP16 auch eine weitere Begründung für die Produktion eigener Videos für den Sachunterricht an: „Das ist sehr viel persönlicher, da gehen die Kinder dann sehr viel emotionaler damit um, steigen emotionaler ein […]" (IP16, 53).

Auch von der Strategie, die *Lernenden Erklärvideos im Sachunterricht gestalten zu lassen*, machten Lehrkräfte aus Cluster 2 Gebrauch:

> „Wir haben es in der Verkehrserziehung eingesetzt, als wir mit der letzten Vierten die Radfahrprüfung gemacht haben. Da haben wir Fotos mit den iPads gemacht und dann einfach dazu gesprochen, mit den ganzen Verkehrszeichen, Straßenschildern, was was ist, einfach damit sie sich damit beschäftigen. Und es ist halt ein anderer Zugang gewesen, das hat ihnen mehr Spaß gemacht, als wenn wir nur Bilder hochgehalten hätten: ‚Was ist das?'" (IP11, 119)

> „Also wir haben uns erst mit den Landschaftsformen unseres Bundeslandes an sich auseinandergesetzt, da war ganz viel Recherche angesagt, Suchmaschinen, aber auch analog in Heften und Büchern. Und dann sind wir ganz klassisch über diese Schwerpunktsetzung ins Storyboard gegangen, das die Schüler dann auch selbst erstellt haben, und schließlich am Ende in das Abfilmen, um aufzuzeigen, was eigentlich dahintersteckt." (IP14, 67) „Und so hatten wir am Ende tolle kreative Lernvideos zu ganz vielen Landschaftsformen in unserem Bundesland, zum Moor, zur Heide, zu allem Möglichen, alle waren total unterschiedlich und selbst wenn die gleiche Landschaftsform gewählt wurde, gab es andere Schwerpunkte, die betrachtet wurden. Und diesen ganzen Prozess zu beobachten, war total toll, weil die Kinder sich ganz, ganz kreativ ausgelebt haben." (IP14, 75)

Durch die Beschreibungen wird – wie auch bereits im ersten Interviewcluster – deutlich, dass die Gestaltung von Erklärvideos durch die Lernenden aus Sicht der Lehrkräfte vielfältige Möglichkeiten der Themenbegegnung und der medienkreativen Arbeit eröffnet. Dass die Erklärvideoproduktion durch die Kinder auch misslingen kann, zeigt die Aussage von IP12:

> „Also ich habe es angeregt mit meiner letzten Vierten, weil wir ja die iPads hatten und die neu waren. Und es ist ganz spannend, weil es hat nicht funktioniert. Es gab viele, die gesagt haben: ‚Nein, das wollen wir nicht‘, dann gab es die, die gesagt haben: ‚Ja, das machen wir.‘ Und die haben dann vor der Kamera vor lauter Lachen- also es ist tatsächlich mit dieser Vierten nicht wirklich etwas dabei rausgekommen." (IP12, 107)

Bezüglich der *didaktischen Zielsetzungen beim Erklärvideoeinsatz* konnten bereits ermittelte Einsatzzwecke um weitere Aussagen angereichert werden, außerdem wurden anhand der neu erhobenen Daten drei weitere Ziele identifiziert:

– *Eigenständiges Erarbeiten neuer Inhalte* (IP10, IP11, IP13, IP14, IP16)
– *Anregen von Selbsterklärungen* (IP9, IP13, IP14, IP16)
– *Förderung der Motivation* (IP9, IP14, IP16)

Der Einsatz von Erklärvideos, um Kindern das *eigenständige Erarbeiten neuer Inhalte* zu ermöglichen, war eine in Cluster 2 mehrfach genannte Zielsetzung:

> „Also ich nutz sie […] für die Erarbeitung, um den Kindern halt die Möglichkeit zu geben, sich einen Inhalt zu erarbeiten, also sich Informationen daraus zu ziehen, mit denen man dann weiterarbeiten kann. Also so ist es gedacht, dass, ja, dass man halt, anstatt dass man die Kinder einen Text lesen und daraus sich Informationen ziehen lässt, dass man dann stattdessen den Kindern halt ein Video zeigt, aus dem sie die Information dann ziehen." (IP13, 39)

> „Dazwischen hab ich dann tatsächlich Phasen, z. B. in der Unterrichtswerkstatt, wo die Kinder ja sich selbst letztendlich durchhangeln und ich im Grunde nur Berater bin, wo die Kinder die Tablets dann bekommen, und dann dürfen sie sich selbstständig auf diesen Tablets auch andere, eigene Videos angucken. Ich geb die Seiten vor, das ist ganz klar, bestimmte Seiten sind gesperrt, das ist in der Schule ja sowieso so. Aber dann gehen sie in Kleingruppen in den Gruppenraum oder auf den Flur – wir haben so nette Sitzecken jetzt – und schauen sich dann da alleine zum Beispiel mal ein Video an und kommen dann wieder zurück in die Klasse und erzählen, berichten davon, was sie da erfahren haben, was sie gelernt haben." (IP16, 45)

Auch das *Anregen von Selbsterklärungen* beschrieben Lehrkräfte aus Cluster 2 als Zielsetzung ihres Erklärvideoeinsatzes im Sachunterricht:

> „Die Kinder arbeiten an einer Station zu einem Thema, machen da ihren Versuch und das Video erklärt den Versuch oder hilft bei der Erklärung, das sind noch mal Hinweise, und dann muss die Erklärung auf Grundlage des Videos noch mal in eigenen Worten wiedergegeben werden oder die Kinder sollen versuchen, das selber dadurch noch mal zu erklären." (IP14, 39)

> „Und dafür finde ich dann diese Erklärvideos gut, einfach um mit Kindern ins Gespräch zu kommen und sie das, was sie gesehen haben, hinterher selbst ausdrücken zu lassen." (IP16, 133)

IP9 nannte auch eine Begründung dafür, die Kinder eigenständige Erklärungen aus dem Gesehenen formulieren zu lassen: „[…] was die Kinder den anderen Kindern dann erklären, das bleibt denen so in Erinnerung." (IP9, 99) Für IP16 stellten die Selbsterklärungen der Kinder auch eine Rückversicherung dar, dass Lernzuwachs stattgefunden hat: „Und indem sie das tun, weiß ich natürlich, meine Schüler haben es verstanden […]." (IP16, 101)

Als weiteres Ziel des Erklärvideoeinsatzes im Sachunterricht wurde von einigen Befragten aus Cluster 2 auch die *Förderung der Motivation* der Lernenden genannt:

> „Es ist immer sehr motivierend, das ist mir aufgefallen. Egal, was es ist, es motiviert die Kinder einfach, so kurze Sequenzen." (IP9, 23)

> „Also tatsächlich arbeiten die sehr viel mit Laptops bei uns in der Schule, nichtsdestotrotz hat das immer noch einen super hohen Aufforderungscharakter dieses Medium, dieses Video." (IP14, 31)

> „Das hat natürlich schon einen hohen Motivationscharakter. Also wenn ich dann das CTOUCH-Board anmache und sie sehen, dass ich da rumfuhrwerke am Tablet, dann kommt schon: ‚Oh, wir gucken ein Video', ‚Oh, Frau Lehrerin macht ein Video an', also es hat schon einen hohen Motivationscharakter, das ist tatsächlich so. Und wenn man das mit einbindet, dann finde ich, ist es ein supergutes Medium zum Lernen." (IP16, 49)

Zum **situationsspezifischen Umgang mit Erklärvideos** im Sachunterricht konnten mithilfe der Daten aus Cluster 2 in drei Bereichen neue Einsichten gewonnen werden. Bezüglich des *gemeinsamen Anschauens der Erklärvideos* berichteten Lehrkräfte davon, wie sie einen *passenden Rahmen* für das Vorführen der Videos schaffen, „damit es eben nicht zu ‚Wir schauen fern in der Schule' verkommt" (IP12, 47):

„Ich finde es wichtig, dass die Schüler wissen, wenn man ein Video zeigt, das ist jetzt hier kein Kino, das ist jetzt etwas zum Lernen. Das ist mir immer sehr wichtig. Also das sag ich in den Klassen auch tatsächlich vorher immer an: ‚Wir werden uns hinterher darüber unterhalten, ich werde Fragen stellen, wir werden in den Austausch gehen, vielleicht musst du irgendwann dazu auch einen Test schreiben.‘ Also ich mach schon deutlich, es ist kein Kino, es ist zwar Vergnügen, aber es ist ein Lernvergnügen. Und das finde ich einfach sehr wichtig, dass man das den Kindern deutlich macht. Weil die kennen von zu Hause immer: ‚Ich mach YouTube an, ich mach dies an, dies an, dann klick ich weiter, weiter, weiter, lass mich berieseln‘, sie wollen ja bespaßt werden, es ist eine Spaßgesellschaft heute. Und dann einfach zu sagen: ‚Okay, wir machen es uns jetzt nett, es gibt jetzt einen Film, aber der ist zum Lernen.‘“ (IP16, 153)

Das Vorhandensein der passenden *technischen Ausstattung im Klassenzimmer* war für die Lehrer*innen aus Cluster 1 ein wichtiger Einflussfaktor auf den Einsatz von Erklärvideos. In Cluster 2 berichteten jedoch einige Lehrkräfte von Strategien, wie sie die *fehlende Ausstattung kompensieren*:

„[…] ich hab in der Klasse leider weder Beamer noch Smartboard. Ich mach das mit meinem iPad. Das heißt, es ist jetzt nicht wirklich groß an die Wand projiziert oder so. Also ich stell das auf den Tisch und die Kinder setzen sich rundherum, und selbst da funktioniert das recht gut.“ (IP9, 31)

„Dann wurde uns der Laptop weggenommen, weil, ja … egal. Jetzt haben wir keinen mehr, und jetzt nehm ich eigentlich mein iPad mit und zeig es ihnen in Gruppen. Also die sitzen hinten in der Klasse und sie schauen dann- weil diese Videos dauern ja meist nur ein paar Minuten, und das funktioniert ganz gut. Die anderen arbeiten daweil irgendetwas anderes. Und, ja, es klappt.“ (IP10, 19)

„Eine Freundin hat angefangen, Erklärvideos einzusetzen, weil ich es ihr so schmackhaft gemacht habe. Und die hat eine Klasse, […] die haben keine Ressourcen gehabt im Haus, und auch die haben die Erklärvideos am Handy gesehen. […] Also da sitzt dann eine ganze Klasse, schaut das am Handy, aber es kommt an. […] Es hat nicht mit der technischen Ausstattung der Schule zu tun und auch nicht mit der der Eltern. Weil Handy, Smartphone, an dem Punkt sind wir schon. Auch wenn vieles nicht da ist, aber irgendwer hat in einer Familie ein Smartphone. Das ist jetzt fast wirklich schon Standard.“ (IP12, 95)

Auch IP11 kommentierte die Frage nach der technischen Ausstattung: „[…] also irgendwelche Geräte brauchst du, damit du die Erklärvideos einsetzen kannst, das stimmt schon, aber man muss dazu jetzt nicht unbedingt ein Smartboard haben, muss ich auch sagen.“ (IP11, 23) In den Aussagen wird deutlich, dass

Lehrkräfte unterschiedliche Möglichkeiten nutzen, um Erklärvideos auch bei fehlender technischer Ausstattung in sachunterrichtliche Lehr- und Lernprozesse zu
integrieren.

Eine weitere Form des *situationsspezifischen Umgangs mit Erklärvideos* im
Sachunterricht beschrieb IP16. Sie setzt Erklärvideos mitunter auch ganz spontan
ein:

> „[…] manchmal ergibt sich auch etwas im Unterricht vom Kind aus und dann schmeiß
> ich auch meine Sachen echt mal über Board und sag: ‚Okay, das möchtest du jetzt
> wissen, dann gucken wir mal, vielleicht gibt es auch dazu jetzt ein Video, wir machen
> uns mal gemeinsam auf die Suche und gucken mal.'" (IP16, 41)

Auch hinsichtlich der *Verteilung von Erklärvideos*, vor allem dann, wenn die
audiovisuellen Medien im Unterricht nicht gemeinsam geschaut werden, konnten
Erkenntnisse gewonnen werden:

> „Ich verlinke so was auf Skooly [österreichische Lernplattform für die Volksschule,
> S. M.] manchmal […].“ (IP9, 103)

> „Aber so mit diesen gescannten QR-Codes, über die dann YouTube-Videos aufgehen,
> die funktionieren sehr gut.“ (IP10, 55)

> „[…] wir haben z. B. das Thema Winter gemacht, wo sie dann QR-Codes bekommen
> haben von mir, mit Fragen, und wo sie dann halt die passenden Erklärvideos mit dem
> iPad gescannt haben und sich das dann angeschaut haben […].“ (IP11, 35)

IP10 und IP16 berichteten in diesem Kontext auch davon, Erklärvideos während
der Corona-Lockdowns über den Instant-Messaging-Dienst WhatsApp verschickt
zu haben.

Intervenierende Bedingungen

Bei den intervenierenden Bedingungen des Erklärvideocinsatzes im Sachunterricht bestätigten die in Cluster 2 erhobenen Evidenzen bestehende Kategorien der
ersten Untersuchungsphase. Nur hinsichtlich der *personenbezogenen Merkmale
der Lehrkraft* konnte ein Bereich ergänzt werden, nämlich *(fehlende) Kompetenzen bei der Auswahl und Bewertung von Erklärvideos*. Wie sich bereits bei
den Handlungsstrategien in Bezug auf die Auswahl von Erklärvideos gezeigt
hat, greifen einige Lehrkräfte bei der Bewertung potenzieller Erklärvideos für
den Sachunterricht auf sehr allgemeine Kriterien zurück. IP12 stellte hierzu fest,
dass auch Lehramtsstudierende bei der Wahl von Erklärvideos teilweise unreflektiert vorgehen: „Und ich hab dann oft Studenten, die Kurzfilme zeigen und dann

im Nachhinein sagen, ja, damit waren sie eh nicht so zufrieden […]." (IP12, 27) Dies offenbare IP12 zufolge fehlende Kompetenzen bei der Auswahl von Unterrichtsmedien:

> „Ich gehe schon vor der Studentin auf die Suche, es gibt zu diesem Thema […] tolle Erklärvideos. […] Also das heißt, ich gehe ihren Weg voraus und ich verlange von ihr – 6. Semester –, dass sie das Video nur findet, ja, nicht einmal kreiert, und trotzdem klappt es nicht. Und da sind wir bei Suchbegriffen und das muss geübt werden, weil das fängt im jungen Alter an." (IP12, 31)

Konsequenzen

Ähnlich wie bei den intervenierenden Bedingungen blieben auch hinsichtlich der Konsequenzen die drei Hauptkategorien, die in Cluster 1 identifiziert wurden, weitgehend unverändert. Dennoch konnten bestehende Überlegungen um weitere Textpassagen ergänzt werden, zusätzlich wurden einige neue Subkategorien identifiziert. Ein Ziel für die Befragung der Lehrkräfte in Cluster 2 war es, in Bezug auf die *wahrgenommene Aktivierung der Lernenden* beim Erklärvideoschauen konkrete Reaktionen der Lernenden beim Einsatz der Videos im Sachunterricht vertiefend zu erheben. Hierzu berichten Lehrer*innen Folgendes:

> „Ich mein, es ist einmal so, dass die Kinder gerne Videos schauen. Und wenn ich jetzt sage: ‚Es kommt ein Video‘, dann schreien sie schon: ‚Juhu!‘ Wenn ich jetzt das Gleiche so sagen würde oder zeigen würde, mit den gleichen Materialien, wäre es wahrscheinlich nicht so effizient, als wenn sie das jetzt aus dem iPad heraus sehen, weil, ja, das Medium gefällt ihnen, es ist einmal was anderes und deswegen sind sie da schon viel aufmerksamer." (IP10, 39)

> „Ja, aufmerksames Schauen des Videos. Also eine ruhige Atmosphäre in der Klasse, während das Video geschaut wird. Also sie verfolgen interessiert das, was gezeigt wird, und sprechen halt auch an gewissen Stellen über das Gesehene." (IP13, 31)

> „[…] ich glaube, dass tatsächlich die Kinder im Moment gerade, also auch über andere Medien – TikTok ist ein ganz großes Ding – haben sie sehr viele Berührungspunkte mit diesen bewegten Medien in ihrer eigenen Lebenswelt und da ist schon tatsächlich, bevor irgendein Video abgespielt wird, ist da schon eine Motivation im Klassenraum spürbar: ‚Oh, wir gucken ein Video‘, und da ist es auch egal, was für ein Video. Einfach nur, dass es eben ein Video ist, ist schon- vielleicht liegt es daran, dass sie sonst tatsächlich auch jetzt schon in der zweiten Klasse gewohnt sind, sonst nur mit Büchern und Bildern und Arbeitsblättern zu arbeiten, diese Abwechslung tatsächlich." (IP15, 27)

Aus den Zitaten geht hervor, dass auch einige Lehrkräfte des zweiten Interview-clusters eine Aktivierung der Lernenden wahrnehmen konnten. Diese wahrge-nommene Aktivierung und Motivation der Lernenden könne jedoch schnell auch wieder nachlassen, wie z. B. IP13 berichtete:

> „[...] die Aufmerksamkeit lässt nach, also nach einer gewissen Zeit sind die Kinder nicht mehr so konzentriert und aufmerksam dabei [...] und dementsprechend sollte es einfach nicht zu lang sein." (IP13, 71)

Diese Aussage könnte auch eine Erklärung dafür liefern, warum viele der interviewten Lehrkräfte die Dauer der Erklärvideos als wichtiges Kriterium für die Auswahl benennen. Um nicht bloß auf die Aktivierung der Lernenden zu fokussieren, sondern einen breiteren Blick auf die (wahrgenommenen) Verhal-tensweisen der Kinder auf den Erklärvideoeinsatz zu ermöglichen, wurde die Kategorie *wahrgenommene Aktivierung [...]* in *wahrgenommene Reaktionen der Lernenden auf Erklärvideos* umbenannt.

In der Kategorie *Erweiterung des didaktischen Handlungsspielraums* konnten weitere Aussagen zur *entlastenden bzw. unterstützenden Funktion der Erklärvideos für die Lehrkraft* gesammelt werden:

> „[...] ich glaub, das ist ja auch von Lehrer zu Lehrer unterschiedlich, weil der eine kann mit dem Thema besser umgehen, der andere mit dem. Aber wo ich mir selber vielleicht schwertue oder wo ich mir selber denk: ‚Das würde ich nie unterrichten, weil da hätte ich Angst davor', dann würd ich zu einem Erklärvideo greifen, das mir als Lehrer dann auch hilft, dass ich das besser in die Schule, in die Klasse bringen kann, den Kindern nahebringen kann." (IP10, 87)

> „[...] manche Fragen, die die Kinder stellen, kannst du mithilfe solcher Erklärvi-deos beantworten, indem du dann- man weiß ja auch nicht immer die Antwort darauf und wenn man viele solcher Videos hat, können sie sich dort teilweise vielleicht die Antworten auch selber rausholen." (IP11, 87)

> „Also wenn die Kinder da wirklich zuschauen, ist man selbst ausgeblendet, tatsäch-lich. Und sogar wenn ich präsent bleibe, weil mein Tisch ist neben der Projekti-onsfläche, und trotzdem bin ich dann ausgeblendet. Und das hat die Studierende auch gesagt, dann ist sie frei gewesen und sie war weniger erschöpft, was jetzt beim Maskentragen noch viel, viel mehr ins Gewicht fällt. Also sie hat mehr Ressourcen, kraftmäßig, stimmlich … es ist ressourcenschonend." (IP12, 99)

> „Also das ist jetzt natürlich super für uns, weil es diese Planarbeit gut unterstützt bzw. die Stationsarbeit und weil wir grad ganz toll diese Vorteile des eigenständigen und individuellen Lernens bei den Kindern beobachten. Und da helfen Erklärvideos unge-mein, weil sie natürlich selbst, ja, sich aussuchen, wann sie an diesem Inhalt arbeiten,

sich das Video anschauen, gegebenenfalls noch mal zurückspulen können, auf Grundlage dessen ja trotzdem auch noch Fragen stellen können. Wir sind ja trotzdem da, um diese Fragen zu beantworten." (IP14, 19)

Im Sinne der *Anbahnung medienkompetenten Handelns* bei den Kindern erwähnte IP12, dass Lehrkräfte hinsichtlich der Wahl der Erklärvideos auch eine Vorbildfunktion einnehmen würden:

„[…] also es ist deswegen besonders relevant, weil wir ja auch da Vorbild sind. Das heißt, vieles von dem, was ich ausgewählt habe, läuft ja dann auch auf YouTube, auch wenn ich jetzt einen Film schicke, gibt es eine Vorschlagsseite, Vorschlagleiste. Und die Kinder nehmen diese Vorschläge dann, weil die sind zum Teil auch schon gewöhnt, ein Video nach dem anderen- ja, und deswegen ist es umso wichtiger, was ich auswähle, […] ich gebe sozusagen mein Gütesiegel als Lehrerin darauf. Und auch Eltern richten sich dann danach, und es ist mir deshalb sehr stark aufgefallen, weil nach irgendeinem der Lockdowns haben wir uns wieder getroffen und ein Schüler […] hat mir dann gesagt, er schaut das jetzt immer, was ich da geschickt hab, und ich hab mir gedacht: ‚Ich weiß gar nicht, was er meint!' Weil ich schaue dann nicht weiter, sondern ich gehe immer vom Thema aus. Aber der findet dann eben eine Sachunterrichts-Beitragsreihe und ist dann da drin. Und das ist, glaub ich, auch zu bedenken, dass das noch viel weitreichender ist." (IP12, 51)

Sich dieser Vorbildfunktion bewusst zu werden, sei IP12 zufolge Teil eines reflektierten Medienhandelns der Lehrkraft. Ein reflektiertes Medienhandeln der Lehrer*innen hätte wiederum auch Auswirkungen auf ein kritisch-reflektiertes Vorgehen bei der Auswahl der Erklärvideos für den Sachunterricht.

Die *persönliche Bewertung des Erklärvideoeinsatzes* konnte um einen Teilaspekt ergänzt werden, nämlich dass Erklärvideos *keine sinnlichen Erfahrungen vorwegnehmen* sollen:

„Im Sachunterricht muss geforscht werden, Käfer müssen gefangen und in der Becherlupe begutachtet werden. Da muss die Angst überwunden werden. Da muss auf die Jagd gegangen werden. Das sind wahre Erlebnisse, das muss mit allen Sinnen erlebt werden. Und da sind wir schon. Also eigentlich alles, was eine sinnliche Erfahrung sein muss, darf nicht mit Erklärvideos stattfinden. Jetzt kommt auch, warum: weil es vorwegnimmt. Es nimmt die Erkenntnis vorweg und […] die Kinder fallen in eine Untätigkeit, nicht einmal in eine Scheintätigkeit, die sind satt, die kommen- also das hab ich immer wieder, ich hab Kinder, die das dann auch nicht machen möchten mit den Händen, weil sie sagen, das haben sie schon gesehen. Es gibt ja genügend Kinderfernsehsendungen, die das auch zeigen logischerweise. Und es gibt immer wieder viele Kinder, die nichts angreifen oder begreifen, weil sie es gesehen haben. Und das reicht ihnen auch. Und es sorgt für eine Distanz, die aber gefährlich ist, wenn es ums Forschen und Experimentieren geht." (IP12, 83)

„Oftmals wird durch ein Video auch die Sache, sag ich, vorweggenommen […], z. B. beim Experimentieren, wo erklärt wird, wenn man das und das macht, passiert das, und das eigentlich ein Inhalt ist, den man […] die Kinder selber erarbeiten lassen möchte. Dann geht gewissermaßen die Spannung vom Selber-Ausprobieren eventuell verloren, da man vorher schon gesehen hat, was passiert, wenn das jemand anderes macht." (IP15, 79)

Zuletzt wurde auch der *Wunsch nach einem allgemeinen Bestand an Erklärvideos* für den Sachunterricht geäußert. IP16 fände es „gut, wenn es so einen Pool geben würde, wo diese Filme hochgeladen sind, wo die Kinder dann selbstständig gucken können, wo ich auch weiß als Lehrer, da kann nichts passieren, […] wo die Kinder dann selbstständig auswählen können" (IP16, 133). Beim erneuten Durchsehen der Interviewtranskripte von Cluster 1 unter diesem Aspekt fiel auch auf, dass bereits dort der Wunsch nach einem derartigen Pool geäußert wurde, der damals jedoch dem Bereich „fehlende Angebote" zugeordnet wurde:

„[…] das wäre ein tolles Ding, wenn es da einen Pool gibt an Links, wo man sagt: ‚Schaut, […] wenn ihr für Sachunterricht ein Video sucht, wenn ihr zum Thema Natur ein Video sucht, wenn ihr zum Thema Naturwissenschaften sucht'- z. B. Physik, Chemie, das ist immer so ein ganz schwieriges Thema für uns in der Volksschule und ich weiß, dass das ein Thema ist, das gerne ein bisschen stiefmütterlich behandelt wird, und ich denk mir, wenn man da aber irgendwo weiß: ‚He, da findest du was', täten wir uns vielleicht leichter." (IP5, 71)

Auch IP8 merkte diesbezüglich an, es sei „schade, dass es nicht so einen allgemeinen Fundus gibt" (IP8, 135), auch dieser Textabschnitt wurde im ersten Kodierprozess dem Bereich „fehlende Angebote" zugeschrieben.

3.3.6 Cluster 2 – Vertiefende Einsichten zum Erklärvideoeinsatz

Mithilfe der neu gewonnenen Einsichten aus den Interviews in Cluster 2 konnten vertiefende Zugänge zum Einsatz von Erklärvideos im Sachunterricht aus Sicht der Lehrer*innen ermittelt werden. Zwar blieben die in Cluster 1 gefundenen Hauptkategorien unverändert, auf Ebene der Subkategorien konnten jedoch weitere Aspekte zum Umgang der Lehrkräfte mit dem audiovisuellen Medium ergänzt werden:

- Hinsichtlich der **ursächlichen Bedingungen** konnte beim *Umgang mit dem Bildungsauftrag des Sachunterrichts* auch der Wunsch der Lehrkräfte identifiziert werden, die Kinder mit Erklärvideos im Unterrichtsgeschehen in der *Entwicklung ihrer individuellen Medienkompetenz* zu unterstützen.

- Bei den **Handlungs- und Interaktionsstrategien** wurden zum *Vorgehen bei der Auswahl von Erklärvideos* vor allem in Hinblick auf die Anwendung unterschiedlicher *Qualitätskriterien bei der Auswahl der Videos* neue Erkenntnisse gewonnen. Ergänzungen konnten ebenso bei den *didaktischen Zielsetzungen beim Einsatz des Mediums* (konkret die *Förderung der Motivation*, das *Anregen von Selbsterklärungen*, das *eigenständige Erarbeiten neuer Inhalte*) und dem *situationsspezifischen Umgang mit Erklärvideos* (die *Kompensation fehlender technischer Ausstattung* bzw. Strategien bei der *Verteilung der Erklärvideos* oder der *Schaffung eines passenden Rahmens*) vorgenommen werden.

- Die **intervenierenden Bedingungen** wurden bei den *personenbezogenen Merkmalen der Lehrkraft* um *(fehlende) Kompetenzen bei der Auswahl und Bewertung von Erklärvideos* erweitert.

- Bei den **Konsequenzen** wurden Wahrnehmungen zu den *Reaktionen der Kinder auf den Erklärvideoeinsatz* noch konkreter betrachtet und die *persönliche Bewertung des Erklärvideoeinsatzes* um den Aspekt ergänzt, wonach Erklärvideos *keine sinnlichen Erfahrungen vorwegnehmen* sollen. Auch der *Wunsch nach einem allgemein zugänglichen Bestand an Erklärvideos für den Sachunterricht* kam hinzu.

Obwohl Cluster 2 kaum neue Erkenntnisse in Bezug auf die Hauptkategorien brachte, konnten die Ergebnisse genutzt werden, um bestehende Konzepte noch breiter in den Daten zu verankern und Beziehungen zwischen einzelnen Bereichen zu verdeutlichen. Vor allem die Erweiterung des beforschten Feldes auf deutsche Grundschullehrer*innen brachte neue Einsichten. Für manche der Kategorien kann aufgrund des Ausbleibens neuer Erkenntnisse bereits eine theoretische Sättigung angenommen werden. In Hinblick auf die Ausbildungsunterschiede der Lehrer*innen, die sich nicht nur zwischen Österreich und Deutschland zeigten, sondern auch zwischen deutschen Bundesländern, fehlen jedoch noch Daten für eine theoretische Sättigung. Diese Lücke sollte durch eine weitere Datenerhebungs- und -auswertungsphase im Rahmen eines dritten Interviewclusters mit deutschen Grundschullehrkräften unterschiedlicher Bundesländer geschlossen werden.

Die auf Basis der Evidenzen aus Cluster 1 erstellte erste Version eines Rahmenmodells zum Einsatz von Erklärvideos im Sachunterricht konnte anhand vertiefender Erkenntnisse aus Cluster 2 – trotz gleichbleibender Hauptkategorien – weiterentwickelt werden. Abbildung 3.6 verdeutlicht die zunehmend konkreter werdenden Einsichten in Bezug auf Einflussfaktoren der Erklärvideonutzung und deren Beziehungen zueinander, die in der aktualisierten Darstellung um das Phänomen „Einsatz von Erklärvideos" gruppiert wurden.

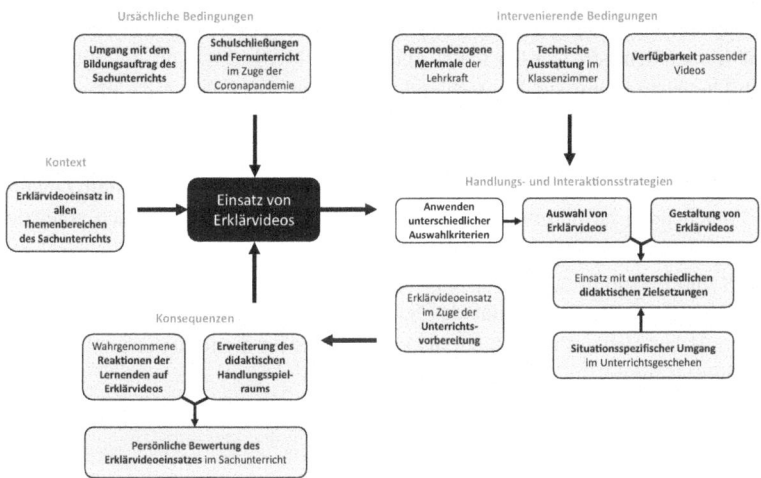

Abbildung 3.6 Adaptierte Version des Rahmenmodells zum Erklärvideoeinsatz im Sachunterricht. (Eigene Darstellung)

3.3.7 Cluster 3 – Lücken in den Daten schließen

Obgleich die Auswertung der Interviews aus Cluster 2 bereits eine theoretische Sättigung für verschiedene Bereiche nahelegt, sollte mit der Durchführung einer dritten Interviewreihe noch den unterschiedlichen Formen der Ausbildung zur Grundschullehrkraft in den deutschen Bundesländern Rechnung getragen werden. Bei den befragten Grundschullehrenden aus Cluster 2 konnte keine große Vielfalt der Ausbildungsstrukturen abgebildet werden. Die unterschiedlichen Vorerfahrungen im Studium der Grundschullehrer*innen könnten aber auch Einfluss auf den Umgang mit Erklärvideos haben und damit weitere Einsichten zum Umgang mit dem audiovisuellen Medium im Sachunterricht eröffnen. Wie die GDSU

(2019, S. 18 f.) feststellt, herrschen in Deutschland bundeslandübergreifend, aber auch „an den einzelnen Hochschulstandorten innerhalb der Bundesländer grundlegende Unterschiede der inhaltlichen Ausgestaltung des Sachunterrichtsstudiums", ebenso verhält es sich hinsichtlich des Studienumfangs „mit einem sehr weiten Spektrum zwischen 9 Leistungspunkten und 70 Leistungspunkten". Auch „das grundlegende konzeptionelle Kriterium der Vielperspektivität [wird] nicht in allen Bundesländern strukturell eingelöst, da Bezugsfächer teilweise additiv angefügt werden und somit eine Integration der fachdidaktischen Gesichtspunkte nicht immer deutlich werden kann" (GDSU, 2019, S. 23). Um die Vielfalt der Ausbildungsstrukturen in Deutschland und deren mögliche Auswirkungen auf die individuellen Sichtweisen auf das Medium Erklärvideo im Sachunterricht darzustellen, wurden für Cluster 3 gezielt Grundschullehrer*innen unterschiedlicher deutscher Bundesländer gesucht. Aufgrund des eingeschränkten Zugangs des Forschenden zu diesem Untersuchungsfeld wurde die Suche nach potenziell zu Interviewenden unter anderem auch über die sozialen Netzwerke Facebook, Twitter und Instagram geführt (z. B. über den Instagram-Account @didaktik_des_ sachunterrichts[7] der Universität des Saarlandes). Insgesamt konnten damit acht Lehrkräfte aus sieben Bundesländern Deutschlands für die fokussierten Interviews gewonnen werden:

– Baden-Württemberg
– Berlin
– Brandenburg
– Bremen
– Niedersachsen
– Nordrhein-Westfalen
– Sachsen

Die acht Online-Interviews fanden zwischen dem 28.07.2022 und dem 24.10.2022 statt, die Auswertungsphase der Gesprächstranskripte verlief – wie auch bei den vorangegangenen Clustern – so weit wie möglich parallel zur Erhebungsphase. IP17 und IP18 berichteten aus ihren langjährigen Erfahrungen als Sachunterrichtslehrerinnen und gewährten vielfältige Einblicke in die Auswahl und den Einsatz von Erklärvideos für den Sachunterricht. Mit IP19 und IP20 wurden im Gegensatz dazu die Sichtweisen von zwei erst kürzlich im Beruf stehenden Lehrerinnen auf das audiovisuelle Medium bzw. den Umgang

---

[7] Das Posting ist hier abrufbar: https://www.instagram.com/p/Cek8p-Ko88U/ (letzter Zugriff: 22.05.2023)

damit erhoben. Beim Interview mit IP19 traten während des Gesprächs aufgrund einer schlechten Internetverbindung vorübergehende Aussetzer auf, manche Fragen mussten deshalb erneut gestellt werden. Eine offene Gesprächsatmosphäre beeinträchtigten die technischen Probleme nicht. Mit IP21 und IP22 wurden zwei Lehrerinnen mit fast 30-jähriger Berufserfahrung interviewt, die beide an derselben Grundschule unterrichteten. Aus Termingründen fanden die beiden Gespräche nicht im Einzelsetting statt, sondern in Form eines gemeinsamen Online-Interviews, bei dem beide Lehrerinnen gemeinsam in einem Raum saßen und nacheinander befragt wurden. Auch hier kam es zu Beginn des Gesprächs zu einer kurzen Unterbrechung aufgrund einer technischen Störung, das Interview konnte aber nach wenigen Minuten über den Laptop der zweiten Lehrerin fortgesetzt werden. Die Gesprächsdynamik unterschied sich durch die gemeinsame Interviewsituation von den anderen Gesprächen, weil sich die Lehrerinnen mitunter auch aufeinander bezogen und auf den Gedankengängen der Kollegin aufbauten. Auch IP23 verfügte über eine ähnlich lange Erfahrung als Grundschullehrerin, sie berichtete unter anderem auch von ihren Beweggründen, selbst Erklärvideos zu gestalten. Mit IP24 wurden abschließend noch die Sichtweisen der Schulleiterin einer deutschen Grundschule auf das Medium Erklärvideo erhoben.

Abgesehen von den angesprochenen technischen Störungen konnten alle Interviews ohne weitere Unterbrechungen durchgeführt werden. Eine positive Grundstimmung und eine offene Gesprächsatmosphäre konnte – wie in den vorangegangenen Interviewphasen – hergestellt werden. Auch das Zeigen eines Erklärvideos als einleitender Fokus trug abermals dazu bei, einen unmittelbaren Einstieg ins Thema zu finden. Vor dem Hintergrund der in Cluster 2 identifizierten (fehlenden) Kompetenzen mancher Lehrer*innen hinsichtlich der Auswahl und Bewertung von Erklärvideos für den Sachunterricht sollte im Zuge der dritten Erhebungsphase hierauf noch einmal ein genauerer Blick geworfen werden, vor allem auch auf die bereits angesprochenen Unterschiede hinsichtlich der Ausbildung.

3.3.8 Cluster 3 – Zusammenführung der Ergebnisse

Die Auswertung der dritten Interviewphase bestätigte trotz der Abbildung eines breiteren Spektrums an Lehrkräfte unterschiedlicher deutscher Bundesländer die Annahme aus Cluster 2, wonach sich eine theoretische Sättigung abzeichnete. In der Gesamtbetrachtung von Cluster 3 konnten nur mehr in zwei Bereichen Ergänzungen vorgenommen werden:

– Die *Auswahlkriterien* wurden um die Aspekte „Verwendung von Fachsprache" und „Wiederholung zentraler Begriffe" ergänzt.

– Bei den *personenbezogenen Faktoren der Lehrkraft* kam die *Vorbereitung auf den Erklärvideoeinsatz* hinzu.

Aufgrund der deutlichen Anzeichen für eine theoretische Sättigung markiert der dritte Erhebungs- und Auswertungszyklus auch den Abschluss der qualitativ-empirischen Untersuchung der vorliegenden Forschungsarbeit. Der Nutzen von Cluster 3 kann vor allem darin gesehen werden, dass bereits gefundene Konzepte und Zusammenhänge noch stärker in den Daten verankert werden konnten und weitere Evidenzen für die Ausgestaltung des Rahmenmodells zum Einsatz der Erklärvideos im Sachunterricht gesammelt wurden. Vor der Diskussion der Ergebnisse soll nun eine Gesamtbetrachtung der einzelnen Einflussfaktoren für das beforschte Phänomen unter Einbeziehung aller gewonnenen Erkenntnisse aus den drei Interviewclustern erfolgen.

Ursächliche Bedingungen

In Cluster 3 bestätigte sich, was auch die vorherigen Untersuchungszyklen bereits zeigten. *Schulschließungen und Fernunterricht im Zuge der Coronapandemie* waren für einige Lehrkräfte ein zentrales Motiv für den erstmaligen oder verstärkten Einsatz von Erklärvideos im Sachunterricht:

> „Das ist insgesamt auch über alle Fächer so in der Coronazeit natürlich noch mal entstanden, wo wir auch geguckt haben, was können wir den Kindern vielleicht mal nach Hause schicken, dass sie sich zu Hause etwas anschauen." (IP17, 65)

> „Ich habe das im Lockdown wirklich das erste Mal gemacht, weil bisher war es nie notwendig." (IP22, 19)

> „Bei uns im Grundschulbereich, jedenfalls in unserem Bundesland, nimmt das seit Beginn der Pandemie schon sehr zu." (IP24, 79)

Auch die Besonderheiten des Sachunterrichts mit seinem umfassenden Bildungsanspruch, den damit verbundenen didaktischen Herausforderungen und dem *Umgang der Lehrkraft mit dem Bildungsauftrag* konnten als Ursache für die Nutzung von Erklärvideos in Cluster 3 identifiziert werden:

> „Man schneidet es ja nur an im Sachunterricht, in der Grundschule, aber dieses Fach ist einfach so breit gefächert […]." (IP19, 51)

„Und da muss man dann entsprechende Fragen stellen, Aufgaben mit dazugeben, damit die Kinder dort auch am Ball bleiben und der Unterricht schön gestaltet werden kann." (IP22, 55)

„Und es gehören auch Dinge dazu, sich mit der immer stärker werdenden Technisierung, die einfach die Gesellschaft jetzt prägt, zurechtzufinden. Also das ist ein Gemisch an vielen Dingen, um einfach in der Gesellschaft und für sich darin klarzukommen." (IP24, 43)

Vor dem Hintergrund der zur Verfügung stehenden Zeit- und Materialressourcen zeigten sich Herausforderungen für die Lehrkräfte im Sachunterricht: „Ja, eigentlich ist es eine Katastrophe, was wir machen müssten und was wir dafür zur Verfügung haben." (IP23, 69) An dieser Stelle wurde erneut deutlich, dass Lehrkräfte für die Gestaltung eines Sachunterrichts, der den oben beschriebenen Ansprüchen gerecht zu werden versucht, entsprechende Rahmenbedingungen benötigen. Der Einsatz von Erklärvideos stellt in diesem Zusammenhang für einige der interviewten Lehrkräfte eine Möglichkeit dar, fehlende Ressourcen zu kompensieren oder vorhandene Rahmenbedingungen entsprechend zu ergänzen und damit einen Beitrag zur Erfüllung des allgemeinbildenden Auftrags des Sachunterrichts zu leisten. Die hierzu beschriebenen Handlungs- und Interaktionsstrategien können – je nach Anwendungsbereich und didaktischer Zielsetzung – sehr unterschiedlich ausfallen.

Handlungs- und interaktionale Strategien
In Hinblick auf die genannten Kriterien, die Lehrkräfte bei der *Auswahl von Erklärvideos für den Sachunterricht* als wichtig erachten, lassen sich die Interviewpartnerinnen aus Cluster 3 – wie in den vorangegangenen Interviewphasen – in zwei Gruppen einteilen:

– jene, die eher *unspezifische Auswahlkriterien* benennen,
– und jene, deren Aussagen eine *kritisch-reflektierte Medienwahl* nahelegen.

In der Gesamtschau aller genannten *Auswahlkriterien* der drei Interviewcluster zeigt sich, worauf Lehrkräfte bei der Wahl der Erklärvideos für den Sachunterricht besonders achten (Tabelle 3.2).

Tabelle 3.2 Genannte Auswahlkriterien für Erklärvideos im Sachunterricht – Cluster 1 bis 3

Kategorie	Kriterium	Interviewquellen	Kurzbeschreibung
Gestalterische Merkmale	Dauer	IP1, IP4, IP6, IP7, IP8, IP9, IP12, IP13, IP14, IP15, IP16, IP17, IP18, IP19, IP20, IP21, IP22, IP23, IP24	Tendenziell bevorzugten die interviewten Lehrer*innen eher kürzere Videos, idealerweise zwischen 2 und 5 Minuten. Für spezielle Einsatzbereiche (z. B. eigenständige Erarbeitung neuer Inhalte) wurden auch 10 bis 20 Minuten als passend beschrieben.
	Sprachliche Verständlichkeit	IP1, IP2, IP3, IP4, IP5, IP9, IP10, IP11, IP12, IP13, IP14, IP16, IP17, IP19, IP20, IP22, IP23, IP24	Hier wünschen sich die Interviewpartner*innen, dass im Video langsam und deutlich gesprochen wird, damit die Aussprache klar verständlich ist. Es sollen auch möglichst keine (Dialekt-)Begriffe verwendet werden, die für die eigene Region untypisch sind.
	Minimalistische/ einfache Gestaltung	IP9, IP10, IP14, IP16, IP17, IP19, IP21, IP22, IP23, IP24	Das Erklärvideo sollte aus Sicht der Lehrkräfte einfach gehalten und nicht überladen sein, damit die Aufmachung nicht vom Inhalt ablenkt.
	Einsatz von Farben	IP1, IP2, IP3, IP4, IP5, IP11, IP14, IP17, IP22	Gezielter Einsatz von Farben soll die Aufmerksamkeit lenken und bei der visuellen Orientierung helfen.

(Fortsetzung)

Tabelle 3.2 (Fortsetzung)

Kategorie	Kriterium	Interviewquellen	Kurzbeschreibung
	Animationen	IP4, IP6, IP7, IP8, IP9, IP12, IP15, IP16	Animationen und Zeichnungen sollen genutzt werden, um Inhalte optisch zu verdeutlichen.
	Angenehme bzw. bekannte Stimme	IP3, IP4, IP7, IP16, IP17, IP22, IP23	Der Erklärtext sollte von einer angenehmen Stimme vorgetragen werden, idealerweise jener der eigenen Lehrkraft.
	Anschauliche Bebilderung	IP13, IP17, IP18, IP19, IP20, IP24	Die gezeigten Bilder sollen die Erklärungen veranschaulichen.
	Abwechslungsreichtum	IP2, IP8, IP11, IP16	Das Video sollte abwechslungsreich gestaltet sein, damit die Kinder nicht abschweifen bzw. sich langweilen.
	Realfilm-Elemente	IP3, IP4, IP15, IP16	Das Video soll Realfilm-Elemente beinhalten.
	Zusammenspiel von Bild und Ton	IP13, IP15, IP20	Sprachliche Erklärungen und dazugehörende Visualisierungen sollen in zeitlicher Nähe präsentiert werden.
	Gezielte Kamerafahrten und -perspektiven	IP4, IP8	Um z. B. Größenverhältnisse besser darstellen zu können, sollen auch Kamerafahrten/-zooms enthalten sein.

(Fortsetzung)

Tabelle 3.2 (Fortsetzung)

Kategorie	Kriterium	Interviewquellen	Kurzbeschreibung
	Professionalität der technischen Umsetzung	IP3, IP6	Die gewählte Gestaltungsvariante des Erklärvideos soll professionell umgesetzt sein.
	Storytelling	IP3, IP15	Das Video soll eine zum Lerninhalt passende Geschichte erzählen.
	Verborgenes sichtbar machen	IP8, IP12	Das Video sollte Sachverhalte zeigen, die ohne das Videoformat nicht bzw. nur schwer darstellbar sind.
	Nutzung von Soundeffekten	IP2	Das Video sollte verschiedene Geräusche und Soundeffekte beinhalten.
Inhaltsbezogene Merkmale	Angemessene Informationsdichte	IP1, IP2, IP5, IP8, IP14, IP16, IP17, IP18, IP20	Die Kinder sollen die Informationen im Video Schritt für Schritt präsentiert bekommen.
	Sachliche Richtigkeit	IP8, IP11, IP12, IP14, IP18, IP23	Fachinhalte sollen wissenschaftlich korrekt wiedergegeben werden.
	Aktualität	IP4, IP8, IP14, IP19, IP23	Im Erklärvideo sollen gegenwärtig relevante Inhalte vermittelt werden.
	Eindeutige Zielsetzung	IP1, IP6, IP14, IP20, IP24	Das Video soll eine konkrete Zielsetzung verfolgen.
	Arbeitsauftrag im Video	IP11, IP15, IP19, IP23	Ein Arbeitsauftrag bzw. offene Fragen sollten im Video enthalten sein.

(Fortsetzung)

Tabelle 3.2 (Fortsetzung)

Kategorie	Kriterium	Interviewquellen	Kurzbeschreibung
	Nachvollziehbare Erkläransätze	IP2, IP4, IP5, IP7	Einige Interviewpartner*innen bevorzugen ähnliche Erklärungen, wie sie es machen würden, andere wünschen sich alternative Erkläransätze. Die Nachvollziehbarkeit der Erklärung muss gegeben sein.
	Abschließende Zusammenfassung	IP12, IP17, IP18	Am Ende des Videos sollen die wichtigsten Punkte des Themas noch einmal zusammengefasst werden.
	Nutzung von Analogien	IP7, IP15, IP17	Sachverhalte sollen mit Beispielen veranschaulicht werden.
	Gendersensibilität	IP12, IP16	Das Video soll keine veralteten Rollenbilder oder Stereotype enthalten.
	Klare Struktur	IP1, IP6	Das Video soll klar strukturiert aufgebaut sein.
	Roter Faden	IP16, IP20	Ein roter Faden soll erkennbar sein.
	Wiederholung zentraler Begriffe	IP17, IP18	Zentrale Begriffe sollen immer wieder in gesprochener und geschriebener Form auftauchen.
	Angabe genutzter Quellen	IP8	Verwendete Quellen sollen im Video offengelegt werden.

(Fortsetzung)

Tabelle 3.2 (Fortsetzung)

Kategorie	Kriterium	Interviewquellen	Kurzbeschreibung
	Verwendung von Fachsprache	IP17	Im Video sollen für das Thema typische Fachbegriffe genutzt werden.
Zielgruppen-bezogene Merkmale	Kindgerechte Aufbereitung	IP2, IP3, IP4, IP5, IP6, IP7, IP8, IP9, IP10, IP11, IP14, IP16, IP17, IP19, IP20, IP24	Die Aufbereitung des Erklärvideos soll sich an den Bedürfnissen und Interessen der Kinder orientieren.
	Altersgemäßheit	IP1, IP3, IP5, IP6, IP8, IP10, IP16, IP24	Die Form der inhaltlichen Aufbereitung soll die Fähigkeiten und den Entwicklungsstand der Lernenden berücksichtigen.
	Lebensweltbezug	IP9, IP13, IP15, IP17, IP24	Kinder sollen anhand des Videos einen Bezug zu ihrer Lebenswelt herstellen können.
	Kindliche Identifikationsfigur	IP9, IP21	Im Erklärvideo sollte ein Kind bzw. eine Figur vorkommen, mit dem bzw. mit der sich die Lernenden identifizieren können.
	Aufforderungscharakter	IP6	Das Video soll die Kinder auffordern, über Inhalte vertiefend zu reflektieren.

Bei der Frage nach den *Quellen*, aus denen die Lehrkräfte Erklärvideos für den Sachunterricht beziehen, bestätigten auch die Lehrkräfte aus Cluster 3 die Erkenntnisse der ersten und zweiten Erhebungsphase. Abgesehen von IP13 aus Cluster 2 und IP19 aus dem dritten Interviewcluster berichteten alle befragten Lehrerinnen, bereits Erklärvideos von der Online-Plattform YouTube genommen zu haben, obwohl es dort – wie IP18 es beschreibt – „das Problem mit der Werbung" gebe (IP18, 25). Folgende Quellen für Erklärvideos wurden im Verlauf der gesamten Erhebung explizit benannt:

- YouTube (IP1, IP2, IP3, IP4, IP5, IP6, IP7, IP8, IP9, IP10, IP11, IP12, IP14, IP15, IP16, IP17, IP18, IP20, IP21, IP22, IP23, IP24)
- Sofatutor (IP4, IP13, IP14, IP18, IP19, IP23)
- (Landes-)Medienzentren (IP7, IP8, IP12, IP21, IP24)
- Hamsterkiste.de[8] (IP17, IP22)
- Mediatheken öffentlich-rechtlicher Fernsehsender (IP1, IP13)

Neben der direkten Suche auf den soeben aufgelisteten Seiten verwendeten Lehrer*innen aus allen Interviewclustern auch gängige Suchmaschinen:

„[…] da ist Google für mich mein allerbester Freund, wo du einfach mit den richtigen Schlagwörtern ‚Erklärvideos', ‚Tutorials', ‚FAQs' etc. ‚für Kinder aufbereitet'-Themen suchst." (IP6, 55)

„Ich muss ganz ehrlich sagen, meistens schau ich mir an, was Google so liefert." (IP8, 115)

„Also tatsächlich hab ich jetzt zu der Einheit […] geguckt, was mir da vorgeschlagen wird, also einfach in eine Suchmaschine reingeklopft." (IP14, 47)

„[…] und dann wird es eingegeben unter Google oder so, und dann guckt man, was spuckt sich da so aus." (IP17, 65)

„Ich gebe es einfach in meinem Browser als Suchbegriff ein." (IP23, 81)

Derartige Suchstrategien könnten auch eine mögliche Erklärung dafür liefern, warum viele Interviewpartner*innen vorrangig über die Videoplattform You-Tube auf öffentlich-rechtliche Formate zugreifen – nämlich wenn Lehrkräfte über die Google-Suche auf die hauseigene Plattform YouTube weitergeleitet werden – und damit gegebenenfalls verstärkt Werbungen in Kauf nehmen, anstatt direkt in den Mediatheken der öffentlich-rechtlichen Fernsehsender nach entsprechenden Formaten zu suchen. Neben Sendereihen aus dem Bildungsfernsehen wurden auch kostenpflichtige Angebote unterschiedlicher Verlage als Ressource für Sachunterrichts-Erklärvideos genannt. Insgesamt wurden im Zuge der drei Interviewzyklen elf Bildungsformate, die im Sachunterricht eingesetzt wurden, konkret benannt. In Tabelle 3.3 sind sie zusammenfassend dargestellt.

---

[8] Hamsterkiste ist ein für private Zwecke frei zugängliches Portal mit Lernangeboten für die Grundschule. Die Nutzung für die Schule ist kostenpflichtig. Details: https://www.hamsterki ste.de (letzter Zugriff: 22.05.2023)

Tabelle 3.3 Genannte Bildungsformate – Cluster 1 bis 3

Bildungsformat	Interviewquelle(n)	Kurzbeschreibung
Lach- und Sachgeschichten – Die Sendung mit der Maus	IP4, IP5, IP7, IP10, IP15, IP18, IP21, IP22, IP23	Die „Lach- und Sachgeschichten" werden seit 1970 vom WDR[9] produziert und sind damit das älteste deutschsprachige Bildungsformat für Kinder (Schlote, 2015). In den Erklärfilmen der „Sendung mit der Maus" werden vielfältige Themen aus dem Alltag beleuchtet und kindgerecht aufbereitet (WDR, o. J.).
Löwenzahn	IP4, IP6, IP13, IP16, IP21, IP22, IP23	„Löwenzahn" ist eine seit 1981 vom ZDF ausgestrahlte Wissenssendung für Kinder und Erwachsene. Bekannt wurde die Sendung u. a. auch durch ihren Moderator Peter Lustig (Schlote, 2015).
Checker Tobi	IP2, IP4, IP8, IP11, IP23	„Checker Tobi" wird seit 2013 auf KiKA[10] gesendet. In dieser Kindersendungsreihe werden auf humorvolle Weise Antworten auf diverse „Checkerfragen" gesucht (BR, 2013).
Anna und die wilden Tiere	IP4, IP5, IP24	„Anna und die wilden Tiere" wird seit 2014 von KiKA ausgestrahlt und begleitet die Reporterin Anna auf ihrer Reise um die Welt und ihrer Suche nach wilden Tieren (KiKA, 2022).

(Fortsetzung)

[9] WDR ist die Abkürzung für „Westdeutscher Rundfunk" (WDR, o. J.).
[10] KiKA steht für „Kinderkanal" und ist der Kinderfernsehsender von ARD und ZDF (KiKA, 2022).

Tabelle 3.3 (Fortsetzung)

Bildungsformat	Interviewquelle(n)	Kurzbeschreibung
Was ist was TV	IP3, IP4, IP16	„Was ist was TV" ist eine in den 1980er- und 2000er-Jahren von der ARD ausgestrahlte Fernsehsendung zur gleichnamigen Kindersachbuchreihe des Tessloff Verlags (Tessloff, o. J.).
Willi wills wissen	IP15, IP17, IP18	Die Kindersendung „Willi wills wissen" wurde in den 2000er-Jahren vom BR[11] produziert. In den einzelnen Episoden gibt Moderator Willi kindgerechte Einblicke in verschiedene Sachthemen (BR, o. J.).
Checker Can	IP5, IP20	Die seit 2011 auf KiKA laufende Wissenssendung „Checker Can" ist nach demselben Prinzip wie „Checker Tobi" gestaltet und bereitet unterschiedliche Fragestellungen für Kinder im Grundschulalter auf (KiKA, 2023).
logo!	IP13, IP21	Die Kindernachrichtensendung „logo!" wird seit 1989 vom ZDF ausgestrahlt und bietet kindgerecht gestaltete Hintergrundinformationen zum aktuellen Weltgeschehen (vom Orde, 2015).

(Fortsetzung)

---

[11] BR steht für „Bayerischer Rundfunk" (BR, o. J.).

Tabelle 3.3 (Fortsetzung)

Bildungsformat	Interviewquelle(n)	Kurzbeschreibung
Pixi Wissen	IP4, IP9	„Pixi Wissen" ist eine Videoserie für Grundschulkinder zur gleichnamigen Sachbuchreihe des Carlsen-Verlags (Carlsen, o. J.).
Woozle Goozle	IP4, IP5	„Woozle Goozle" ist eine Wissenssendung für Kinder, die seit 2013 für das Kinderprogramm TOGGO produziert wird. Im Zentrum steht die namensgebende Puppe „Woozle", die verschiedenste Experimente und Erfindungen präsentiert (TOGGO, 2023).
Es war einmal … der Mensch	IP9	„Es war einmal … der Mensch" ist eine Zeichentrickserie des französischen Animationsstudios Procidis, die Kindern Wissen über die Geschichte der Menschheit vermitteln möchte (Procidis, o. J.). Im deutschsprachigen Raum wurde die Serie erstmals in den 1980er-Jahren ausgestrahlt (BR, 2020).

Als Hilfestellung bei der Auswahl von passenden Erklärvideos wurden in Cluster 3 – wie schon in Cluster 1 – auch *Empfehlungen aus dem Kollegium* genannt (IP15, IP17). Aussagen, wonach auch *Tipps zu Erklärvideos aus Printmedien* entnommen wurden, waren bei den Lehrkräften aus Cluster 3 nicht zu finden.

Hinsichtlich der ***eigenständigen Gestaltung von Erklärvideos im bzw. für den Sachunterricht*** wurden bestehende Konzepte um weitere Aussagen ergänzt. IP23 verdeutlichte etwa ihre Beweggründe, warum sie als *Lehrkraft selbst Erklärvideos für den Sachunterricht gestaltet*:

„Also in der Zeit des Homeschoolings habe ich selber Erklärvideos zu Hause erstellt, weil manche Dinge können sich die Kinder nicht alleine erarbeiten oder die Eltern sind da dann auch überfordert in der Beziehung, was auch völlig verständlich ist. Wir haben das schließlich studiert, wie ich es dem Kind erkläre. Und so habe ich auch in Sachkunde, aber auch in anderen Unterrichtsfächern, wenn neue Unterrichtsinhalte eingeführt werden sollten, dann habe ich das über ein Erklärvideo gemacht, sodass ich dann auch ganz sicher war, dass die Kinder das gehört haben, was ich gerne möchte. Weil es spezialisiert sich ja auch- jeder Lehrer hat seine Schwerpunkte, jeder Lehrer zieht für sich raus, was am wichtigsten ist." (IP23, 25)

Diese Möglichkeiten einer individuellen Schwerpunktsetzung stellen damit neben den Anpassungen an die Lernvoraussetzungen der Kinder und den persönlichen/emotionalen Faktoren selbst erstellter Videos einen dritten Grund dar, der für das eigenständige Gestalten von Erklärvideos durch die Lehrkräfte genannt wurde. Neben ihren persönlichen Motiven beschrieb IP23 auch das Vorgehen beim Erstellen von Erklärvideos:

„Ja, erst mal schreibe ich mir natürlich auf oder werde mir darüber im Klaren, was soll am Ende bei rumkommen, mein Ziel. Und dann schaue ich, genauso wie ich es erst mal im Unterricht machen würde, die einzelnen Schritte, wie ich da hinkomme zu diesem Ziel, was jetzt dafür wichtig ist. Und dann versuche ich das mit – ich mache es mit PowerPoint – an einzelnen Tafelbildern dann umzusetzen." (IP23, 29)

Auch IP6, IP12, IP19 und IP21 berichten im Verlauf ihrer Interviews davon, bereits Erklärvideos mittels PowerPoint erstellt zu haben. IP19 sagte hierzu etwa: „Also ich habe es tatsächlich meistens mit PowerPoint gemacht, dass ich eine PowerPoint-Präsentation erstellt habe, und da kann man ja dann auch Tonspuren drunterlegen und das dann in ein Video umwandeln." (IP19, 15)

Mit den Lernenden hatten die Grundschullehrerinnen aus Cluster 3 zum Untersuchungszeitpunkt noch keine Videos im Sachunterricht gestaltet. Als hinderlicher Grund hierfür wurde in den Interviews vor allem der Zeitaufwand für das *Erstellen von Erklärvideos durch die Lernenden* genannt. Der Faktor Zeit scheint also in diesem Zusammenhang – ebenso wie bei der Erstellung von Videos durch die Lehrkraft (siehe dazu die „Konsequenzen" in diesem Kapitel) – eine maßgebliche Rolle zu spielen:

„Und mit den Kindern auch gemeinsam ist zwar geplant, aber ich weiß im Moment überhaupt nicht, wann ich das machen soll, in welchem Zusammenhang, bei zwei Stunden Sachunterricht in der Woche. Selbst im Zusammenhang mit dem Deutschunterricht ist es schwer." (IP21, 11)

„Ja, das ist was ganz Neues, das nimmt viel Zeit in Anspruch. Eventuell dann in einer vierten Klasse. Ja, das ist etwas, woran ich mich heranwagen müsste." (IP23, 57)

„Aber sie werden es nicht so oft machen können an der Grundschule. Weil wir haben ja einen Lehrplan und es ist zeitlich eben doch ein großer Aufwand." (IP24, 35)

Eine wesentliche Kernkategorie für die vorliegende Untersuchung, die *didaktischen Zielsetzungen beim Erklärvideoeinsatz*, wurde durch die Ergebnisse der Interviewauswertungen von Cluster 3 zwar nicht um neue Ziele erweitert, konnte aber in verschiedenen Bereichen mit weiteren Textstellen in den Daten verankert werden. Tabelle 3.4 listet nun alle identifizierten Zielsetzungen der gesamten Untersuchung mit den Interviewquellen und einer Kurzbeschreibung auf.

Tabelle 3.4 Didaktische Zielsetzungen beim Erklärvideoeinsatz – Cluster 1 bis 3

Ziele	Interviewquellen	Kurzbeschreibung
Einführung in ein neues Thema	IP1, IP2, IP3, IP4, IP5, IP6, IP7, IP8, IP9, IP10, IP11, IP12, IP14, IP15, IP16, IP17, IP18, IP19, IP23, IP24	Interviewte Lehrkräfte verwenden Erklärvideos am häufigsten, um einen spannenden Einstieg in ein neues Thema zu gestalten bzw. den Kindern einen ersten Überblick über neue Inhalte zu geben.
Erklärvideo als Sprechanlass	IP1, IP2, IP3, IP4, IP5, IP8, IP9, IP11, IP12, IP15, IP16, IP18, IP19, IP21, IP22, IP23	Vielfach werden von den Befragten Erklärvideos im Sachunterricht auch als Impuls bzw. Anstoß für eine Diskussionsrunde verwendet, um mit den Kindern ins Gespräch zu kommen.
Visualisierung/ Veranschaulichung	IP2, IP3, IP5, IP6, IP7, IP8, IP10, IP11, IP12, IP13, IP15, IP17, IP18, IP19, IP20, IP21	Erklärvideos werden von vielen befragten Lehrkräften auch dazu genutzt, Sachverhalte mit audiovisuellen Mitteln zu veranschaulichen.

(Fortsetzung)

Tabelle 3.4 (Fortsetzung)

Ziele	Interviewquellen	Kurzbeschreibung
Wiederholung von Lerninhalten	IP1, IP2, IP3, IP4, IP5, IP7, IP8, IP10, IP12, IP15, IP16, IP17, IP19, IP21	Die Mehrzahl der Interviewpartner*innen nutzt Erklärvideos auch zur Festigung und Wiederholung von sachunterrichtlichen Inhalten.
Ansprechen mehrerer Sinneskanäle	IP2, IP3, IP5, IP9, IP13, IP14, IP16, IP18, IP19, IP22, IP23, IP24	Mithilfe der Erklärvideos soll der visuelle und auditive Verarbeitungskanal angesprochen werden, damit Lerninhalte besser behalten werden können.
Medienvermittelte Lebenswelt-begegnung	IP3, IP4, IP5, IP6, IP12, IP15, IP17, IP19, IP21, IP22, IP23	Wo aufgrund von Coronalockdown, zeitlichen bzw. räumlichen Entfernungen oder fehlenden Ressourcen keine direkte Welt- bzw. Sachbegegnung möglich ist, greifen einige Lehrer*innen auf Erklärvideos zurück.
Differenzierung und Individualisierung	IP3, IP4, IP5, IP6, IP7, IP9, IP14, IP18, IP24	Erklärvideos geben Lehrkräften Möglichkeiten zur Differenzierung an die Hand und Lernenden die Chancen zur individuellen Auseinandersetzung mit bzw. Vertiefung von sachunterrichtlichen Themen.
Eigenständiges Erarbeiten neuer Inhalte	IP1, IP5, IP10, IP11, IP13, IP14, IP16	Durch Erklärvideos können Lernende auch dazu angehalten/befähigt werden, Inhalte (weitgehend) selbstständig zu erarbeiten.

(Fortsetzung)

Tabelle 3.4 (Fortsetzung)

Ziele	Interviewquellen	Kurzbeschreibung
Anbieten alternativer Erkläransätze	IP2, IP4, IP7, IP17, IP19, IP23	Manche Lehrkräfte wollen Lernenden auch alternative Erklärungen anbieten, um den Kindern andere Sichtweisen zu eröffnen.
Komplexe Themen verständlich aufbereiten	IP5, IP6, IP7, IP8, IP9, IP19	Einige Befragte setzen Erklärvideos vorrangig ein, um sehr komplexe und vielschichtige Sachverhalte anschaulich darzustellen.
Förderung der Motivation	IP9, IP13, IP14, IP16, IP17, IP24	Lehrende erhoffen sich, dass Kinder durch die Medienwahl motivierter bei der Sache sind.
Unterstützung von Kindern mit nicht-deutscher Erstsprache	IP4, IP7, IP18, IP19, IP20	Die Kombination aus Bild und Sprache und der damit einhergehende höhere Visualisierungsgrad soll Kinder mit sprachlichen Schwierigkeiten beim Verstehen unterstützen.
Anregen von Selbsterklärungen	IP9, IP13, IP14, IP16	Manche Lehrkräfte möchten Kinder durch Erklärvideos dazu befähigen, Erklärungen in eigenen Worten zu formulieren.

Die zweite Kernkategorie der Handlungs- und Interaktionsstrategien zum Einsatz von Erklärvideos im Sachunterricht betrifft die Strategien der Lehrer*innen zum *situationsspezifischen Umgang mit dem audiovisuellen Medium im Unterrichtsgeschehen*. Dieser beginnt den Aussagen der Interviewpartner*innen zufolge bereits beim *Umgang mit der vorhandenen technischen Ausstattung* bzw. dem *Kompensieren fehlender technischer Rahmenbedingungen*. IP24 bringt es mit ihrer Aussage auf den Punkt: „Die es einsetzen wollen, die finden schon einen Weg." (IP24, 15) Welche Wege das sein können, wurde in den Ergebnissen von Cluster 2 (Abschnitt 3.3.5) thematisiert. Die *Flexibilität* *bei der Handhabung der Erklärvideos* zeigt sich u. a. darin, dass das audiovisu-elle Medium im Unterricht nicht immer von Anfang bis Ende abgespielt wird, sondern dass viele der interviewten Lehrkräfte unterschiedliche Strategien der Handhabung beschreiben:

– Abstoppen des Videos, um unmittelbar neue Begriffe oder offene Fragen zu klären (IP4, IP8, IP12, IP16)
– Herausschneiden einzelner Sequenzen oder Standbilder aus dem Erklärvideo (IP8, IP12, IP15, IP21)
– Aufteilen des Videoschauens auf mehrere Etappen (IP9, IP21)
– Wegschalten des Videotons, um selbst dazu zu sprechen (IP1, IP12)

Einige dieser Formen des Umgangs mit Erklärvideos deuten darauf hin, dass die Lerngruppe beim Anschauen der Videos von den interviewten Lehrer*innen aktiv beobachtet wird, damit gegebenenfalls schnell eingegriffen werden kann. Werden die Videos nicht gemeinsam geschaut, erfolgt die *Verteilung der Erklärvideos* bei den befragten Lehrkräften meist auf eine von drei Arten:

– Freischalten der Videos auf einer Lernplattform (IP9, IP18, IP21, IP23)
– Scannen von QR-Codes (IP10, IP11, IP18, IP20)
– Versenden der Links über Instant-Messaging-Dienste (IP10, IP16)

Auch die *Schaffung passender Rahmenbedingungen*, damit die Lernenden beim *gemeinsamen Schauen von Erklärvideos* aufmerksam bei der Sache bleiben bzw. auch bei einer *individuellen Beschäftigung mit den Videos* den Inhalten aufmerk-sam folgen können, ist eine Besonderheit des **situationsspezifischen Umgangs mit Erklärvideos**. Neben den technischen Ressourcen – IP19 erwähnt in Bezug auf die individuelle Beschäftigung mit Erklärvideos etwa „Kopfhörer, damit sich die Kinder das Video leise anschauen können" (IP19, 43) – gehört hierzu vor allem auch die *Auswahl begleitender bzw. ergänzender Medien und Aktivitäten*, die den Erklärvideoeinsatz flankieren. In Abschnitt 3.3.2 wurde hierzu bereits eine Auflis-tung der weiterführenden Aktivitäten und Unterrichtsmedien vorgenommen, die in Cluster 1 genannt wurden. An dieser Stelle erfolgt nun die Zusammenschau der erwähnten Begleitaktivitäten zu Erklärvideos aus allen drei Interviewclustern:

– Beantworten von Fragen zum Video (IP1, IP3, IP4, IP6, IP8, IP9, IP11, IP12, IP13, IP15, IP16, IP17, IP18, IP19, IP20, IP21, IP22, IP23)
– Bearbeiten von Arbeitsblättern (IP1, IP3, IP6, IP8, IP9, IP10, IP12, IP15, IP16, IP17, IP20)

- Gestalten von Plakaten/Dokumentationen (IP5, IP7, IP9, IP10, IP16, IP17)
- Durchführen von Stationenbetrieben (IP5, IP6, IP10, IP11, IP17, IP19)
- Durchführen von Experimenten (IP2, IP6, IP7, IP10, IP24)
- Realbegegnungen in Form von Exkursionen oder Praxisprojekten (IP6, IP12, IP20, IP21, IP22)
- Vorbereiten von Referaten (IP9, IP12, IP17)
- Lesen von Sachtexten (IP3, IP5)
- Weiterführendes Recherchieren am Computer (IP1, IP8)
- Durchführen von Rollenspielen (IP17)

Eine Spezialform des Umgangs mit dem audiovisuellen Medium (weil er außerhalb des eigentlichen Unterrichtsgeschehens stattfindet) betrifft die *Nutzung von Erklärvideos im Zuge der Unterrichtsvorbereitung*. 12 der 24 interviewten Lehrer*innen bedienten sich eigenen Aussagen zufolge zumindest unregelmäßig dieser Handlungsstrategie. In Cluster 3 berichtete nur IP19 von einer derartigen Nutzung: „Oder halt ein Erklärvideo, wo man, wie vorhin schon gesagt, sich zu Hause Gedanken machen kann: ‚Wie erkläre ich den Schülern das? Wie zeige ich den Schülern das? Wie kann ich Erklären und Zeigen kombinieren?'" (IP19, 63) Beeinflusst werden die identifizierten Handlungs- und Interaktionsstrategien von den Rahmenbedingungen des Unterrichtsfachs Sachunterricht bzw. den intervenierenden Bedingungen, die den Erklärvideoeinsatz ermöglichen oder behindern. Diese werden im Folgenden zusammenfassend dargestellt.

Kontext
Die Aussagen der Lehrkräfte aus Cluster 1 legten nahe, dass *Erklärvideos in der gesamten thematischen Bandbreite des Sachunterrichts* eingesetzt werden. In der Zusammenschau der gesammelten Evidenzen zeigt sich, dass im Rahmen der Untersuchung zwar alle Bereiche genannt wurden, ein großer Teil der Befragten die Videos aber vor allem in naturwissenschaftlichen Themenfeldern einsetzt:

- Erklärvideos zu naturwissenschaftlichen Themenfeldern (IP1, IP2, IP3, IP4, IP5, IP6, IP7, IP8, IP9, IP10, IP13, IP14, IP17, IP20, IP21)
- Erklärvideos zu historischen Themenfeldern (IP1, IP2, IP4, IP5, IP9, IP12, IP15)
- Erklärvideos zu sozialwissenschaftlichen Themenfeldern (IP1, IP6, IP7, IP13, IP14, IP15, IP21)
- Erklärvideos zu geografischen Themenfeldern (IP8, IP12, IP17, IP22)
- Erklärvideos zu technischen Themenfeldern (IP4, IP6, IP10, IP11)

– Erklärvideos zu perspektivenvernetzenden Themenfeldern (IP11, IP16, IP17, IP18)

Intervenierende Bedingungen
Hinsichtlich der intervenierenden Bedingungen trugen die in Cluster 3 erhobenen und ausgewerteten Daten dazu bei, bereits identifizierte Kategorien mithilfe weiterer Aussagen zu verdichten. Die *Verfügbarkeit passender Erklärvideos für den Sachunterricht* wurde auch von den zuletzt befragten Lehrkräften unterschiedlich bewertet:

> „Also ich gucke dann immer mal, es gibt ja- zu vielen Themen gibt es ja noch gar keine Videos, aber ich gucke dann und […] viele Themen fehlen ja auch noch." (IP18, 21)

> „Und es sind ja auch extrem viele Videos in dieser Zeit [seit Beginn der Coronapandemie, S. M.] entstanden, die auch wirklich gut sind. Also es sind wirklich viele gute Sachen dabei." (IP19, 75)

> „Ich finde auch, dass es eben viele Erklärvideos gibt, die für die Schule geeignet sein sollen oder für die Schule gemacht wurden, die aber nicht geeignet sind." (IP20, 87)

> „Und was die Qualität der Erklärvideos betrifft, hat das wirklich zugenommen, also sowohl was die Qualität betrifft, als auch die Quantität betrifft." (IP24, 71)

Die Aussagen deuten darauf hin, dass die Bewertung der Verfügbarkeit von passenden Erklärvideos stark von der subjektiven Wahrnehmung der Lehrkräfte geprägt ist, weshalb auch hier der Einfluss *personenbezogener Merkmale der Lehrer*innen* auf den Erklärvideoeinsatz zu betrachten ist. Neben *Unsicherheiten oder Ängsten* dem Medium gegenüber auf der einen Seite oder einer *positiven Grundeinstellung* gegenüber audiovisuellen Medien auf der anderen Seite wurde im Verlauf der drei Untersuchungsphasen deutlich, dass vor allem das daraus resultierende *(fehlende) Interesse* an der Auseinandersetzung mit dem Medium und *(fehlende) Kompetenzen*, die für den sachgemäßen Einsatz von Erklärvideos benötigt werden, Einfluss auf die Nutzung des Unterrichtsmediums haben:

> „[…] also an meiner Schule sind viele alteingesessene Lehrkräfte, ich bin ja nur Vertretungslehrerin dort. Ich habe im Referendariat damit gelernt umzugehen. Also bei mir war das ein zentraler Bestandteil meiner Ausbildung und bei den älteren Lehrkräften, die nutzen den Bildschirm kaum oder gar nicht, weil sie es eben nicht gelernt haben und nicht genau wissen, wie sie damit umgehen sollen." (IP20, 27)

„Was wird jetzt vom Lehrer immer mehr erwartet, verlangt, wo er eigentlich gar nicht ausgebildet ist dafür? Was muss ein junger Kollege bringen? Was muss ein alter Kollege bringen? […] Ist es immer der Anspruch, dass alle Kollegen alles können? Oder kann auch mal ein guter Lehrer nicht alles so technisch auf die Reihe biegen und sagen: ‚Hier, ich mach das so, weil mir das lieber gelingt und ich da effektiver arbeiten kann als mit dem Erklärvideo oder mit irgendwelchen anderen Dingen'?" (IP22, 79)

„Ich denke, es hängt auch ab vom Willen der Lehrkraft. Nicht nur vom Willen, sondern auch von der Fähigkeit der Lehrkraft. Wir versuchen als Schule, dort relativ viel mit Fortbildung hinzukriegen, aber, ich sage mal, 75 bis 80 % setzen das sicher gut und effektiv ein, aber gegen die restlichen 20 % ist es schwierig, die zu überzeugen, diese technische Möglichkeit zu nutzen." (IP24, 19)

Die Evidenzen legen nahe, dass gerade die *Vorbereitung auf den Erklärvideoeinsatz* – sei es im (Selbst-)Studium oder mittels Fort- und Weiterbildungsangeboten – einen großen Einfluss auf die vorhin genannten personenbezogenen Faktoren und damit auf die Nutzung des audiovisuellen Mediums im Sachunterricht ausüben kann. IP19 erzählte davon, dass sie „das auch an der Uni mal gemacht und ein Erklärvideo gedreht" habe (IP19, 67). IP24 berichtete über Angebote für im Beruf stehende Lehrer*innen: „[…] es gibt dort eine ganze Menge Projekte, auch von den Medienstellen, die das anbieten, dass man dann einen Kollegen an die Schulen holt und dass die mit den Kindern mal so ein Video drehen." (IP24, 35)

Zudem wurde auch in Cluster 3 die *technische Ausstattung im Klassenzimmer* erneut als Einflussfaktor für den Erklärvideoeinsatz beschrieben:

„Wir haben seit Neuestem so ein interaktives Smartboard bei uns in der Klasse. Jetzt könnten wir Erklärvideos zeigen. Aber in der alten Schule zum Beispiel hatten wir noch nicht mal WLAN in der Schule. Also da wäre es gar nicht möglich gewesen." (IP19, 31)

„Also wir haben seit Ende August Bildschirme hinter der Tafel hängen, sodass man theoretisch mit der Tafel oder mit dem Bildschirm arbeiten kann." (IP20, 23)

Ein Mindestmaß an technischer Ausstattung müsse Lehrerinnen aus Cluster 3 zufolge für den unterrichtlichen Einsatz von Erklärvideos vorhanden sein, denn – wie IP19 es ausdrückt – „wenn ich kein WLAN und keinen Bildschirm in der Schule habe, dann kann ich es natürlich auch nicht einsetzen" (IP19, 35).

Konsequenzen

Die Konsequenzen, die sich aus dem Erklärvideoeinsatz für den Sachunterricht ergeben, wurden von den Befragten aus Cluster 3 ähnlich wie in den vorangegangenen Interviewphasen beschrieben. Die *wahrgenommenen Reaktionen der Lernenden auf Erklärvideos* stellten die Interviewpartnerinnen folgendermaßen dar:

„Man sieht es in den Gesichtern, man hört es auch manchmal an Reaktionen, dass sie sagen: ‚Oh yeah, die Tafel geht an‘ […]. Also man sieht es in den Gesichtern, in den Augen, an den Reaktionen der Kinder und auch, wenn die- man muss auch gucken, wie lang dieses Erklärvideo ist, wenn es dann nicht zu lang ist, merkt man auch, dass die Kinder dabeibleiben und am Ende auch Fragen beantworten können, Fragen haben, zwischendurch erstaunt rufen, oder sagen: ‚Ach sooo‘, was ihnen dann so rausrutscht. Also von daher hat man da relativ schnell eine gute Rückmeldung […].“ (IP17, 33)

„[…] es sind viele Kinder, die wirklich auch interessiert sind und das gucken und da auch was lernen, die auch teilweise im Unterricht sagen: ‚Da habe ich aber- in dem Film hat er das so gesagt.‘“ (IP18, 17)

„Ja, also so ein Erklärvideo kommt eigentlich immer gut an und ich habe auch das Gefühl, dass durch so ein Video die Kinder das auch noch mal anders wahrnehmen und sich anders noch mal Gedanken über das Thema machen.“ (IP19, 19)

„Also Grundschulkinder sind meiner Meinung nach schwieriger in der Aufmerksamkeit zu catchen. Da hatte ich bisher immer das Gefühl, dass sie … also irgendjemand hat immer drum herumgeguckt und bei den Erklärvideos lagen die Augen auch wirklich auf dem Film, ohne rumzuzappeln.“ (IP20, 47)

„Na ja, in dem Moment, wo sie das Video anschauen, sind sie handelnd natürlich passiv, aber im Denken sind sie nicht passiv, weil sie müssen ja mitdenken, sie müssen ja aufpassen und schauen, was dort jetzt gezeigt wird.“ (IP23, 41)

Auch die *Erweiterung des didaktischen Handlungsspielraums* wurde erneut als Folge des Einsatzes von Erklärvideos im Sachunterricht beschrieben. Die *Entlastung bzw. Unterstützung für die Lehrkraft* durch den Erklärvideoeinsatz wurde von Lehrkräften aus Cluster 3 wie folgt beschrieben:

„Zum einen für die Differenzierung ist es halt genial, weil vorher hat man sich da wund kopiert und dann lagen trotzdem zig Kopien einfach unbearbeitet da, und so hat man immer was, woran die auch arbeiten können und was denen auch Spaß macht.“ (IP18, 13)

„Der allererste Grund ist, es erleichtert mir die Arbeit. Es haben sich andere Menschen schon Gedanken darüber gemacht, wie ich es gut erklären kann. Das heißt, das erspart mir ein, zwei, drei Stunden Arbeit, mich da hineinzuversetzen.“ (IP23, 21)

Auch das *Anbahnen medienkompetenten Handelns* wurde von einigen Befragten als Resultat des Erklärvideoeinsatzes genannt:

> „Also in einer Form ist es für die Kinder vielleicht auch eine Möglichkeit zu sehen: ‚Okay, das Medium Internet bietet nicht nur irgendwelche Zockerspiele und so was, sondern dass es da auch einfach coole Sachen gibt, wo ich Dinge zu meinem Haustier, zu meinem Lieblingstier, zu Planeten oder so erfahren kann‘, dass das nicht nur irgendwie so ein Spielmedium ist für die Kinder." (IP17, 101)

> „Und auch beim Grundschulkind, dass sie jetzt gelernt haben, eben mit den Medien zu arbeiten und zu lernen. Das haben wir ja davor auch nur in einem beschränkten Maße gemacht." (IP24, 67)

Bei der *persönlichen Bewertung des Erklärvideoeinsatzes*, die auch eine Gesamtbewertung der Nutzung des audiovisuellen Mediums im Sachunterricht darstellt, zeigten auch die Ergebnisse von Cluster 3, dass einige Lehrkräfte Erklärvideos als *zeitgemäßes Unterrichtsmedium* wahrnehmen. IP20 formulierte es so: „Das holt die Schüler eben komplett in ihrer Lebenswelt ab." (IP20, 83)

Der große *Zeitaufwand für das Erstellen von Erklärvideos* wurde jedoch – wie bereits in den vorangegangenen Interviewzyklen – als hinderlicher Faktor beschrieben, vermehrt auch selbst Erklärvideos für den Sachunterricht zu produzieren:

> „Die selber zu erstellen ist ja immer dann doch ein relativ hoher Aufwand. Manchmal gelingt es uns im Team oder wir nutzen schon mal, was irgendjemand erarbeitet hat, oder mit Studenten." (IP17, 21)

> „Ich habe auch mehrere gemacht im Lockdown und habe auch Puppen sprechen lassen und so, aber wenn ich dann diese Stunden mal zusammengerechnet habe, bin ich schon erschrocken. Für den Nutzen, der dann letztendlich daraus entstanden ist, das macht es nicht so leicht, das durchgängig einzusetzen [...], da greift man natürlich auf Dinge zurück, die fertig sind." (IP21, 11)

Ein wichtiger Aspekt, der auch von Befragten aus Cluster 3 angesprochen wurde, war der Wunsch nach einem *maßvollen Umgang mit Erklärvideos im Sachunterricht*:

> „Es darf nicht zu viel Raum einnehmen, weil es dann im Grunde auch nur noch so eine Berieselung der Kinder ist." (IP17, 105)

> „Ja, also ein Experiment und das Live-Erleben kann es natürlich nicht ersetzen." (IP18, 41)

„Also wahllos sagen: ‚Okay, ich nehme jetzt für jedes Thema ein Erklärvideo und lasse die das gucken und dann ist das Thema abgehakt', das funktioniert nicht." (IP20, 87)

„Oder ich zeige es direkt vor, zum Beispiel wieder diese Magdeburger Halbkugeln, das finden die Kinder faszinierend, wenn ich die mit zur Schule bringe, oder die Vakuumglocke, wenn ich da so einen Schoko-Schaumkuss verkleinere oder vergrößere. Das finden die faszinierend, das ist für die natürlich tausendmal interessanter und auch einprägsamer als das Video an sich. Da würde ich immer, wenn es machbar ist, das Experiment vorziehen." (IP23, 73)

Hier verdeutlichen die Aussagen der Lehrkräfte auch mögliche Grenzen des Mediums Erklärvideo für den Sachunterricht.

3.3.9 Cluster 3 – Das Rahmenmodell zum Erklärvideoeinsatz im Sachunterricht

Auch wenn im dritten Forschungszyklus keine neuen Hauptkategorien identifiziert werden konnten, brachte die letzte Erhebungs- und Auswertungsphase dennoch eine vertiefende Abbildung bzw. Verankerung der gefundenen Konzepte in den Daten und schloss damit auch jene Lücken, die nach der Auswertung von Cluster 2 noch vorhanden waren. Aufgrund des großen Einflusses *personenbezogener Merkmale der Lehrkraft* auf den Erklärvideoeinsatz (z. B. in Hinblick auf entsprechende Kompetenzen für eine angemessene Medienwahl und einen sachgemäßen Umgang beim Einsatz der Videos im Unterricht) wurde die in Cluster 2 identifizierte Subkategorie *Vorbereitung auf den Erklärvideoeinsatz* in das finale Modell mit aufgenommen. Die Thematisierung eines kritisch-reflektierten Erklärvideoeinsatzes z. B. im Rahmen hochschulischer Aus-, Fort- und Weiterbildungsangebote für Lehrer*innen wäre damit bereits ein (wenn auch indirekt wirkender) intervenierender Faktor, der den professionellen Umgang der Lehrkräfte mit Erklärvideos im Sachunterricht positiv beeinflussen kann. Abbildung 3.7 stellt die identifizierten Kategorien und Beziehungen aus den drei Interviewclustern grafisch dar. Dieses Rahmenmodell zum Einsatz von Erklärvideos im Sachunterricht aus Sicht der Lehrkräfte soll als überblicksartige Beschreibung die Erklärvideonutzung im Fach systematisieren.

Da der Kontext der Erklärvideonutzung im vorliegenden Fall keine veränderliche Variable darstellt, sondern mit dem Unterrichtsfach Sachunterricht festgelegt ist, wurde dieser Bereich in der finalen Darstellung des Modells direkt in die Beschreibung des Phänomens integriert („Einsatz von Erklärvideos **im Sachunterricht**"). Im Sinne einer besseren Verständlichkeit wurden die Beziehungspfeile

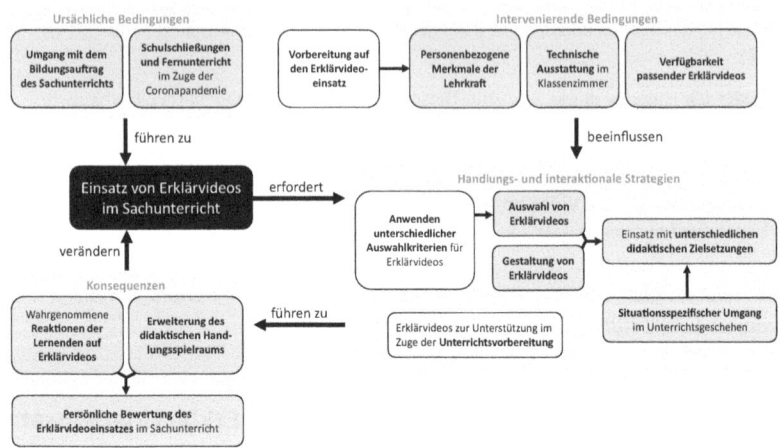

Abbildung 3.7 Rahmenmodell zum Erklärvideoeinsatz im Sachunterricht aus Sicht der Lehrkräfte. (Eigene Darstellung)

beschriftet, um Aufschluss darüber zu geben, in welcher Beziehung die einzelnen Bereiche zueinander stehen.

Zusammenschau und Diskussion

4

4.1 Reflexion des Forschungsprozesses

Die in Kapitel 3 beschriebene explorative Studie verfolgte das Ziel, aus den subjektiven Sichtweisen von Sachunterrichtslehrkräften ein breites Spektrum an Erkenntnissen zum Einsatz von Erklärvideos im Sachunterricht abzubilden. Die qualitativ-empirische Untersuchung im Sinne der Grounded-Theory-Methodologie erfasste in drei Forschungszyklen über fokussierte Interviews die Aussagen von insgesamt 24 Volks- und Grundschullehrkräften zum audiovisuellen Medium im Kontext des Unterrichtsfachs Sachunterricht. Der iterative Charakter des Forschungsprozesses erlaubte es, neu gewonnene Erkenntnisse unmittelbar im Untersuchungsfeld anhand weiterführender Interviews zu überprüfen und damit schrittweise ein vertiefendes Verständnis der Rahmenbedingungen des Erklärvideoeinsatzes im Sachunterricht aus Sicht der Lehrkräfte zu erlangen. In der Zusammenschau der gesammelten Evidenzen konnten zentrale Faktoren hinsichtlich der Ursachen, Handlungsstrategien, intervenierenden Bedingungen und Konsequenzen der Nutzung von Erklärvideos durch die Lehrkraft beschrieben werden. Die gewonnenen Erkenntnisse wurden in einem Rahmenmodell zum Einsatz von Erklärvideos im Sachunterricht festgehalten.

Mit der Befragung von sowohl österreichischen Volksschullehrenden als auch deutschen Grundschullehrkräften mit unterschiedlichen Merkmalen hinsichtlich Dienstalter, Schulgröße, Ausbildungsstrukturen etc. wurde der Versuch unternommen, ein möglichst umfassendes Meinungsbild zu dem untersuchten Unterrichtsmedium darzustellen. Die gewählte Befragungsmethode, das fokussierte Interview, trug dazu bei, dass auch Lehrer*innen, die vorab wenig mit dem Begriff „Erklärvideo" anzufangen wussten, schnell in das Thema einsteigen konnten. Als Limitation der vorliegenden Studie ist an dieser Stelle anzumerken,

© Der/die Autor(en) 2024
S. Meller, *Erklärvideos im Sachunterricht*,
https://doi.org/10.1007/978-3-658-43856-2_4

dass der Fokus auf der Abbildung möglichst vieler Facetten des Erklärvideoeinsatzes im Sachunterricht lag. Mit der Entscheidung für den Blick auf eine große inhaltliche Bandbreite ging auch einher, dass verborgene Denk- und Handlungsmuster, die dem Erklärvideoeinsatz zugrunde liegen, nicht tiefergehend beforscht wurden. Auch der Entschluss, im Rahmen der Untersuchung eine Gesamtschau vorzunehmen und nicht die individuellen Fälle des Erklärvideoeinsatzes im Einzelnen zu betrachten, hatte zur Konsequenz, dass keine Typenbildung hinsichtlich der persönlichen Zugangsweisen zur Nutzung des audiovisuellen Mediums vorgenommen wurde – dies entsprach jedoch auch nicht der Zielsetzung der vorliegenden Untersuchung.

Der Kodiervorgang erwies sich als ressourcenintensiver Prozess, der vor allem zu Beginn der Untersuchungsphase – als noch keine Muster in den Daten erkennbar waren – viel Zeit in Anspruch nahm. Die Nutzung der QDA-Software Atlas.ti stellte in diesem Zusammenhang eine wesentliche Unterstützung beim Kodierprozess dar und ermöglichte es, trotz der Vielzahl von Kodes und Konzepten den Überblick in den Daten nicht zu verlieren. Auch die Nachvollziehbarkeit und Transparenz hinsichtlich der Kategorienbildungen konnte durch die Nutzung der QDA-Software sichergestellt werden. Die von Strauss und Corbin (1996, S. 192) angeregten Diagramme bzw. grafischen Darstellungen, die den Kodierprozess begleiten und Ideen zu Beziehungen zwischen einzelnen Konzepten festhalten sollen, konnten ebenfalls direkt in Atlas.ti abgebildet werden. Das Forschungsmemo wurde für die vorliegende Untersuchung vor allem zum Protokollieren der einzelnen Forschungsschritte und zum Festhalten wichtiger Erkenntnisse bzw. sich daraus ergebender weiterer Fragestellungen für nachfolgende Interviewcluster genutzt. Zusammenfassende Notizen und Überlegungen zu entsprechenden Konzepten wurden nicht im Forschungsmemo, sondern direkt im Kommentarfeld einzelner Kodes und Kategorien in Atlas.ti festgehalten.

Die Notwendigkeit eines leicht adaptierten Vorgehens bei der Datenerhebung und -auswertung – die Einteilung der Interviewpartner*innen in mehrere Cluster zur Schaffung von Zeitfenstern für die Auswertung der Interviews – hatte für die Darstellung der Forschungsergebnisse in der vorliegenden Arbeit einen positiven Nebeneffekt: Die Beschreibungen der Forschungszyklen (Überlegungen und Vorgehen bei der Datenerhebung, Erkenntnisse aus dem Kodierprozess) konnten in drei Abschnitten erfolgen und mussten nicht für jedes Interview separat dargestellt werden. Damit wurde einerseits etwaigen Redundanzen entgegengewirkt, andererseits konnte eine bessere Übersichtlichkeit bei der Beschreibung des Forschungsprozesses erzielt werden. Trotz der Bündelung in drei Interviewcluster war es im Erhebungs- und Auswertungsprozess weitgehend möglich, den zyklischen Wechsel zwischen Datenerhebung und Datenauswertung auch innerhalb der

Cluster einzuhalten. Im nächsten Kapitel sollen nun die Ergebnisse aus der empirischen Untersuchung mit den Erkenntnissen der theoretischen Aufarbeitung des aktuellen Forschungsgegenstandes zu Erklärvideos zusammenführend diskutiert werden.

4.2 Diskussion der Ergebnisse

Im Sinne von Salomons Forderung (1990, S. 521), wonach Forschende bei der wissenschaftlichen Untersuchung von Technologien im Schulkontext stets sowohl „the flute *and* the orchestra" – also das Medium selbst *und* dessen Einbettung ins Unterrichtsgeschehen – betrachten sollen, wurde auch im Rahmen der vorliegenden Arbeit versucht, beide Bereiche abzubilden. Dafür erfolgte zuerst die theoretische Annäherung an den Untersuchungsgegenstand aus unterschiedlichen Betrachtungswinkeln in Form der Aufbereitung sachunterrichtsdidaktischer Grundlagen und der Erkenntnisse zum Lehren und Lernen mit Medien. Auch diverse Facetten gegenwärtiger wissenschaftlicher Diskussionen zum Einsatz von Erklärvideos im Schulwesen wurden dargestellt. Ergänzend zur Aufarbeitung des aktuellen Forschungsstandes wurde eine explorative qualitativ-empirische Studie zu den Sichtweisen von Lehrkräften auf den Umgang mit Erklärvideos im Sachunterricht durchgeführt – zum Zeitpunkt des Verfassens der vorliegenden Studie bestand in diesem Bereich eine Forschungslücke. Die Diskussion der Ergebnisse erfolgt nun in zwei Teilen:

– Erklärvideos als didaktisches Werkzeug
– Erklärvideos als zeitgemäße Bildungsressource

4.2.1 Erklärvideos als didaktisches Werkzeug

In Abschnitt 2.1 wurde das Unterrichtsfach Sachunterricht mit seinem allgemeinbildenden Auftrag und den sich daraus ergebenden Aufgaben und Zielsetzungen beschrieben. Die Vielfalt der Bezugsdisziplinen und infolgedessen auch der Themen und methodischen Verfahren machen den Sachunterricht zu einem herausfordernden Betätigungsfeld für Lehrer*innen. Unterstützende Verfahren, wie sie in Abschnitt 2.1.5 angesprochen wurden, können Lehrenden zwar helfen, eine begründete Auswahl der Inhalte und Methoden zu treffen, für eine kind- und sachgemäße Umsetzung der Unterrichtsinhalte sind sie jedoch auch auf qualitätsvolle und flexibel einsetzbare Unterrichtsmedien angewiesen. Diese gilt es

wiederum, reflektiert auszuwählen oder zu gestalten und zielgerichtet einzusetzen, damit größtmöglicher Nutzen für die Lernprozesse der Schüler*innen erzielt
werden kann.

In der vorliegenden Arbeit wurde mit den Erklärvideos ein Unterrichtsmedium
in den Fokus gerückt, das bereits vor der Coronapandemie als beliebtes Medium
für Bildungszwecke galt (Rummler & Wolf, 2012), durch Lockdowns und Schulschließungen seit Pandemiebeginn jedoch endgültig zu einem häufig genutzten
Medium für die Vermittlung schulischer Inhalte wurde (F. Anders, 2020). Auch
die Untersuchungsergebnisse zeigen, dass die Notwendigkeit der Gestaltung von
Fernunterricht als ein wesentlicher Beweggrund für die Nutzung von Erklärvideos im Sachunterricht beschrieben wurde – und für einige Lehrkräfte die ersten
Berührungspunkte mit dem audiovisuellen Medium markierte.

In den Ergebnissen der empirischen Studie wird deutlich, dass die Lehrkräfte vielfältige Einsatzszenarien für Erklärvideos im Sachunterricht beschreiben (siehe Abschnitt 3.3.8). Eine Betrachtung der genannten Einsatzbereiche
anhand des in Abschnitt 2.2.5 beschriebenen RAT-Frameworks (Hughes et al.,
2006) oder SAMR-Stufenmodells (Puentedura, 2006) zeigt, dass viele der
angesprochenen Zielsetzungen auf eine Erweiterung („Amplification" bzw. „Modification") sachunterrichtsdidaktischer Lehr- und Lernprozesse abzielen. So
wollten interviewte Lehrer*innen mit Erklärvideos Themeneinführungen oder -
wiederholungen zielführender bzw. ansprechender gestalten, komplexe Inhalte
bzw. nicht-beobachtbare Phänomene veranschaulichen oder den Lernenden alternative Erkläransätze zu unterschiedlichen Themenfeldern anbieten. Auch erweiterte Möglichkeiten hinsichtlich der Differenzierung und Individualisierung bzw.
der gezielten Unterstützung einzelner Schüler*innengruppen (z. B. Kinder mit
nicht-deutscher Erstsprache) setzten Befragte mithilfe des Erklärvideoeinsatzes
um. Die Gestaltung von Erklärvideos durch die Schüler*innen – eine weitere
Möglichkeit des Umgangs mit Erklärvideos, die von Interviewten beschrieben
wurde – kann in den oben angesprochenen Modellen sogar der „Transformation"
bzw. „Redefinition" sachunterrichtlicher Bildungsprozesse zugeordnet werden, da
die Lernenden hierzu die zu erklärenden Inhalte zuerst tatsächlich verstanden
haben müssen, damit sie diese dann auch entsprechend kommunizieren können.
In diesem Zusammenhang können Lernende auch ihre Medienkompetenz und
Medienkreativität erweitern – und damit Teilbereiche einer in Abschnitt 2.3.7
angesprochenen „new media literacy" (Wolf & Kratzer, 2015) bzw. „digital
literacy" (Peschel, 2022) entwickeln.

Die Vielfalt der im Internet zugänglichen Erklärvideoangebote ermöglicht
Lehrkräften das Aufgreifen von Inhalten oder Fragestellungen der Kinder, die

sie sonst eventuell nicht im Sachunterricht bearbeiten würden – in einem Interview wurde dies z. B. bei Inhalten aus der technischen Perspektive berichtet. Andere Interviewpartner*innen sahen in dem großen Bestand sofort einsetzbarer Erklärvideos auch eine Unterstützung für die Umsetzung von Planarbeiten und Stationenbetrieben bzw. für eine angemessene Begegnung der Anforderungen an den Unterricht in Mehrstufenklassen. Einige interviewte Lehrkräfte beschrieben auch eine entlastende Wirkung des Einsatzes von Erklärvideos, wodurch z. B. frei werdende Zeitressourcen für andere pädagogische Aufgaben genutzt werden können oder mit denen sich auch körpereigene Ressourcen (z. B. die eigene Stimme) schonen lassen. Oft genannt wurden auch Möglichkeiten, die Erklärvideos für das eigenständige Erarbeiten neuer Lerninhalte durch die Schüler*innen eröffnen. Diese Sichtweise spiegelt sich auch in der in Abschnitt 2.4.4 zitierten Aussage von Zander et al. (2020, S. 248) wider, wonach Erklärvideos eine „Individualisierung und Flexibilisierung von Bildungsinhalten" ermöglichen würden. Um die Bereitstellung der Videos gelingend zu gestalten, beschrieben die befragten Lehrer*innen unterschiedliche Strategien, etwa das Zugänglichmachen über Lernplattformen oder das Ausgeben entsprechender QR-Codes. Auch P. Anders et al. (2019, S. 18) sehen einen unterrichtlichen Mehrwert der Erklärvideonutzung darin, dass das audiovisuelle Medium eine zeitliche und örtliche Flexibilisierung von Lernprozessen erlaubt – bzw. den Einsatz eines Videos, sobald „ein Erklärungsbedarf besteht" (siehe Abschnitt 2.3.3). Auch die in Abschnitt 2.3.2 diskutierten Aussagen von Renkl et al. (2006) verdeutlichen, dass Erklärungen vor allem dann lernwirksam sind, wenn Kinder vorab danach fragen. Dem Timing einer Erklärung kommt demnach eine besondere Bedeutung für das Gelingen von Erklärprozessen zu. In der Betrachtung der Forschungsergebnisse wird jedoch deutlich, dass bei den Formen der didaktischen Einbettung von Erklärvideos in den allermeisten Fällen nicht die Lernenden darüber entscheiden, wann dieser Erklärungsbedarf besteht und ein Erklärvideo herangezogen wird, sondern die Lehrkräfte. Hier muss also, um den angesprochenen Möglichkeiten einer Flexibilisierung von Lernprozessen nachzukommen, der Blick auf die Lernenden und deren tatsächliche Bedürfnisse nach Erklärungen gerichtet werden. Dafür müssen unterrichtliche Rahmenbedingungen geschaffen werden, in denen Kinder die Möglichkeit bekommen, flexibel aus einem Pool an verfügbaren Erklärvideos auszuwählen, sobald sie zu einem bestimmten Zeitpunkt in ihrem individuellen Lernprozess eine Erklärung benötigen.

Die Nutzung von Erklärvideos für sachunterrichtliche Vorbereitungszwecke wurde von einigen interviewten Lehrkräften als Strategie beschrieben, um den Herausforderungen bei der Gestaltung eines vielfältigen und vielperspektivischen Sachunterrichts didaktisch angemessen zu begegnen. Ein solches Vorgehen wurde auch im Zuge der theoretischen Aufbereitung des Themas in Abschnitt 2.4.3 beschrieben, wonach Lehrer*innen Erklärvideos mitunter für das Zusammentragen didaktischer Ideen nutzen würden (Wolf & Kulgemeyer, 2016).

Obgleich der Großteil der Lehrkräfte, die im Rahmen der Untersuchung für diese Arbeit interviewt wurden, auf fremderstellte Erklärvideos zurückgreift, konnten auch drei Gründe identifiziert werden, die Lehrer*innen zu einer eigenständigen Gestaltung von Erklärvideos für den Sachunterricht veranlassen:

– Anpassung an die Lernvoraussetzungen der eigenen Klasse
– Möglichkeiten für individuelle Schwerpunktsetzungen
– Persönlicher/emotionaler Faktor der selbst erstellten Videos

Wie Schneider (2018, S. 206) in Hinblick auf selbst gestaltete Videos anmerkt (siehe Abschnitt 2.3.8), müssten der Nutzen und der Aufwand bei selbst erstellten Erklärvideos in einem vertretbaren Verhältnis stehen. Die Aussagen der Interviewpartner*innen, die bereits selbst Erklärvideos gestaltet haben, legen nahe, dass der Zeitaufwand den Nutzen in der Praxis aus deren Sicht nur in wenigen Fällen rechtfertigt, etwa dann, wenn zu bestimmten Themen keine passenden fremderstellten Videos gefunden werden oder wenn die Lehrkraft plant, eigene Videos auch künftig verwenden zu wollen. Ein erneutes Einsetzen von Erklärvideos kann jedoch mitunter schwierig sein, weil veränderte Lerngruppen wiederum andere Vorerfahrungen mitbringen, an die ein Video angepasst werden müsste.

Unabhängig von der Nutzung selbst gestalteter oder fremderstellter Videos wurde in den Interviews vielfach von der einfachen Handhabung der Erklärvideos im Unterrichtsgeschehen berichtet. Die entsprechenden technischen Rahmenbedingungen vorausgesetzt, lassen sich Erklärvideos den Befragten zufolge ohne großen Aufwand in den Unterricht einbinden – diese einfache Zugänglichkeit des Mediums wurde auch von Gach (2018) beschrieben (siehe Abschnitt 2.3.1). Eine Interviewpartnerin berichtete davon, Erklärvideos bereits spontan im Unterricht auf YouTube gesucht und direkt eingesetzt zu haben. Mit zunehmender Verbreitung dafür benötigter technischer Ausstattung (Tablets, WLAN, Smartboards etc.) könnten sich derartige Vorgehensweisen bei der Einbindung von Erklärvideos ins Unterrichtsgeschehen häufen. Gerade vor diesem Hintergrund ist ein kritisch-reflektierter Diskurs zu einem zweckmäßigen Einsatz des Unterrichtsmediums dringend erforderlich. Wie auch Pohlmann-Rother und Boelmann (2019) verdeutlichen (siehe Abschnitt 2.2.4), müssen Lehrkräfte bereits im Rahmen der Ausbildung auf einen lernförderlichen Einsatz unterschiedlicher Technologien vorbereitet werden. Dass Erklärvideos ein vergleichsweise junges Unterrichtsmedium für das Bildungswesen darstellen, zeigt sich auch darin, dass das audiovisuelle Medienformat nur bei wenigen der befragten Lehrer*innen im Rahmen der Lehramtsausbildung thematisiert wurde. Dabei wäre eine kritisch-konstruktive Auseinandersetzung mit dem Medium eine wesentliche Voraussetzung für einen gelingenden Einsatz. Um einen solchen zu ermöglichen, müssten die Lehrer*innen in zwei Handlungsfeldern (medien-)kompetent agieren:

– Zuerst müssen sie anhand qualitätsbezogener Kriterien die für den entsprechenden Einsatzzweck passenden Videos aus der Vielzahl vorhandener Angebote auswählen bzw. gegebenenfalls selbst ein Video gestalten,
– anschließend müssen sie die Erklärvideos gelingend in den Sachunterricht integrieren und für eine entsprechende Weiterverarbeitung der Inhalte aufseiten der Lernenden sorgen.

Die vorliegende Studie zeigt, dass personenbezogene Merkmale der Lehrkraft (z. B. das Interesse an Technologien und die individuelle Medienkompetenz) den Umgang mit Erklärvideos stark beeinflussen. Wie Gaubitz (2021) festhält (siehe Abschnitt 2.3.5), kommt Lehrkräften u. a. die Aufgabe zu, die Qualität der eingesetzten Unterrichtsmedien sicherzustellen. Fehlendes Wissen hinsichtlich relevanter Auswahlkriterien kann diese Aufgabe bedeutend erschweren. Hier zeigt sich die Wichtigkeit gezielter Aus-, Fort- und Weiterbildungsangebote für Lehrer*innen, die auf den Erklärvideoeinsatz vorbereiten und damit zu einer überlegten Auswahl der Videos und zu einem angemessenen didaktischen Umgang mit dem audiovisuellen Medium beitragen können. In einem ersten Schritt sollte angehenden Sachunterrichtslehrkräften IP12 zufolge „ein Kriterienkatalog zur Verfügung gestellt werden" (IP12, 47). Hier gibt es bereits eine Vielzahl potenzieller Kataloge für die Qualitätsbewertung von Erklärvideos, eine Auswahl davon wurde in Abschnitt 2.3.5 vorgestellt. Die Schwierigkeit für den Sachunterricht liegt dabei darin, dass bei der Medienwahl nicht nur allgemeinpädagogische, sondern aufgrund der vielfältigen Bezugsdisziplinen auch unterschiedliche domänenspezifische Kriterien beachtet werden müssen. Hier müssten also je nach Themenfeld unterschiedliche Kriterienkataloge zur Anwendung kommen. Viele der in dieser Arbeit vorgestellten Kataloge sind außerdem relativ umfangreich, was einer verbreiteten Verwendung im Zuge der Unterrichtsvorbereitung zusätzlich entgegenwirken könnte.

Für eine angemessene (medien-)didaktische Einbettung der Erklärvideos ins Unterrichtsgeschehen müssen aufseiten der Lehrkraft vielfältige Kompetenzen zusammenwirken. Das TPaCK-Modell von Mishra und Koehler (2006) bzw. das DPaCK-Modell von Huwer et al. (2019), die in Abschnitt 2.2.6 beschrieben wurden, geben Aufschluss darüber, welche Faktoren für einen gelingenden Einsatz von Unterrichtstechnologien bzw. einer pädagogisch angemessenen Begegnung digitalitätsbezogener Veränderungsprozesse zusammenspielen müssen. Zu einem situationsadäquaten Einsatz des audiovisuellen Mediums zählen auch die von Wolf und Kulgemeyer (2016, S. 40) angesprochenen „Transfer- und Übungsphasen", die Lehrer*innen beim Einsatz von Erklärvideos einplanen sollten, um vertiefende Lernprozesse anzuregen. Wie schon in Abschnitt 2.3.7 angemerkt wurde, können bereits einfache Fragerunden im Anschluss an das Ansehen eines Videos zu einer intensiveren Auseinandersetzung der Lernenden mit den Lerninhalten führen und damit eine unmittelbare kognitive Weiterverarbeitung der Informationen anregen. Weitere Rahmenaktivitäten und ergänzend zum Erklärvideo eingesetzte Medien konnten im Zuge der empirischen Untersuchung erhoben werden (siehe dazu Abschnitt 3.3.8). Im folgenden Kapitel wird nun thematisiert, warum das Unterrichtsmedium im gegenwärtigen Bildungsdiskurs und von interviewten Lehrkräften als eine für den Sachunterricht geeignete Bildungsressource angesehen wird.

4.2.2   Erklärvideos als zeitgemäße Bildungsressource

In Abschnitt 2.2.2 wurde Gervé (2022, S. 524) zitiert, demzufolge Unterrichtsmedien für den Sachunterricht „am Nutzen für die sach- und personenbezogene Kompetenzentwicklung bzw. an der Bedeutung für grundlegende Bildung" gemessen werden sollten. Hier wurde im Verlauf der empirischen Untersuchung deutlich, dass viele der befragten Lehrer*innen in Erklärvideos eine zeitgemäße und zielgruppengerechte Form der Vermittlung von Lerninhalten für den Sachunterricht sehen. Das audiovisuelle Medium würde Kindern eine ansprechende und lustbetonte Art der medienvermittelten Sachbegegnung ermöglichen, womit sich auch ein positiver Bezug zu Unterrichtsinhalten herstellen ließe – was von Einsiedler (2000) als zentrale Aufgabe des Sachunterrichts beschrieben wird (siehe Abschnitt 2.1.2). Auch die Betrachtung von Kahlerts Ansprüchen (2022, S. 26) an den Sachunterricht (ebenfalls in Abschnitt 2.1.2) im Kontext der Erklärvideonutzung zeigt, wo das Unterrichtsmedium eine Unterstützung der Lernenden bei der Erschließung ihrer Lebenswelt darstellen könnte:

–   „Über Bestehendes aufklären – Verstehen unterstützen": Die Aussagen der befragten Lehrkräfte zu ihren Einsatzbereichen für Erklärvideos (z. B. deren Nutzung zur Einführung in ein neues Thema oder zur Wiederholung von

Lerninhalten) legen nahe, dass gut aufbereitete Erklärvideos die Kinder – aus Sicht der Lehrer*innen – beim Verstehen unterschiedlicher Inhalte und Zusammenhänge unterstützen können.

– „Für Neues öffnen – Interessen entwickeln": Auch hier verdeutlichen die Wortmeldungen von Interviewten, dass der herausfordernden Aufgabe, Kinder für Neues zu begeistern, unter anderem mit dem Einsatz geeigneter Erklärvideos begegnet wird. Der in diesem Zusammenhang angesprochene Motivationscharakter der Videos soll die Kinder auch dazu anregen, neu entdeckte Interessen weiterzuverfolgen.

– „Sinnvolle Zugangsweisen zu Wissen und Können aufbauen – Sachlichkeit fördern": Erklärvideos werden den Untersuchungsergebnissen dieser Arbeit zufolge auch dazu genutzt, komplexe Themen zu veranschaulichen bzw. verborgene Phänomene und Sachverhalte für die Lernenden visuell und akustisch wahrnehmbar und in weiterer Folge nachvollziehbar bzw. verstehbar zu machen.

– „Zum Handeln und Lernen ermutigen – Kompetenzerfahrung ermöglichen": In den entsprechenden didaktischen Rahmen eingebettet und um passende weiterführende Aktivitäten ergänzt können Erklärvideos Bestandteile von Lernumgebungen darstellen, die Kinder auch zur handelnden Auseinandersetzung mit Lerngegenständen ermutigen. Aussagen der interviewten Lehrer*innen zu vielfältigen Aktivitäten, die den Einsatz von Erklärvideos begleiten, zeigen, dass ein Großteil der Befragten handlungsorientierte und kognitiv-aktivierende Tätigkeiten vorsieht, die den Kompetenzaufbau bei den Kindern fördern sollen.

Zusätzlich könnte mit Erklärvideos ein Beitrag zum Verstehenlernen geleistet werden, indem Lernende mittels Erklärvideos im Aufbau der Fähigkeit unterstützt werden – wie Köhnlein (2022a, S. 108) es formuliert (siehe Abschnitt 2.1.2) –, „medial vermittelte Kenntnisse in ein verstandenes Wissen zu integrieren". Auch für das Anbahnen perspektivenübergreifender Denk-, Arbeits- und Handlungsweisen (GDSU, 2013), wie etwa das eigenständige Erarbeiten von Inhalten, oder das Aufzeigen vielperspektivischer Zugänge zu einem Thema könnten Erklärvideos den Kindern als Teil eines vielfältigen Medienangebots zur Verfügung gestellt werden, wodurch das Medium zu einem gegenständlichen – wie Gervé und Peschel (2013, S. 61) es bezeichnen – „[Werkzeug]" zur Welterschließung" gemacht wird.

Die von Preuß und Kauffeld (2019, S. 407) befürchtete Passivität der Lernenden beim Einsatz von Erklärvideos (siehe Abschnitt 2.3.8) konnte im Rahmen der empirischen Untersuchung in den Aussagen der Lehrkräfte nicht nachgewiesen werden. Hier berichteten Lehrer*innen eher vom Gegenteil, nämlich von

Wahrnehmungen gesteigerter Aufmerksamkeit bei den Lernenden, sofern die Erklärvideos entsprechend ins Unterrichtsgeschehen eingebettet wurden (Schaffung passender Rahmenbedingungen, Anbieten ergänzender bzw. weiterführender Aufgabenstellungen zu den Inhalten der Erklärvideos etc.). Zur Frage nach der Bewertung einer möglichen beobachteten Passivität beim Videoschauen kann auch eine Feststellung von Einsiedler (2015, S. 391) herangezogen werden, wonach „nicht die äußeren Aktivitäten das Entscheidende sind, sondern die Initiierung und Aufrechterhaltung kognitiver Prozesse".

Der Anspruch des Sachunterrichts, Lernenden eine grundlegende Allgemeinbildung zu ermöglichen, verlangt mitunter nach bildungswirksamen Unterrichtsmedien. Die bereits in Abschnitt 2.4.4 aufgeworfene Frage, ob es sich bei Erklärvideos um eine solche lernförderliche Bildungstechnologie handle, konnte im Zuge der Aufarbeitung der Erkenntnisse zum multimedialen Lernen grundsätzlich mit Ja beantwortet werden. Audiovisuelle Medien wie Erklärvideos können Informationen sowohl visuell als auch auditiv zielgruppengerecht darstellen und verfügen damit über das Potenzial, die Lernenden über eine multimodale Ansprache zu komplexen kognitiven Prozessen anzuregen. Dennoch muss – wie bei anderen Unterrichtsmedien auch – einschränkend festgehalten werden, dass Erklärvideos nicht per se lernwirksam sind (Wolf & Kulgemeyer, 2016, S. 39). Dem widerspräche auch die in Abschnitt 2.3.2 diskutierte Forderung, wonach Erklärungen im Unterricht – um lernförderlich zu wirken – so minimalistisch wie möglich gestaltet werden sollten, damit die Lernenden „Kompetenzen weitestgehend selbst […] erarbeiten" können (Renkl et al., 2006, S. 213). Ein Erklärvideo sollte also nicht im Glauben eingesetzt werden, den kindlichen Lernprozess damit vollständig abzudecken. Erst ein didaktisch überlegter Einsatz des Mediums mit einer Weiterverarbeitung der im Video vermittelten Informationen durch die Lernenden macht das Erklärvideo zu einer geeigneten und zeitgemäßen Bildungsressource für den Sachunterricht.

Nachdem nun Theorie und Empirie zum Erklärvideoeinsatz zusammenführend diskutiert wurden, soll im nächsten Kapitel ein Resümee gezogen und Antworten auf die Forschungsfrage dieser Arbeit zusammenfassend dargestellt werden. Im Anschluss daran wird ein Ausblick auf sich daraus ergebende Anknüpfungspunkte für weiterführende Forschungsvorhaben gegeben, zusätzlich werden Handlungsfelder für die Didaktik des Sachunterrichts aufgezeigt.

4.3 Resümee – Der Umgang mit Erklärvideos im Sachunterricht

Für die Betrachtung von Bildungstechnologien ist Weidenmann zufolge (2006, S. 427) mitunter von Bedeutung, welche „Handlungsmöglichkeiten [...] das Medium und das mediale Angebot eröffnen". Wie in der Diskussion deutlich wurde, können Erklärvideos im Sachunterricht ein flexibel nutzbares didaktisches Werkzeug für die Lehrkräfte und eine motivierende Lernressource für die Kinder darstellen und sich für unterschiedliche didaktische Zielsetzungen und Unterrichtszwecke eignen. Die zentrale Fragestellung der vorliegenden Arbeit lautete: *Wie gehen Lehrkräfte mit dem audiovisuellen Unterrichtsmedium Erklärvideo im Sachunterricht um?*

Über die Erhebung und Auswertung der Sichtweisen von 24 Volks- bzw. Grundschullehrkräften auf das Medium Erklärvideo wurde ein Rahmenmodell entwickelt, das ein breites Spektrum an Antworten auf diese Frage liefert und zeigt, welche Faktoren den Einsatz von Erklärvideos im Sachunterricht beeinflussen. Abbildung 4.1 stellt das Rahmenmodell zum Erklärvideoeinsatz mit beispielhaften Aussagen der Lehrkräfte dar.

In der Zusammenschau der Ergebnisse ist an dieser Stelle festzuhalten, dass der Umgang mit dem Bildungsauftrag des Sachunterrichts als Motiv für den Einsatz von Erklärvideos nicht in allen Fällen einer sachunterrichtsdidaktischen Zweckhaftigkeit im Sinne der Aufgaben und Ziele des Fachs zu folgen scheint. Teilweise wurden von den befragten Lehrkräften auch Beweggründe für den Einsatz von Erklärvideos genannt, die nicht auf die Unterrichtsqualität abzielen, sondern z. B. auf eine Zeitersparnis in der Vorbereitung oder die spontane Verfügbarkeit im Unterrichtsgeschehen. Es wurde aber auch deutlich, dass Erklärvideos aus Sicht der Lehrer*innen durchaus einen Beitrag zur Erfüllung des sachunterrichtlichen Bildungsauftrags leisten können, etwa um Kindern Inhalte altersgemäß zu veranschaulichen oder ihnen erweiterte Möglichkeiten zu geben, sich Themenfelder selbstständig zu erschließen. Dass YouTube dabei von fast allen Befragten als erste Anlaufstelle für Erklärvideos für den Sachunterricht genannt wurde – und die Videos auch im Unterrichtsgeschehen über diese Plattform abgespielt bzw. zur Verfügung gestellt werden –, ist durchaus kritisch zu betrachten. Zwar sprechen die einfache Zugänglichkeit und die große Menge und Vielfalt potenziell einsetzbarer Videos für den Sachunterricht grundsätzlich für die Videoplattform, die kommerzielle Ausrichtung und die Vielzahl der dort abrufbaren Videos ohne pädagogische Bezüge, auf die z. B. am Ende eines Erklärvideos hingewiesen wird bzw. die in der Vorschlagsleiste hervorgehoben werden,

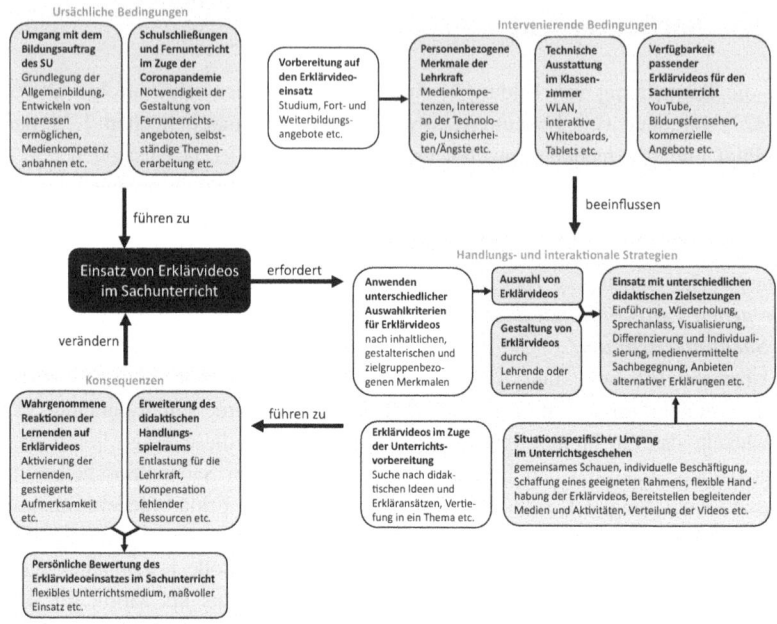

Abbildung 4.1   Rahmenmodell zum Erklärvideoeinsatz im Sachunterricht mit beispielhaften Aussagen von Lehrkräften. (Eigene Darstellung)

verdeutlichen jedoch, dass YouTube von Lehrkräften nicht unreflektiert wie eine Lernumgebung behandelt werden sollte.

Die Ergebnisse aus den Befragungen der Lehrer*innen legen nahe, dass Erklärvideos – nicht zuletzt bedingt durch die Fernunterrichtsphasen während der Coronapandemie – auch im Sachunterricht verstärkt eingesetzt werden. Quantifizierbare Aussagen können zwar aufgrund des qualitativen Charakters der vorliegenden Untersuchung nicht abgeleitet werden, aber es scheint, als würden – zumindest den Befragten zufolge – Lehrkräfte im Zuge der Unterrichtsplanung vermehrt auch nach passenden Erklärvideos suchen, die dann auf unterschiedliche Weise in den Unterricht integriert werden. Bei den im Rahmen dieser Studie befragten Lehrenden wurde dabei vor allem auf fremderstellte Videos zurückgegriffen. Zwar berichteten einige auch davon, selbst Erklärvideos für den Sachunterricht angefertigt zu haben, der damit verbundene große Zeitaufwand hinderte manche jedoch daran, wiederholt derartige Videos zu gestalten. Anders verhielt sich das bei einigen Befragten hinsichtlich des Deutsch- und Mathematikunterrichts, wo Lehrkräfte im Zuge der Interviews erwähnten, dass sie dort gerade in Fernunterrichtsphasen auch des Öfteren selbst Videos produziert hätten, weil „da braucht es das richtige Wording" (IP7, 27). Eine solche Aussage impliziert, dass die genaue Wortwahl für Lehrkräfte bei Sachunterrichtsvideos eine andere Relevanz besitzt, als es z. B. beim Erklären der Zehnerüberschreitung in Mathematik oder der Buchstabenerarbeitung im Deutschunterricht der Fall ist. Eine ernüchternde Erklärung dafür, warum in der Coronapandemie vor allem für den Deutsch- und Mathematikunterricht Videos selbst erstellt wurden und für den Sachunterricht auf fremderstelltes Material zurückgegriffen wurde, berichtete IP13:

> „Na ja, es war vor allem wohl der zeitliche Aufwand, der das so … der letztlich dazu geführt hat, dass ich es jetzt nur auf Deutsch und Mathe beschränkt habe, dass der nicht gegeben war, um jetzt auch noch für die anderen Fächer Videos zu gestalten. Und in meinem Fall war es einfach so in der Coronazeit, der Fokus war auf den Hauptfächern, also in dem Fall im ersten Schuljahr dann auf Deutsch und Mathe, und, ja, dadurch hab ich dann zuerst daran und nicht an Sachunterricht gedacht." (IP13, 83)

Die Nutzung von vorwiegend fremderstellten Erklärvideos für den Sachunterricht macht die eingehende Betrachtung des Vorgehens der Lehrkräfte beim Auswahlprozess der Videos notwendig. Von Interesse war im Zuge der empirischen Untersuchung neben den genutzten Quellen für Erklärvideos vor allem, welche Kriterien die Befragten bei der Auswahl der Videos überprüfen. Hier wurde deutlich, dass Auswahlkriterien teilweise sehr undifferenziert bzw. unspezifisch benannt wurden. Die Nutzung eines der in Abschnitt 2.3.5 beschriebenen Kriterienkataloge wurde von keiner befragten Lehrer*innen erwähnt. Dabei wäre für eine lernförderliche Wirkung des Mediums entscheidend, dass Lehrkräfte beispielsweise nicht vorrangig auf die Dauer eines Videos achten, sondern auf eine kohärente, auf das Wesentliche reduzierte und adressiertengerechte Darstellung der Inhalte.

Neben dem Vorgehen bei der Auswahl des audiovisuellen Erklärmediums waren auch Strategien bei der didaktischen Einbettung von Erklärvideos ins Unterrichtsgeschehen Gegenstand der vorliegenden Untersuchung. Hier konnten unterschiedliche didaktische Zielsetzungen und Umgangsformen erfasst werden (eine Zusammenschau aller genannten Aspekte findet sich in Abschnitt 3.3.8). Auch Einflussfaktoren, die den Erklärvideoeinsatz im Sachunterricht begünstigen oder behindern, konnten identifiziert werden. Das Vorhandensein entsprechender technischer Ausstattung etwa wurde in diesem Zusammenhang mehrfach als Grundbedingung für den Erklärvideoeinsatz genannt, wobei einige Befragte auch berichteten, wie sie trotz fehlender technischer Rahmenbedingungen den Einsatz von Erklärvideos im Sachunterricht gelingend gestalten konnten (z. B. über das Abspielen der Videos in Kleingruppensettings auf den eigenen Tablets oder Smartphones). Das Vorhandensein passender Videos für den Sachunterricht wurde von den Lehrkräften auch – abhängig davon, zu welchen Themenfeldern Videos gesucht wurden – sehr unterschiedlich bewertet.

Als wichtiger Einflussfaktor auf den Erklärvideoeinsatz wurden personenbezogene Merkmale der Lehrkraft identifiziert, etwa das (fehlende) Interesse dem Medium gegenüber oder (fehlende) Kompetenzen im Umgang damit. Hier kann auch eine Verbindung zum „Technology Acceptance Model" (siehe Abschnitt 2.2.6) gezogen werden, wonach die wahrgenommene Benutzendenfreundlichkeit und – vor allem – die empfundene Nützlichkeit eines Mediums ausschlaggebend sind, ob eine Lehrkraft ein Medium auch tatsächlich einsetzt (Scherer & Teo, 2019). Bei den befragten Lehrkräften konnten weitgehend Wahrnehmungen eines hohen empfundenen Nutzens des Mediums Erklärvideo für den Sachunterricht festgestellt werden. Wesentlich für eine gelungene Einbindung von Erklärvideos in den Sachunterricht sind in weiterer Folge entsprechende (qualitätsvolle) Aus-, Fort- und Weiterbildungsangebote, durch die Lehrer*innen auf einen didaktisch zweckmäßigen Einsatz diverser Unterrichtsmedien vorbereitet werden. Im Falle des Erklärvideoeinsatzes waren derartige Angebote den Aussagen der Interviewpartner*innen zufolge zum Untersuchungszeitpunkt nicht weitverbreitet – hier besteht folglich Handlungsbedarf bei den pädagogischen Hochschulen und Universitäten.

Die in den Interviews beschriebenen Zielsetzungen und Umgangsformen beim Erklärvideoeinsatz im Sachunterricht fielen sehr vielfältig aus, einen gemeinsamen Nenner stellt dabei das Anbieten begleitender Unterrichtsaktivitäten dar, durch die die Lernenden dazu angehalten werden, die Inhalte der Erklärvideos weiterzuverarbeiten. Damit wird – zumindest in den untersuchten Fällen – der Forderung von Wolf und Kulgemeyer (2016, S. 40) nachgekommen, wonach Erklärvideos im Lernprozess niemals allein stehen sollten, sondern durch entsprechende Übungsaufgaben begleitet werden müssen. Über Erklärvideos als Lehrmittel im Sachunterricht kann festgehalten werden, dass das Medium für Lehrkräfte eine Unterstützung in ihrem didaktischen Handeln darstellen kann. So berichteten Lehrer*innen davon, mithilfe der Videos etwa die Themenvielfalt im Sachunterricht zu fördern. In diesem Zusammenhang könnte durch Erklärvideos auch den „Besonderheiten des Sachunterrichts als vielperspektivisch angelegtes Grundschulfach" (GDSU, 2019, S. 25) Rechnung getragen werden, indem der Einsatz des audiovisuellen Mediums vielperspektivische Betrachtungsweisen auf ein Thema eröffnet. Für einen solchen Einsatzzweck von Erklärvideos im Sachunterricht bedarf es neben medienpädagogischen Fertigkeiten im Umgang mit Erklärvideos jedoch vor allem eines allgemeinen Verständnisses für das leitende Moment der Vielperspektivität (GDSU, 2019).

Von Interesse für die Betrachtung des didaktischen Potenzials von Erklärvideos ist auch, was das beforschte Medium als Lernmittel zu leisten vermag. Die Zusammenschau der theoretischen Befunde und empirischen Erkenntnisse zeigt, dass Erklärvideos dazu beitragen können, Kindern eine größere Flexibilität und Vielfalt bei der Auswahl unterschiedlicher Lernmedien zu bieten. Die verfügbaren Erklärvideoangebote lassen dies für einen Teil potenzieller sachunterrichtlicher Themenfelder jedenfalls zu. Damit könnten die Lernenden auch zunehmend dazu befähigt werden, sich über Erklärvideos selbstständig neue Informationen zu erschließen, Interessen zu entwickeln bzw. zu verfolgen und sich in verschiedene Lerngegenstände zu vertiefen. Zum Zeitpunkt des Verfassens dieser Arbeit bleibt die Frage offen, über welche Plattformen die Kinder selbstständig auf einen nach transparent ausgewählten Kriterien gesichteten Pool an qualitätsvollen Erklärvideos zugreifen können, ohne auch mit jenen Videos konfrontiert zu werden, die falsche Informationen vermitteln oder deren Gestaltung keinerlei Didaktisierung aufweist. YouTube eignet sich allein aufgrund des kommerziellen Charakters, mit Werbung vor bzw. während der Videos, und der vielen Angebote, die keinen Bezug zum Sachunterricht haben, nicht für derartige Zwecke. Geeignete – nicht-kommerzielle bzw. frei zugängliche und entsprechend kuratierte – Plattformen müssen erst geschaffen werden.

Im Sinne einer konstruktivistischen Sicht auf das Lernen (siehe Abschnitt 2.2.2) können Erklärvideos – das entsprechende didaktische Setting vorausgesetzt – den Kindern als Werkzeuge für das selbst gesteuerte Lernen dienen. Da die Lernenden aufgrund ihrer individuellen Vorerfahrungen den Videos unterschiedliche Informationen entnehmen und daraus eigene – mitunter wissenschaftlich nicht tragfähige – mentale Modelle aufbauen, muss im Unterricht auch genügend Raum für gemeinsame Reflexionsprozesse geschaffen werden. Die Aussagen von Lehrkräften im Rahmen der empirischen Untersuchung legen nahe, dass dies in der Praxis auch geschieht. Erst durch die Auseinandersetzung der Lehrkräfte mit dem, was Kinder aus einem Erklärvideo tatsächlich mitnehmen, kann erkannt werden, ob Inhalte korrekt verstanden wurden. Die Rückmeldungen der Kinder können in Form von Nachbesprechungen oder über die Bearbeitung vielfältiger weiterführender Aktivitäten (Ausfüllen von Arbeitsblättern, Gestalten von Präsentationen etc.) erfolgen.

Eine Spezialform der Unterrichtsarbeit mit Erklärvideos stellt die Gestaltung von Erklärvideos durch die Lernenden dar. Auch hierzu wurden im Laufe der qualitativen Studie Aussagen gesammelt, die verdeutlichen, warum Lehrkräfte diese methodische Vorgehensweise wählen, etwa um die Kinder zu einer vertiefenden Auseinandersetzung mit Inhalten anzuregen. Neben einem tieferen Verständnis der Inhalte müssen Kinder diese auch entsprechend kommunizieren können, was die Kommunikationskompetenz schult. Zusätzlich wird medienkompetentes und medienkreatives Handeln gefördert. Abgesehen von der Strategie, den Prozess der Erklärvideogestaltung fächerübergreifend anzulegen, um weniger Zeitressourcen im Sachunterricht zu binden, wurde der große Zeitaufwand als hinderlicher Faktor dafür genannt, derartige Unterrichtsideen in der Praxis umzusetzen. Die wenigen verfügbaren Sachunterrichtswochenstunden scheinen hier ein Grund zu sein, der einen verstärkten Einsatz eines solchen methodischen Vorgehens behindert.

In der Einleitung zu dieser Arbeit wurde Schneider (2018, S. 199) zitiert, der konstatiert, dass neuen Bildungstechnologien oft mit übersteigerten Erwartungshaltungen begegnet werde, die kaum erfüllbar seien. In diesem Zusammenhang ist auch die in Abschnitt 2.4.5 aufgeworfene Frage von Dorgerloh und Wolf (2019, S. 7) zu sehen, ob die hohen Erwartungen an das Medium Erklärvideo zu einer schnellen Ernüchterung führen würden. In der Betrachtung der Sichtweisen von Lehrkräften auf das Unterrichtsmedium Erklärvideo kann festgehalten werden, dass das audiovisuelle Medium in verschiedenen Bereichen durchaus eine Unterstützung bei der Erfüllung des sachunterrichtlichen Bildungsauftrags sein kann, sofern die Videos qualitätsvoll gestaltet und didaktisch reflektiert in den Unterricht integriert werden. Ziel der vorliegenden Arbeit war es, den Umgang mit Erklärvideos aus Sicht der Sachunterrichtslehrer*innen aufzuzeigen und damit einen Beitrag zu einem kritisch-konstruktiven Diskurs in der Beforschung des Unterrichtsmediums zu leisten bzw. einen zunehmend reflektierten Einsatz des Mediums in der schulischen Praxis anzuregen. Das entwickelte Rahmenmodell zum Erklärvideoeinsatz verdeutlicht, welche Einflussfaktoren hinsichtlich eines professionellen Handelns mit Erklärvideos in den Blick genommen werden müssen, damit ein zweckmäßiger Einsatz des audiovisuellen Mediums im Sachunterricht gefördert wird. Hier kommt vor allem einem Teilbereich der Ausbildung von Lehrkräften besondere Bedeutung zu, nämlich bereits während des Studiums entsprechende Kompetenzen angehender Lehrer*innen im sachgemäßen Umgang mit Unterrichtsmedien – im konkreten Fall mit dem Medium Erklärvideo – anzubahnen. Ein reflektierter Umgang mit Erklärvideos kann den Untersuchungsergebnissen zufolge erweiterte Handlungsspielräume für die Lehrkräfte im Sachunterricht schaffen und ein hilfreiches Werkzeug bei der Umsetzung sachunterrichtlicher Aufgaben- und Zielsetzungen darstellen.

Vor dem Hintergrund der zunehmenden Nutzung von Erklärvideos im Sachunterricht müssen auch die Grenzen eines didaktisch sinnvollen Einsatzes des Mediums abgesteckt werden. Aus der empirischen Untersuchung geht hervor, dass ein maßvoller Einsatz von Erklärvideos wichtig ist, um (mögliche) sinnliche Erfahrungen, die Lernende im Sachunterricht machen sollen, nicht vorwegzunehmen. In Rückbezug auf die Aussage von Gervé (2022, S. 524) in Abschnitt 2.2 wird deutlich, dass mit dem Einsatz digitaler Medien auch das „Risiko eines simplifizierenden Verlustes der sinnstiftenden Verbindung zum Phänomen" einhergehen kann. Deshalb muss bereits während der didaktischen Planung des Sachunterrichts überlegt werden, wo Realbegegnungen möglich und sinnvoll sind und welche Sachbegegnungen im Unterricht über diverse Lehr- und Lernmedien abgebildet werden können oder – z. B. aufgrund fehlender Zugangsmöglichkeiten – müssen. Sinnliche Erfahrungen sollten grundsätzlich die Basis für die Begegnung mit sachunterrichtlichen Themen darstellen, wie z. B. Faust-Siel et al. (1996, S. 71) in ihrem Suchraster verdeutlichen (siehe Abschnitt 2.1.5). Diese sinnlichen Erfahrungen müssen für den Sachunterricht wesentlich mehr umfassen als visuelle und auditive Reize in Form von Erklärvideos. Doch gerade in Hinblick auf die Frage nach der Darstellbarkeit und Zugänglichkeit einer Thematik – wie Klafki (2007) sie in seiner didaktischen Analyse vorsieht (ebenfalls in Abschnitt 2.1.5 behandelt) – kann das Unterrichtsmedium Erklärvideo als Teil eines vielfältigen Medienangebots einen Beitrag zu einem zunehmend kompetenzorientierten, vielperspektivischen und – in Bezug auf erweiterte Differenzierungs- und Individualisierungsmöglichkeiten – inklusiven Sachunterricht leisten.

4.4 Ausblick

Die explorative Studie in dieser Arbeit verfolgte das Ziel, ein möglichst breites Spektrum an Sichtweisen von Lehrer*innen auf das Medium Erklärvideo zu erheben. Für weiterführende Forschungsvorhaben bieten sich am Ende dieser Untersuchung vielfältige Anknüpfungspunkte:

– Wie in Abschnitt 2.3.5 dargestellt wurde, existieren bereits viele – auch empirisch beforschte – Kriterienkataloge zur Erklärvideobewertung. Die qualitative Studie hat jedoch gezeigt, dass die interviewten Lehrkräfte keinen der aktuell vorhandenen Kriterienkataloge für die Bewertung von Erklärvideos einsetzen. Hier wäre eine breit angelegte Fragebogenerhebung von Interesse, um zu betrachten, wie andere Sachunterrichtslehrer*innen bei der Auswahl von

Erklärvideos vorgehen und ob (bzw. in welcher Form) gewisse Kriterienkataloge eine praktikable Möglichkeit darstellen können, den Auswahlprozess zu systematisieren und zu professionalisieren.

– Hinsichtlich der personenbezogenen Merkmale von Lehrkräften, die den Einsatz von Erklärvideos beeinflussen, könnte ein weiterführendes Forschungsvorhaben untersuchen, über welche Kompetenzen (angehende) Lehrkräfte in Hinblick auf den gelingenden Einsatz von Erklärvideos im Sachunterricht (am Ende ihres Studiums) verfügen sollten.

– Die vorliegende Studie hat den Erklärvideoeinsatz ausschließlich über die subjektiven Sichtweisen von Lehrkräften beforscht. Ein Forschungsdesiderat wäre an dieser Stelle auch eine Erhebung bei Lehramtsstudierenden bzw. den Lernenden hinsichtlich ihrer Sichtweisen auf Erklärvideos. Reaktionsmuster der Kinder auf den Einsatz von Erklärvideos wurden in dieser Arbeit ausschließlich über die Beschreibungen der Lehrer*innen betrachtet. Hier wäre eine unmittelbare Untersuchung der Wirkung von Erklärvideos auf die Lernenden im Sachunterricht von Relevanz.

– Durch eine quantitative Beforschung unterschiedlicher Facetten des Erklärvideoeinsatzes könnte z. B. Klarheit über tatsächliche Verteilungen hinsichtlich der für den Sachunterricht genutzten Erklärvideoquellen gewonnen werden bzw. könnte gezeigt werden, welche Zielsetzungen durch die Erklärvideonutzung im Sachunterricht vorrangig verfolgt werden. Hier konnten zwar vielfältige Aspekte identifiziert werden, aufgrund des qualitativen Charakters der vorliegenden Untersuchung können aber keine quantifizierbaren Aussagen (z. B. hinsichtlich bevorzugt verfolgter Zielsetzungen) abgeleitet werden.

– Eine vertiefende Beforschung des Erklärvideoeinsatzes und dessen Auswirkungen auf das Unterrichtsgeschehen könnte auch über die Aktionsforschung (Altrichter et al., 2018) durch die Lehrer*innen selbst erfolgen. Dabei könnten Lehrkräfte systematisch die Folgen des Erklärvideoeinsatzes auf die Lernenden bzw. die eigene Unterrichtspraxis dokumentieren und potenziell zielführende Umgangsformen mit dem audiovisuellen Medium identifizieren und beschreiben.

Neben den hier skizzierten Ideen für Forschungsvorhaben, die an die Erkenntnisse der vorliegenden Studie anknüpfen bzw. bestimmte Teilaspekte vertiefend untersuchen, soll in diesem Ausblick auch eine Forderung hinsichtlich der Weiterentwicklung einer kritisch-reflektierten Mediendidaktik im Sachunterricht – nicht nur in Bezug auf das beforschte Unterrichtsmedium – formuliert werden: Die zunehmende Verwendung von multimedialen Inhalten für sachunterrichtliche Lehr- und Lernprozesse sollte innerhalb der GDSU zum Anlass genommen werden, dem professionellen Umgang von Lehrkräften mit diversen Unterrichtsmedien verstärkt Beachtung zu schenken. Im GDSU-Jahresband 2023 (Schmeinck et al., 2023) schreiben Gervé et al. (2023, S. 38), dass Unterrichtstechnologien „[f]ür eine lernförderliche und/oder kompetenzfördernde Nutzbarmachung […] von den Lehrkräften jeweils zielgerichtet, altersangemessen und unter Berücksichtigung pädagogischer und didaktischer Fragestellungen eingesetzt werden" müssen. Die Ergebnisse dieser Arbeit verdeutlichen beispielhaft, dass dieser Forderung in der Praxis nicht immer nachgekommen wird. Hier besteht Handlungsbedarf für die fachdidaktische Forschung und für die Ausbildung von Sachunterrichtslehrkräften gleichermaßen – etwa in Hinblick auf eine nachvollziehbare und kriteriengeleitete Auswahl von Unterrichtsmedien bzw. das weitere Beforschen und Offenlegen wirksamer Einsatzstrategien unterschiedlicher Lehr- und Lernmedien. Vor diesem Hintergrund müsste auch der „Qualitätsrahmen Lehrerbildung Sachunterricht und seine Didaktik" (GDSU, 2019) dringend weiterentwickelt werden, indem das darin vorgeschlagene Qualifikationsmodell für Sachunterrichtslehrkräfte um mediendidaktische Qualifikationsziele ergänzt wird. Ein wesentliches Ziel müsste dabei sein, Lehrkräfte zu befähigen, kontextabhängig entscheiden zu können, „wann und wo der Einsatz digitaler [bzw. analoger, S. M.] Medien unterrichtliche Lehr-Lern-Prozesse sinnvoll unterstützen kann" (Gervé et al., 2023, S. 38). Ein durchdachter und sinnvoller Einsatz von Unterrichtsmedien ist bedeutsam für einen angemessenen Umgang mit dem umfangreichen sachunterrichtlichen Bildungsauftrag.

Es wäre zu wünschen, dass durch eine stärkere Fokussierung auf fachgerechte mediendidaktische Handlungsstrategien der Lehrkräfte (z. B. im Rahmen von Aus-, Fort- und Weiterbildungsangeboten) auch der Einsatz von Erklärvideos im methodischen Instrumentarium des Sachunterrichts zunehmend jenen Platz einnimmt, der die Potenziale des audiovisuellen Mediums für das fachliche Lehren und Lernen bestmöglich nutzbar macht. Folgt der Einsatz von Erklärvideos nämlich keiner fachlich begründeten didaktischen Zweckmäßigkeit, kann das Unterrichtsmedium auch negative Auswirkungen auf den Lernerfolg haben, wie z. B. eine Untersuchung von Giest (2023) zum Erklärvideoeinsatz beim Experimentieren an Lernstationen zeigt. In diesem Unterrichtssetting führte die Nutzung von Erklärvideos im Vergleich zu anderen methodischen Herangehensweisen „zu negativen Lerneffekten" (Giest, 2023, S. 11). Die negativen Folgen eines nicht sachgemäßen Einsatzes von Erklärvideos dürfen vor dem Hintergrund der zunehmenden Nutzung des audiovisuellen Mediums für sachunterrichtliche Bildungsprozesse nicht ignoriert werden. Umso bedeutsamer ist deshalb eine evidenzbasierte fach- bzw. mediendidaktische Auseinandersetzung mit dem Unterrichtsmedium Erklärvideo, aus der sich auch Handlungsempfehlungen für einen sinnvollen Umgang mit dem Medium im Unterrichtsgeschehen ableiten lassen. Das gegenstandsbezogene Rahmenmodell zum Einsatz von Erklärvideos im Sachunterricht, das im Zuge des Forschungsvorhabens dieser Arbeit entwickelt wurde, zeigt bereits mögliche Leitlinien auf. Das Modell soll jedoch nicht bloß als theoretische Beschreibung des untersuchten Phänomens genutzt werden, sondern könnte auch zur Verortung von weiteren Forschungsvorhaben in diesem Themenfeld dienen. Damit könnte ein besserer Überblick über aktuell in unterschiedlichen Kontexten stattfindende wissenschaftliche Diskurse zu Erklärvideos im Sachunterricht gewonnen werden.

Mit dem Aufzeigen didaktischer Möglichkeiten und Grenzen eines sinnvollen Einsatzes des audiovisuellen Mediums in dieser Arbeit soll ein evidenzbasierter Beitrag zum anhaltenden Trend der Erklärvideonutzung im Unterrichtsfach Sachunterricht geleistet werden. Damit soll einerseits der wissenschaftliche Diskurs zu Erklärvideos gefördert werden – bzw. eine stärkere Auseinandersetzung mit konkreten mediendidaktischen Fragestellungen innerhalb der GDSU angeregt werden –, andererseits sollen die Erkenntnisse dieser Arbeit auch für die unterrichtliche Praxis genutzt werden können und zu einem kritisch-reflektiert(er)en Umgang von Lehrkräften mit dem Unterrichtsmedium im Sachunterricht beitragen. Daraus resultierend sollen auch etwaige übersteigerte Erwartungen an das „[bedeutsame] Bildungsmedium des 21. Jahrhunderts" (Sailer & Figas, 2015, S. 93) einer realistischeren Betrachtung zugeführt werden. Um dem umfassenden Auftrag einer grundlegenden Allgemeinbildung im Sachunterricht gerecht zu werden, braucht es in erster Linie die fachwissenschaftlich und fach- bzw. mediendidaktisch kompetente Lehrkraft, die Themen aus der Lebenswelt der Lernenden über vielperspektivische Bezüge und im Zusammenspiel unterschiedlicher didaktischer Methoden und Medien kind- und sachgemäß aufbereitet, den Kindern Erfahrungen mit allen Sinnen ermöglicht und sie bei der sachbezogenen Erschließung ihrer Lebenswelt begleitet. Wie Kulgemeyer (2019, S. 75) es bereits treffend formulierte: „Diese Verantwortung nimmt einer Lehrkraft auch das beste Video nicht ab."

Open Access Dieses Kapitel wird unter der Creative Commons Namensnennung 4.0 International Lizenz (http://creativecommons.org/licenses/by/4.0/deed.de) veröffentlicht, welche die Nutzung, Vervielfältigung, Bearbeitung, Verbreitung und Wiedergabe in jeglichem Medium und Format erlaubt, sofern Sie den/die ursprünglichen Autor(en) und die Quelle ordnungsgemäß nennen, einen Link zur Creative Commons Lizenz beifügen und angeben, ob Änderungen vorgenommen wurden.

Die in diesem Kapitel enthaltenen Bilder und sonstiges Drittmaterial unterliegen ebenfalls der genannten Creative Commons Lizenz, sofern sich aus der Abbildungslegende nichts anderes ergibt. Sofern das betreffende Material nicht unter der genannten Creative Commons Lizenz steht und die betreffende Handlung nicht nach gesetzlichen Vorschriften erlaubt ist, ist für die oben aufgeführten Weiterverwendungen des Materials die Einwilligung des jeweiligen Rechteinhabers einzuholen.

Literatur

Aebli, H. (1989). *Zwölf Grundformen des Lehrens: Eine allgemeine Didaktik auf psychologischer Grundlage* (4. Auflage). Klett-Cotta.

Aeppli, J., Gasser, L., Gutzwiller, E., & Tettenborn, A. (2014). *Empirisches wissenschaftliches Arbeiten: Ein Studienbuch für die Bildungswissenschaften* (3. Auflage). Julius Klinkhardt.

Aeschbacher, U. (2009). Eine Lanze für das Erklären. *Beiträge zur Lehrerbildung, 27*(3), 431–437.

Albers, S. (2017). Bildung und Vielperspektivität im Sachunterricht – ein „inniges" Verhältnis. *GDSU-Journal, 6,* 11–19.

Alphabet Inc. (o. J.). *Alphabet*. Abgerufen 22. Mai 2023, von https://abc.xyz/

Altrichter, H., Posch, P., & Spann, H. (2018). *Lehrerinnen und Lehrer erforschen ihren Unterricht* (5. Auflage). Julius Klinkhardt.

Anders, F. (2020). *Lehrer-Umfrage: Erstmals repräsentative Daten zum Fernunterricht.* Das Deutsche Schulportal. https://deutsches-schulportal.de/unterricht/lehrer-umfrage-deutsches-schulbarometer-spezial-corona-krise-april-2020/

Anders, P., Staiger, M., Albrecht, C., Rüsel, M., & Vorst, C. (2019). Erklärvideo. In P. Anders, M. Staiger, C. Albrecht, M. Rüsel, & C. Vorst, *Einführung in die Filmdidaktik* (S. 255–268). J.B. Metzler. https://doi.org/10.1007/978-3-476-04765-6_18

ARD. (2023). *Impressum.* https://www.ard.de/die-ard/impressum-ard-de-100/

Auer. (o. J.). *Erklärvideos Grundschule – Material zur Unterrichtsvorbereitung.* Abgerufen 22. Mai 2023, von https://www.auer-verlag.de/videos-grundschule

Aust, R., & Völcker, M. (2018). Theoretische Sensibilität: Das Verhältnis von Theorie und Empirie in intermethodologischer Perspektive. In M. S. Maier, C. I. Keßler, U. Deppe, A. Leuthold-Wergin, & S. Sandring (Hrsg.), *Qualitative Bildungsforschung: Methodische und methodologische Herausforderungen in der Forschungspraxis* (S. 133–149). Springer VS. https://doi.org/10.1007/978-3-658-18597-8_8

Bandura, A. (1977). *Social learning theory.* Prentice-Hall.

Bandura, A., Ross, D., & Ross, S. A. (1963). Imitation of film-mediated aggressive models. *The Journal of Abnormal and Social Psychology, 66*(1), 3–11. https://doi.org/10.1037/h0048687

Becker, N. (2006). Von der Hirnforschung lernen? In A. Scheunpflug & C. Wulf (Hrsg.), *Zeitschrift für Erziehungswissenschaft: Biowissenschaft und Erziehungswissenschaft* (S. 177–200). Springer VS. https://doi.org/10.1007/978-3-531-90607-2_13

Biewald, R., Tesak, G., & Wittkowske, S. (2001). Der integrative Ethikunterricht. Eine didaktische Neukonzeption. *Grundschulunterricht, 5,* 3–6.

BMBWF. (o. J.). *Edutube.* Abgerufen 22. Mai 2023, von https://edutube.at/

Bohnsack, R., Geimer, A., & Meuser, M. (Hrsg.). (2018). *Hauptbegriffe Qualitativer Sozialforschung* (4., vollst. überarbeitete und erweiterte Auflage). UTB.

BR. (o. J.). *Willi wills wissen.* Abgerufen 22. Mai 2023, von https://www.br.de/kinder/sch auen/willi-wills-wissen/willi-wills-wissen-alle-videos-von-a-bis-z-100.html

BR. (2013). *Verstärkung für „Checker Can": „Checker Tobi" ist da!* https://www.br.de/pre sse/inhalt/pressemitteilungen/checker-can-tobi-130.html

BR. (2020). *Es war einmal... der Mensch.* https://www.br.de/fernsehen/ard-alpha/programmk alender/ausstrahlung-2113768.html

Bruce, G. (1992). Comments. In J. Svartvik (Hrsg.), *Directions in Corpus Linguistics: Proceedings of Nobel Symposium 82, Stockholm, 4–8 August 1991* (S. 145–147). De Gruyter.

Bruner, J. S. (1960). *The process of education.* Harvard University Press

Bruner, J. S. (1966). *Toward a theory of instruction.* Harvard University Press.

Bruner, J. S. (1978). The role of dialogue in language acquisition. In A. Sinclair, R. J. Jarvella, & W. J. M. Levelt (Hrsg.), *The child's conception of language* (S. 241–256). Springer.

Brüsemeister, T. (2008). *Qualitative Forschung: Ein Überblick* (2., überarb. Aufl). Springer VS.

Carlsen. (o. J.). *Pixi Wissen.* Abgerufen 22. Mai 2023, von https://www.carlsen.de/kinder buch/pixi/pixi-wissen

Chi, M. T. H., & Wylie, R. (2014). The ICAP Framework: Linking Cognitive Engagement to Active Learning Outcomes. *Educational Psychologist, 49*(4), 219–243. https://doi.org/ 10.1080/00461520.2014.965823

Clark, R. E., & Feldon, D. F. (2014). Ten Common but Questionable Principles of Multimedia Learning. In R. E. Mayer (Hrsg.), *The Cambridge handbook of multimedia learning* (Second Edition, S. 151–173). Cambridge University Press.

Comenius, J. A. (1698). *Orbis sensualium pictus.* https://digi.ub.uni-heidelberg.de/diglit/com enius1698/0003

Cornelsen. (o. J.). *Cornelsen Sachunterricht.* Abgerufen 22. Mai 2023, von https://www.cor nelsen.de/grundschule/faecher/sachunterricht

Creative Commons. (o. J.). *Creative Commons – CC0 1.0 Universell.* Abgerufen 22. Mai 2023, von https://creativecommons.org/publicdomain/zero/1.0/deed.de

Davis, F. D. (1989). Perceived Usefulness, Perceived Ease of Use, and User Acceptance of Information Technology. *MIS Quarterly, 13*(3), 319–340. https://doi.org/10.2307/249008

Dillenbourg, P. (2013). Design for classroom orchestration. *Computers & Education, 69,* 485–492. https://doi.org/10.1016/j.compedu.2013.04.013

Döbeli Honegger, B. (2017). *Mehr als 0 und 1: Schule in einer digitalisierten Welt* (2., durchgesehene Auflage). hep.

Dorgerloh, S., & Wolf, K. D. (Hrsg.). (2019). *Lehren und Lernen mit Tutorials und Erklärvideos.* Beltz.

Einsiedler, W. (1992). Kategoriale Bildung im Sachunterricht der Grundschule. In *Pädagogische Welt* (Bd. 46, Nummer 11, S. 482–486).

Einsiedler, W. (2000). Der Sachunterricht in der Grundschule als Voraussetzung für Allgemeinbildung. In W. Hinrichs & H. F. Bauer (Hrsg.), *Zur Konzeption des Sachunterrichts: Mit einem systematischen Exkurs zur Lehrgangs- und Unterrichtsmethodik* (S. 68–80). Auer.

Einsiedler, W. (2015). Methoden und Prinzipien des Sachunterrichts. In J. Kahlert, M. Fölling-Albers, M. Götz, A. Hartinger, S. Miller, & S. Wittkowske (Hrsg.), *Handbuch Didaktik des Sachunterrichts* (2., aktualisierte und erweiterte Auflage, S. 383–393). Julius Klinkhardt.

Einsiedler, W., & Hardy, I. (2022). Methoden und Prinzipien des Sachunterrichts. In J. Kahlert, M. Fölling-Albers, M. Götz, A. Hartinger, S. Miller, & S. Wittkowske (Hrsg.), *Handbuch Didaktik des Sachunterrichts* (3., überarbeitete Auflage, S. 401–411). Julius Klinkhardt. https://doi.org/10.36198/9783838588018

Faust-Siehl, G., Garlichs, A., Ramseger, J., Schwarz, H., & Warm, U. (1996). *Die Zukunft beginnt in der Grundschule: Empfehlungen zur Neugestaltung der Primarstufe. Ein Projekt des Grundschulverbandes unter Mitarbeit von Klaus Klemm.* Rowohlt.

Findeisen, S. (2017). Erklären im unterrichtlichen Kontext. In S. Findeisen, *Fachdidaktische Kompetenzen angehender Lehrpersonen* (S. 11–90). Springer. https://doi.org/10.1007/978-3-658-18390-5_2

Flick, U. (2017). *Qualitative Sozialforschung: Eine Einführung* (Originalausgabe, 8. Auflage). Rowohlt.

Flick, U., Kardorff, E. von, & Steinke, I. (2017). Was ist qualitative Forschung? Einleitung und Überblick. In U. Flick, E. von Kardorff, & I. Steinke (Hrsg.), *Qualitative Forschung: Ein Handbuch* (12. Auflage, Originalausgabe, S. 13–29). Rowohlt.

FWU. (o. J.). *FWU | Wir produzieren Medien für die Bildung.* Abgerufen 22. Mai 2023, von https://fwu.de/

Gach, H. J. (2018). Digitale Medien gestern und heute. In *Praxis Grundschule* (Bd. 41, Nummer 3, S. 6–8).

Garvin, D. A. (1984). *What Does "Product Quality" Really Mean?* MIT Sloan Management Review. https://sloanreview.mit.edu/article/what-does-product-quality-really-mean/

Gaubitz, S. (2021). Analysen von Erklärvideos für den sozialwissenschaftlichen Sachunterricht – ein Entwicklungsfeld für die Lehrer*innenausbildung. In E. Matthes, S. T. Siegel, & T. Heiland (Hrsg.), *Lehrvideos – das Bildungsmedium der Zukunft? Erziehungswissenschaftliche und fachdidaktische Perspektiven* (S. 213–222). Julius Klinkhardt.

Gaubitz, S. (2022). Erklärvideos für den Sachunterricht. Qualitätskriterien für die Auswahl und Gestaltung. In U. Schütte, N. Bürger, M. Fabel-Lamla, P. Frei, K. Hauenschild, J. Menthe, B. Schmidt-Thieme, & C. Wecker (Hrsg.), *Digitalisierungsbezogene Kompetenzen fördern: Herausforderungen, Ansätze und Entwicklungsfelder im Kontext von Schule und Hochschule* (S. 76–85). Universitätsverlag Hildesheim.

GDSU. (2001). Fünf Perspektiven für den Sachunterricht. *Grundschule, 4,* 9–14.

GDSU (Hrsg.). (2002). *Perspektivrahmen Sachunterricht.* Julius Klinkhardt.

GDSU (Hrsg.). (2013). *Perspektivrahmen Sachunterricht* (Vollständig überarbeitete und erweiterte Ausgabe). Julius Klinkhardt.

GDSU. (2019). *Qualitätsrahmen Lehrerbildung Sachunterricht und seine Didaktik.* Julius Klinkhardt. https://gdsu.de/sites/default/files/PDF/GDSU-Qualitaetsrrahmen-Lehrerbildung.pdf

Gerrig, R. J., & Zimbardo, P. G. (2008). *Psychologie.* Pearson.

Gervé, F. (2022). Digitale Medien. In J. Kahlert, M. Fölling-Albers, M. Götz, A. Hartinger, S. Miller, & S. Wittkowske (Hrsg.), *Handbuch Didaktik des Sachunterrichts* (3., überarbeitete Auflage, S. 523–528). Julius Klinkhardt. https://doi.org/10.36198/978383 8588018

Gervé, F., & Peschel, M. (2013). Medien im Sachunterricht. In E. Gläser & G. Schönknecht (Hrsg.), *Sachunterricht in der Grundschule: Entwickeln – gestalten – reflektieren* (S. 58–77). Grundschulverband.

Gervé, F., Peschel, M., Haider, M., Gryl, I., Schmeinck, D., & Brämer, M. (2023). Herausforderungen und Zukunftsperspektiven eines Sachunterrichts mit und über Medien. In D. Schmeinck, K. Michalik, & T. Goll (Hrsg.), *Herausforderungen und Zukunftsperspektiven für den Sachunterricht* (Bd. 33, S. 32–47). Julius Klinkhardt.

Giest, H. (2020). *Vorlesungen über Didaktik des Sachunterrichts. Ein Beitrag zur Konkretisierung kultur-historischer Didaktik* (Bd. 57). Lehmanns Media.

Giest, H. (2023). Unterstützen Erklär-Videos beim Experimentieren an Lernstationen? *widerstreit sachunterricht, 27*, Article 27. https://public.bibliothek.uni-halle.de/sachunter richt/article/view/2911

Giest, H., & Wittkowske, S. (2022). Heimatkunde in der DDR. In J. Kahlert, M. Fölling-Albers, M. Götz, A. Hartinger, S. Miller, & S. Wittkowske (Hrsg.), *Handbuch Didaktik des Sachunterrichts* (3., überarbeitete Auflage, S. 239–246). Julius Klinkhardt. https://doi.org/10.36198/9783838588018

Girtler, R. (2001). *Methoden der Feldforschung* (4. Auflage). UTB.

Glenberg, A. M., Wilkinson, A. C., & Epstein, W. (1982). The illusion of knowing: Failure in the self-assessment of comprehension. *Memory & Cognition, 10*(6), 597–602. https://doi.org/10.3758/BF03202442

Göhlich, M., Wulf, C., & Zirfas, J. (2014). Pädagogische Zugänge zum Lernen. Eine Einleitung. In M. Göhlich, C. Wulf, & J. Zirfas (Hrsg.), *Pädagogische Theorien des Lernens* (2. Auflage, S. 7–19). Beltz Juventa.

Götz, M. (2022). Zur Geschichte des Sachunterrichts. In J. Kahlert, M. Fölling-Albers, M. Götz, A. Hartinger, S. Miller, & S. Wittkowske (Hrsg.), *Handbuch Didaktik des Sachunterrichts* (3., überarbeitete Auflage, S. 231–238). Julius Klinkhardt. https://doi.org/10.36198/9783838588018

Götz, M., Kahlert, J., Fölling-Albers, M., Hartinger, A., Miller, S., Wittkowske, S., & von Reeken, D. (2022). Didaktik des Sachunterrichts als bildungswissenschaftliche Disziplin. In J. Kahlert, M. Fölling-Albers, M. Götz, A. Hartinger, S. Miller, & S. Wittkowske (Hrsg.), *Handbuch Didaktik des Sachunterrichts* (3., überarbeitete Auflage, S. 15–28). Julius Klinkhardt. https://doi.org/10.36198/9783838588018

Götzmann, A. (2015). *Entwicklung politischen Wissens in der Grundschule*. Springer Fachmedien. https://doi.org/10.1007/978-3-658-09116-3

Grimm, H., Todorova, M., & Möller, K. (2020). Schülervorstellungen in einem inquiry-orientierten Sachunterricht verändern – Besteht ein Zusammenhang mit der Förderung adäquaten Schlussfolgerns? *Zeitschrift für Didaktik der Naturwissenschaften, 26*(1), 37–51. https://doi.org/10.1007/s40573-020-00110-1

Gropengießer, H., & Marohn, A. (2018). Schülervorstellungen und Conceptual Change. In D. Krüger, I. Parchmann, & H. Schecker (Hrsg.), *Theorien in der naturwissenschaftsdidaktischen Forschung* (S. 49–67). Springer. https://doi.org/10.1007/978-3-662-56320-5_4

Grygier, P. (2008). *Wissenschaftsverständnis von Grundschülern im Sachunterricht.* Julius Klinkhardt.

H5P. (o. J.). *H5P.* Abgerufen 22. Mai 2023, von https://h5p.org/

Haltenberger, M., Böschl, F., & Asen-Molz, K. (2022). Das Modell der Didaktischen Rekonstruktion als Kriterienraster für studentische Erklärvideos nutzen – Ergebnisse aus einem standortübergreifenden Seminar zur geographischen Perspektive. In A. Becher, E. Blumberg, T. Goll, K. Michalik, & C. Tenberge (Hrsg.), *Sachunterricht in der Informationsgesellschaft* (S. 139–146). Julius Klinkhardt. https://doi.org/10.35468/5935-14

Hannover, B., Zander, L., & Wolter, I. (2014). Entwicklung, Sozialisation und Lernen. In T. Seidel & A. Krapp (Hrsg.), *Pädagogische Psychologie* (6., vollständig überarbeitete Auflage, S. 139–165). Beltz.

Hasselhorn, M., & Gold, A. (2017). *Pädagogische Psychologie. Erfolgreiches Lernen und Lehren* (4., aktualisierte Auflage). W. Kohlhammer.

Helmke, A., & Weinert, F. E. (1997). Bedingungsfaktoren schulischer Leistungen. In F. E. Weinert (Hrsg.), *Psychologie des Unterrichts und der Schule* (S. 71–176). Hogrefe.

Hempel, C. G., & Oppenheim, P. (1948). Studies in the Logic of Explanation. *Philosophy of Science, 15*(2), 135–175. https://doi.org/10.1086/286983

Hempel, M., & Wittkowske, S. (2010). Die Welt erkunden lernen – der Sachunterricht und seine didaktische Fragestellung. In C. Ensberg & S. Wittkowske (Hrsg.), *Fachdidaktiken als praktische Wissenschaften* (S. 159–169). Julius Klinkhardt.

Herzig, B. (2008). Medieneinsatz im Unterricht. In M. K. W. Schweer (Hrsg.), *Lehrer-Schüler-Interaktion* (S. 517–545). Springer VS.

Hoffmann, S., Leschke, R., Hediger, V., & Grampp, S. (2014). Medienbegriff und Medienwissenschaft. In J. Schröter, S. Ruschmeyer, & E. Walke (Hrsg.), *Handbuch Medienwissenschaft* (S. 13–43). J.B. Metzler.

Holler, A., & Götz, M. (2017). Wann Kinder vom Kinderfernsehen lernen. *30, 1,* 5.

Honkomp-Wilkens, V., Wolf, K. D., Jung, P., & Altmaier, N. (2022). Informelles Lernen auf YouTube: Entwicklung eines Analyseinstruments zur Untersuchung didaktischer und gestalterischer Aspekte von Erklärvideos und Tutorials. *MedienPädagogik: Zeitschrift für Theorie und Praxis der Medienbildung,* 495–528. https://doi.org/10.21240/mpaed/jb18/2022.03.08.X

Hovland, C. I., Lumsdaine, A. A., & Sheffield, F. D. (1949). *Experiments on Mass Communication.* Princeton University Press.

Hughes, J., Thomas, R., & Scharber, C. (2006). *Assessing Technology Integration: The RAT – Replacement, Amplification, and Transformation – Framework.* 1616–1620. https://www.learntechlib.org/primary/p/22293/

Huwer, J., Irion, T., Kuntze, S., Schaal, S., & Thyssen, C. (2019). Von TPaCK zu DPaCK: Digitalisierung im Unterricht erfordert mehr als technisches Wissen. *MNU Journal, 5,* 358–364.

Imhof, M. (2016). *Psychologie für Lehramtsstudierende* (4., durchgesehene Auflage). Springer.

Kahlert, J. (2022). *Der Sachunterricht und seine Didaktik* (5., aktualisierte Auflage). Julius Klinkhardt.

Kaiser, A. (2008). *Neue Einführung in die Didaktik des Sachunterrichts* (2. Aufl). Schneider Hohengehren.

Kattmann, U., Duit, R., Gropengießer, H., & Komorek, M. (1997). Das Modell der Didaktischen Rekonstruktion – Ein Rahmen für naturwissenschaftsdidaktische Forschung und Entwicklung. In *Zeitschrift für Didaktik der Naturwissenschaften* (Bd. 3, Nummer 3, S. 3–18).

Kergel, D. (2018). *Qualitative Bildungsforschung: Ein integrativer Ansatz*. Springer VS. https://doi.org/10.1007/978-3-658-18587-9

Khan Academy. (o. J.). *Khan Academy | Free Online Courses, Lessons & Practice*. Abgerufen 22. Mai 2023, von https://www.khanacademy.org/

Kiel, E. (1999). *Erklären als didaktisches Handeln*. Ergon.

KiKA. (2022). *Anna und die wilden Tiere*. https://www.kika.de/erwachsene/aktuelles/informieren/anna-und-die-wilden-tiere-100.html

KiKA. (2023). *Checker Welt: Checker Julian, Checker Tobi und Checker Can*. https://www.kika.de/checker-welt/checker-tobi-julian-can-100

Klafki, W. (1992). Allgemeinbildung in der Grundschule und der Bildungsauftrag des Sachunterrichts. In Gesellschaft für Didaktik des Sachunterrichts, R. Lauterbach, W. Köhnlein, K. Spreckelsen, & E. Klewitz (Hrsg.), *Brennpunkte des Sachunterrichts: Vorträge zur Gründungstagung der Gesellschaft für Didaktik des Sachunterrichts e.V. vom 19. Bis 21. März 1992 in Berlin* (S. 11–31). Institut für die Pädagogik der Naturwissenschaften.

Klafki, W. (2007). *Neue Studien zur Bildungstheorie und Didaktik: Zeitgemäße Allgemeinbildung und kritisch-konstruktive Didaktik* (6. Auflage). Beltz.

KMK (Hrsg.). (1980). *Tendenzen und Auffassungen zum Sachunterricht in der Grundschule*. KMK.

KMK. (2018). *Rahmenvereinbarung über die Ausbildung und Prüfung für ein Lehramt der Grundschule bzw. Primarstufe (Lehramtstyp 1)*. KMK.

Koehler, M. J. (2022). *TPACK.ORG*. http://www.tpack.org/

Köhler, W. (1921). *Intelligenzprüfungen an Menschenaffen* (2. Aufl.). Springer. https://doi.org/10.1007/978-3-642-47574-0

Köhnlein, W. (1996). Leitende Prinzipien und Curriculum des Sachunterrichts. In E. Glumpler & S. Wittkowske (Hrsg.), *Sachunterricht heute: Zwischen interdisziplinärem Anspruch und traditionellem Fachbezug* (S. 46–76). Julius Klinkhardt.

Köhnlein, W. (1999). Vielperspektivisches Denken – eine Einleitung. In W. Köhnlein, B. Marquardt-Mau, & H. Schreier (Hrsg.), *Vielperspektivisches Denken im Sachunterricht* (S. 9–23). Julius Klinkhardt.

Köhnlein, W. (2012). *Sachunterricht und Bildung*. Julius Klinkhardt.

Köhnlein, W. (2014). Aufgaben und Ziele des Sachunterrichts. In W. Einsiedler, M. Götz, A. Hartinger, F. Heinzel, J. Kahlert, & U. Sandfuchs (Hrsg.), *Handbuch Grundschulpädagogik und Grundschuldidaktik* (4., ergänzte und aktualisierte Auflage, S. 512–521). Julius Klinkhardt.

Köhnlein, W. (2022a). Aufgaben und Ziele des Sachunterrichts. In J. Kahlert, M. Fölling-Albers, M. Götz, A. Hartinger, S. Miller, & S. Wittkowske (Hrsg.), *Handbuch Didaktik des Sachunterrichts* (3., überarbeitete Auflage, S. 100–108). Julius Klinkhardt. https://doi.org/10.36198/9783838588018

Köhnlein, W. (2022b). Sache als didaktische Kategorie. In J. Kahlert, M. Fölling-Albers, M. Götz, A. Hartinger, S. Miller, & S. Wittkowske (Hrsg.), *Handbuch Didaktik des Sachunterrichts* (3., überarbeitete Auflage, S. 39–43). Julius Klinkhardt. https://doi.org/10.36198/9783838588018

Kossek, B., & Peschl, M. F. (Hrsg.). (2012). *Digital Turn? Zum Einfluss digitaler Medien auf Wissensgenerierungsprozesse von Studierenden und Hochschullehrenden.* V & R Unipress.

Kößler, H. (1989). Bildung und Identität. In K. Jacobs & H. Kößler (Hrsg.), *Identität: Fünf Vorträge* (S. 51–65). Universitätsbund Erlangen-Nürnberg.

Kropp, M. (2015). *Studie zur digitalen Transformation: 90% der DAX Unternehmen nutzen Erklärvideos.* connektar.de. https://pm.connektar.de/informationen-medien/studie-zur-digitalen-transformation-90-der-dax-unternehmen-nutzen-erklaervideos-30442

Kulgemeyer, C. (2019). Didaktische Kriterien für gute Erklärvideos. In S. Dorgerloh & K. D. Wolf (Hrsg.), *Lehren und Lernen mit Tutorials und Erklärvideos* (S. 70–75). Beltz.

Lamnek, S., & Krell, C. (2016). *Qualitative Sozialforschung: Mit Online-Material* (6., überarbeitete Auflage). Beltz.

Landesinstitut für Schulqualität und Lehrerbildung Sachsen-Anhalt. (o. J.). *Bildungsserver Sachsen-Anhalt.* Bildungserver Sachsen-Anhalt Bildung. Abgerufen 22. Mai 2023, von https://www.bildung-lsa.de/

Landesmedienzentrum Baden-Württemberg. (o. J.). *SESAM-Mediathek.* Abgerufen 22. Mai 2023, von https://www.lmz-bw.de/medien-und-bildung/sesam-mediathek/

Landesmedienzentrum Bayern. (o. J.). *Mebis | mebis macht Bildung digital.* Abgerufen 22. Mai 2023, von https://www.mebis.bayern.de/

LeFever, L. (2013). *The Art of explanation: Making your ideas, products, and services easier to understand.* John Wiley & Sons.

Lüders, M. (2018). Gibt es Erkenntnisfortschritte in der Allgemeinen Didaktik? Ein empirischer Beitrag zur disziplinären Entwicklung der Schulpädagogik. *Zeitschrift für Erziehungswissenschaft, 21*(5), 1083–1103. https://doi.org/10.1007/s11618-018-0816-0

Mähler, C. (1999). Naive Theorien im kindlichen Denken. In *Zeitschrift für Entwicklungspsychologie und pädagogische Psychologie* (Bd. 31, Nummer 2, S. 53–66). https://doi.org/10.1026//0049-8637.31.2.53

Mayer, R. E. (2014a). Cognitive Theory of Multimedia Learning. In R. E. Mayer (Hrsg.), *The Cambridge handbook of multimedia learning* (Second Edition, S. 43–71). Cambridge University Press.

Mayer, R. E. (2014b). Introduction to Multimedia Learning. In R. E. Mayer (Hrsg.), *The Cambridge handbook of multimedia learning* (Second Edition, S. 1–26). Cambridge University Press.

Mayer, R. E., Fiorella, L., & Stull, A. (2020). Five ways to increase the effectiveness of instructional video. *Educational Technology Research and Development, 68*(3), 837–852. https://doi.org/10.1007/s11423-020-09749-6

Merton, R. K., Fiske, M., & Kendall, P. L. (1956). *The Focused Interview: A Manual of Problems and Procedures.* Free Press.

Merton, R. K., & Kendall, P. L. (1984). Das fokussierte Interview. In C. Hopf & E. Weingarten (Hrsg.), *Qualitative Sozialforschung* (2. Auflage, S. 171–204). Klett-Cotta.

Mishra, P., & Koehler, M. J. (2006). Technological Pedagogical Content Knowledge: A Framework for Teacher Knowledge. *Teachers College Record, 108*(6), 1017–1054. https://doi.org/10.1111/j.1467-9620.2006.00684.x

Monaco, J. (2008). *Film verstehen: Kunst, Technik, Sprache, Geschichte und Theorie des Films und der Medien ; mit einer Einführung in Multimedia* (10. Aufl., überarb. und erw. Neuausg. 2000). Rowohlt.

mpfs (Hrsg.). (2015). *KIM-Studie 2014 – Kinder+Medien, Computer+Internet. Basis-untersuchung zum Medienumgang 6- bis 13-Jähriger in Deutschland.* Landesan-stalt für Kommunikation (LFK). https://www.mpfs.de/fileadmin/files/Studien/KIM/2014/ KIM_Studie_2014.pdf

mpfs (Hrsg.). (2017). *KIM-Studie 2016 – Kindheit, Internet, Medien. Basisuntersuchung zum Medienumgang 6- bis 13-Jähriger in Deutschland.* Landesanstalt für Kommuni-kation (LFK). https://www.mpfs.de/fileadmin/files/Studien/KIM/2016/KIM_2016_Web-PDF.pdf

mpfs (Hrsg.). (2019). *KIM-Studie 2018 – Kindheit, Internet, Medien. Basisuntersuchung zum Medienumgang 6- bis 13-Jähriger in Deutschland.* Landesanstalt für Kom-munikation (LFK). https://www.mpfs.de/fileadmin/files/Studien/KIM/2018/KIM-Studie 2018_Web.pdf

mpfs (Hrsg.). (2021). *KIM-Studie 2020 – Kindheit, Internet, Medien. Basisuntersuchung zum Medienumgang 6- bis 13-Jähriger in Deutschland.* Landesanstalt für Kom-munikation (LFK). https://www.mpfs.de/fileadmin/files/Studien/KIM/2020/KIM-Studie 2020_WEB_final.pdf

Müller, F., & Oeste-Reiß, S. (2019). Entwicklung eines Bewertungsinstruments zur Qualität von Lernmaterial am Beispiel des Erklärvideos. In J. M. Leimeister & K. David (Hrsg.), *Chancen und Herausforderungen des digitalen Lernens: Methoden und Werkzeuge für innovative Lehr-Lern-Konzepte* (S. 51–73). Springer. https://doi.org/10.1007/978-3-662-59390-5_4

Müller, H., Sper, A., & Puhl, S. (2018). Qualitätssicherung von Studienmaterialien. In W. Seitter, M. Friese, & P. Robinson (Hrsg.), *Wissenschaftliche Weiterbildung zwischen Implementierung und Optimierung* (S. 89–118). Springer. https://doi.org/10.1007/978-3-658-19652-3_5

Müller, H.-J. (2022). Ethische Aspekte. In J. Kahlert, M. Fölling-Albers, M. Götz, A. Har-tinger, S. Miller, & S. Wittkowske (Hrsg.), *Handbuch Didaktik des Sachunterrichts* (3., überarbeitete Auflage, S. 184–187). Julius Klinkhardt. https://doi.org/10.36198/978383 8588018

Paas, F., & Sweller, J. (2014). Implications of cognitive load theory for multimedia learning. In R. E. Mayer (Hrsg.), *The Cambridge handbook of multimedia learning* (Second Edi-tion, S. 27–42). Cambridge University Press. https://doi.org/10.1017/CBO978113954736 9.004

Pawlow, I. P. (1927). *Conditioned reflexes: An investigation of the physiological activity of the cerebral cortex.* Oxford University Press.

Penzel, J. (2019). Kann mir das jemand mal anschaulich erklären?: Bilddidaktik als Schlüs-selkompetenz für das Lehren und Lernen in allen Unterrichtsfächern. In D. Rumpf & S. Winter (Hrsg.), *Kinderperspektiven im Unterricht* (S. 159–171). Springer. https://doi.org/ 10.1007/978-3-658-22432-5_13

Peschel, M. (2016). Mediales Lernen – Eine Modellierung als Einleitung. In M. Peschel (Hrsg.), *Mediales Lernen: Beispiele für eine inklusive Mediendidaktik* (S. 7–16). Schnei-der Hohengehren.

Peschel, M. (2022). Digital literacy – Medienbildung im Sachunterricht. In J. Kahlert, M. Fölling-Albers, M. Götz, A. Hartinger, S. Miller, & S. Wittkowske (Hrsg.), *Handbuch Didaktik des Sachunterrichts* (3., überarbeitete Auflage, S. 188–197). Julius Klinkhardt. https://doi.org/10.36198/9783838588018

Piaget, J. (1970). Piaget's theory. In P. H. Mussen (Hrsg.), *Carmichael's manual of child psychology* (S. 703–732). Wiley.

Pohlmann-Rother, S., & Boelmann, J. M. (2019). Digitale Medien in der Grundschule – Professionalisierung von Lehramtsstudierenden durch eine Kooperation von Grundschulforschung und Grundschulpraxis. In C. Donie, F. Foerster, M. Obermayr, A. Deckwerth, G. Kammermeyer, G. Lenske, M. Leuchter, & A. Wildemann (Hrsg.), *Grundschulpädagogik zwischen Wissenschaft und Transfer* (S. 95–101). Springer. https://doi.org/10.1007/978-3-658-26231-0_12

Preuß, P., & Kauffeld, S. (2019). Visualisierung in der Lehre. In S. Kauffeld & J. Othmer (Hrsg.), *Handbuch Innovative Lehre* (S. 403–408). Springer. https://doi.org/10.1007/978-3-658-22797-5_29

Procidis. (o. J.). *Es war einmal ... Der Mensch.* Abgerufen 22. Mai 2023, von https://www.hellomaestro.de/der-mensch

Puentedura, R. (2006). *Transformation, Technology, and Education.* http://hippasus.com/resources/tte/

Renkl, A., Wittwer, J., Große, C., Hauser, S., Hilbert, T., Nückles, M., & Schworm, S. (2006). Instruktionale Erklärungen beim Erwerb kognitiver Fertigkeiten: Sechs Thesen zu einer oft vergeblichen Bemühung. In I. Hosenfeld (Hrsg.), *Schulische Leistung. Grundlagen, Bedingungen, Perspektiven* (S. 205–223). Waxmann.

Rummler, K., & Wolf, K. D. (2012). Lernen mit geteilten Videos: Aktuelle Ergebnisse zur Nutzung, Produktion und Publikation von Onlinevideos durch Jugendliche. In W. Sützl, F. Stalder, R. Maier, & T. Hug (Hrsg.), *Media, knowledge and education: Cultures and ethics of sharing/Medien – Wissen – Bildung: Kulturen und Ethiken des Teilens* (S. 253–266). Innsbruck University Press.

Rumpf, D., & Winter, S. (2019). Zur Ambivalenz der Anschaulichkeit. In D. Rumpf & S. Winter (Hrsg.), *Kinderperspektiven im Unterricht* (S. 3–9). Springer. https://doi.org/10.1007/978-3-658-22432-5_1

Sailer, M., & Figas, P. (2015). Audiovisuelle Bildungsmedien in der Hochschullehre. Eine Experimentalstudie zu zwei Lernvideotypen in der Statistiklehre. *Bildungsforschung, 12,* 77–99. https://doi.org/10.25539/bildungsforschun.v1i0.188

Salomon, G. (1990). Studying the flute and the orchestra: Controlled vs. classroom research on computers. *International Journal of Educational Research, 14*(6), 521–531. https://doi.org/10.1016/0883-0355(90)90022-Z

Scheiter, K. (2021). Lernen und Lehren mit digitalen Medien: Eine Standortbestimmung. *Zeitschrift für Erziehungswissenschaft, 24*(5), 1039–1060. https://doi.org/10.1007/s11618-021-01047-y

Scherer, R., & Teo, T. (2019). Unpacking teachers' intentions to integrate technology: A meta-analysis. *Educational Research Review, 27,* 90–109. https://doi.org/10.1016/j.edurev.2019.03.001

Scheuerer, S., & Wittkowske, S. (2020). Von der Ästhetik der Sachen zur ästhetischen Bildung. Ästhetisches Lernen im Sachunterricht. *Grundschulunterricht Sachunterricht, 3,* 4–8.

Schilcher, A., Krauss, S., Rincke, K., & Hilbert, S. (2017). Ausblick – Aus FALKO wird FALKE. Fachspezifische Lehrerkompetenz im Erklären. In S. Krauss, A. Lindl, A. Schilcher, M. Fricke, A. Göhring, B. Hofmann, P. Kirchhoff, R. H. Mulder, & J. Baumert

(Hrsg.), *FALKO: Fachspezifische Lehrerkompetenzen: Konzeption von Professionswissenstests in den Fächern Deutsch, Englisch, Latein, Physik, Musik, Evangelische Religion und Pädagogik* (S. 439–452). Waxmann.

Schlote, E. (2015). Bildungsfernsehen historisch. *Televizion, 28*(2), 16–23.

Schmeinck, D. (2023). Erklärvideos für den Unterricht selbst produzieren. In T. Irion, M. Peschel, & D. Schmeinck (Hrsg.), *Grundschule und Digitalität. Grundlagen, Herausforderungen, Praxisbeispiele* (Bd. 155, S. 220–228). Grundschulverband.

Schmeinck, D., Michalik, K., & Goll, T. (Hrsg.). (2023). *Herausforderungen und Zukunftsperspektiven für den Sachunterricht* (Bd. 33). Julius Klinkhardt.

Schneider, W. (2018). E-Learning zwischen Euphorie und Ernüchterung. In J. Schlicht & U. Moschner (Hrsg.), *Berufliche Bildung an der Grenze zwischen Wirtschaft und Pädagogik: Reflexionen aus Theorie und Praxis* (S. 199–215). Springer. https://doi.org/10.1007/978-3-658-18548-0_11

Schnotz, W. (2014). Integrated Model of Text and Picture Comprehension. In R. E. Mayer (Hrsg.), *The Cambridge handbook of multimedia learning* (Second Edition, S. 72–103). Cambridge University Press.

Schön, S., & Ebner, M. (2013). *Gute Lernvideos: … so gelingen Web-Videos zum Lernen!* Books on Demand.

Seel, N. M. (2003). *Psychologie des Lernens: Lehrbuch für Pädagogen und Psychologen* (2., aktualisierte und erw. Aufl). Reinhardt.

Sharples, M. (2013). Shared orchestration within and beyond the classroom. *Computers & Education, 69*, 504–506. https://doi.org/10.1016/j.compedu.2013.04.014

Siebert, H. (2005). *Pädagogischer Konstruktivismus: Lernzentrierte Pädagogik in Schule und Erwachsenenbildung* (3., überarb. und erw. Aufl). Beltz.

Siegel, S. T., & Hensch, I. (2021). Qualitätskriterien für Lehrvideos aus interdisziplinärer Perspektive: Ein systematisches Review. In E. Matthes, S. T. Siegel, & T. Heiland (Hrsg.), *Lehrvideos – das Bildungsmedium der Zukunft? Erziehungswissenschaftliche und fachdidaktische Perspektiven* (S. 254–266). Julius Klinkhardt.

Skinner, B. F. (1938). *The behavior of organisms. An experimental analysis.* D. Appleton-Century Company.

Smith, F. J. (1913, Juli 9). The Evolution of the Motion Picture: VI – Looking into the Future with Thomas A. Edison. *The New York Dramatic Mirror.*

Sofatutor. (o. J.). *Sachunterricht online lernen mit Videos und Übungen.* Abgerufen 22. Mai 2023, von https://www.sofatutor.com/sachunterricht

Soostmeyer, M. (1992). *Zur Sache Sachunterricht: Begründung eines situations-, handlungs- und sachorientierten Unterrichts in der Grundschule* (2. Aufl.). Peter Lang.

Soukup-Altrichter, K. (2020). Lehrer*innenbildung für die Primarstufe in Österreich. Spezialisierte Generalist*innen für die Volksschule. *Journal für LehrerInnenbildung, 20*(3), 44–52.

Spitzer, M. (2002). *Lernen: Gehirnforschung und die Schule des Lebens* (1. Aufl.). Spektrum.

Steiner, R. (2019). Sachunterricht im Wandel. In B. Neuböck-Hubinger, R. Steiner, B. Holub, & C. Egger (Hrsg.), *Sachunterricht in Bewegung: Einblicke und Ausblicke zur Situation der Sachunterrichtsdidaktik in Österreich* (Bd. 10, S. 7–18). Schneider Hohengehren.

Strauss, A. L., & Corbin, J. M. (1996). *Grounded Theory: Grundlagen qualitativer Sozialforschung* (Unveränd. Nachdr. der letzten Aufl). Beltz.

Strübing, J. (2013). *Qualitative Sozialforschung: Eine komprimierte Einführung für Studierende*. Oldenbourg.

Strübing, J. (2018). Grounded Theory: Methodische und methodologische Grundlagen. In C. Pentzold, A. Bischof, & N. Heise (Hrsg.), *Praxis Grounded Theory: Theoriegenerierendes empirisches Forschen in medienbezogenen Lebenswelten. Ein Lehr- und Arbeitsbuch* (S. 27–52). Springer. https://doi.org/10.1007/978-3-658-15999-3_2

TED. (o. J.). *Our mission: Spread ideas, foster community and create impact*. Abgerufen 22. Mai 2023, von https://www.ted.com/about/our-organization

TED-Ed. (o. J.). *Bring TED-Ed Student Talks to Your School*. Abgerufen 22. Mai 2023, von https://ed.ted.com/educator

Tessloff. (o. J.). *Was ist was*. Abgerufen 22. Mai 2023, von https://www.tessloff.com/was-ist-was.html

Thomas, B. (2022a). Vielperspektivischer Sachunterricht. In J. Kahlert, M. Fölling-Albers, M. Götz, A. Hartinger, S. Miller, & S. Wittkowske (Hrsg.), *Handbuch Didaktik des Sachunterrichts* (3., überarbeitete Auflage, S. 269–276). Julius Klinkhardt. https://doi.org/10.36198/9783838588018

Thomas, B. (2022b). Wissenschaftsorientierung als konzeptioneller Anspruch. In J. Kahlert, M. Fölling-Albers, M. Götz, A. Hartinger, S. Miller, & S. Wittkowske (Hrsg.), *Handbuch Didaktik des Sachunterrichts* (3., überarbeitete Auflage, S. 255–261). Julius Klinkhardt. https://doi.org/10.36198/9783838588018

Thorndike, E. L. (1911). *Animal intelligence. Experimental studies*. Macmillan.

TOGGO. (2023). *Woozle Goozle*. https://www.toggo.de/woozle-goozle

Treml, A. K., & Becker, N. (2004). Lernen. In H.-H. Krüger & W. Helsper (Hrsg.), *Einführung in Grundbegriffe und Grundfragen der Erziehungswissenschaft* (S. 103–114). Springer VS.

Tulodziecki, G. (2014). Medien und Lernmittel im Grundschulunterricht. In W. Einsiedler, M. Götz, A. Hartinger, F. Heinzel, J. Kahlert, & U. Sandfuchs (Hrsg.), *Handbuch Grundschulpädagogik und Grundschuldidaktik* (4., ergänzte und aktualisierte Auflage, S. 419–426). Julius Klinkhardt.

Tulodziecki, G. (2019). Zur Geschichte des Bildungsfernsehens – Entwicklungen, Hoffnungen und Einschätzungen aus heutiger Sicht. In S. Dorgerloh & K. D. Wolf (Hrsg.), *Lehren und Lernen mit Tutorials und Erklärvideos* (S. 12–17). Beltz.

vom Orde, H. (2015). Kindernachrichten im Fernsehen – Eine Zusammenfassung zentraler Forschungsergebnisse zum Format logo! *Televizion, 28*(2), 40–42.

Watson, J. B. (1924). *Behaviorism*. The People's Institute Publishing Co.

Watson, J. B., & Rayner, R. (1920). Conditioned emotional reactions. *Journal of Experimental Psychology, 3*(1), 1–14. https://doi.org/10.1037/h0069608

WDR. (o. J.). *Die Seite mit der Maus*. Abgerufen 22. Mai 2023, von https://www.wdrmaus.de/

Weidenmann, B. (1996). Instruktionsmedien. In F. E. Weinert (Hrsg.), *Psychologie des Lernens und der Instruktion*. Hogrefe.

Weidenmann, B. (2006). Lernen mit Medien. In A. Krapp & B. Weidenmann (Hrsg.), *Pädagogische Psychologie: Ein Lehrbuch* (5., vollst. überarb. Aufl, S. 423–476). Beltz PVU.

Wertheimer, M. (1920). *Über Schlussprozesse im produktiven Denken*. De Gruyter.

Westermann. (o. J.). *Westermann – YouTube*. Abgerufen 22. Mai 2023, von https://www.youtube.com/Westermann_Bildungsmedien

Wolf, K. D. (2015a). Bildungspotenziale von Erklärvideos und Tutorials auf You-Tube. Audiovisuelle Enzyklopädie, adressatengerechtes Bildungsfernsehen, Lehr-Lern-Strategie oder partizipative Peer Education? *merz, 59*(1), 30–36.

Wolf, K. D. (2015b). Produzieren Jugendliche und junge Erwachsene ihr eigenes Bildungsfernsehen? Erklärvideos auf Youtube. *Televizion, 28*(2), 35–39.

Wolf, K. D. (2015c). Video-Tutorials und Erklärvideos als Gegenstand, Methode und Ziel der Medien- und Filmbildung. In A. Hartung, T. Ballhausen, C. Trültzsch-Wijnen, A. Barberi, & K. Kaiser-Müller (Hrsg.), *Filmbildung im Wandel* (Bd. 2, S. 121–131). new academic press.

Wolf, K. D. (2018). Reformpädagogik und Medien. In H. Barz (Hrsg.), *Handbuch Bildungsreform und Reformpädagogik* (S. 99–112). Springer. https://doi.org/10.1007/978-3-658-07491-3_9

Wolf, K. D., & Kratzer, V. (2015). Erklärstrukturen in selbsterstellten Erklärvideos von Kindern. In K.-U. Hugger, A. Tillmann, S. Iske, J. Fromme, P. Grell, & T. Hug (Hrsg.), *Jahrbuch Medienpädagogik 12* (S. 29–44). Springer. https://doi.org/10.1007/978-3-658-09809-4_3

Wolf, K. D., & Kulgemeyer, C. (2016). Lernen mit Videos? Erklärvideos im Physikunterricht. *Naturwissenschaften im Unterricht Physik, 27*, 36–41.

YouTube. (2017). *YouTube Official Blog.* https://blog.youtube/news-and-events/you-know-whats-cool-billion-hours/

Zander, S., Behrens, A., & Mehlhorn, S. (2020). Erklärvideos als Format des E-Learnings. In H. Niegemann & A. Weinberger (Hrsg.), *Handbuch Bildungstechnologie: Konzeption und Einsatz digitaler Lernumgebungen* (S. 247–258). Springer. https://doi.org/10.1007/978-3-662-54368-9_21

ZDF. (2023). *Impressum.* https://www.zdf.de/service-und-hilfe/zuschauerservice/impressum-zdf-100.html

Zoom. (2022). *What is Zoom Video Conferencing?* https://support.zoom.us/hc/en-us/articles/4420426401037-What-is-Zoom-Video-Conferencing-

GPSR Compliance

The European Union's (EU) General Product Safety Regulation (GPSR) is a set of rules that requires consumer products to be safe and our obligations to ensure this.

If you have any concerns about our products, you can contact us on ProductSafety@springernature.com

In case Publisher is established outside the EU, the EU authorized representative is:

Springer Nature Customer Service Center GmbH
Europaplatz 3
69115 Heidelberg, Germany

The manufacturer's authorised representative in the EU is Springer
Nature Customer Service Centre GmbH, Europaplatz 3, 69115 Heidelberg,
Germany. If you have any concerns regarding our products, please
contact ProductSafety@springernature.com

Printed and bound by CPI Group (UK) Ltd, Croydon, CR0 4YY
27/04/2026
02097845-0001